国家社科基金项目（14BJY217）"资助出版
西安石油大学优秀学术著作出版基金资助出版
油气资源经济管理研究中心资助出版

贫困村资金互助社
运行绩效评价与政策优化研究

张颖慧　著

人民出版社

序　言

2013 年 10 月，项目负责人对宁夏回族自治区两个国家级贫困县——盐池县和同心县进行过实地调研。调研共搜集到盐池县 83 家村级资金互助社 2010—2012 年数据，涵盖盐池县各乡镇，样本村贫困程度、互助资金规模等具有多样性，基本上可以代表贫困县互助资金的整体情况。调研过程中，项目负责人深切地感受到了贫困村互助资金运行对满足农村贫困户资金需求带来的切实帮助。

项目获批之后，2014 年 9 月，项目组对陕西省汉中市汉台区贫困资金试点开展调研，搜集到了汉台区互助资金试点方案以及规范发展政策，获得 2009—2013 年互助资金试点统计资料。2015 年 5 月，对宁夏回族自治区固原市泾源县、隆德县、彭阳县、西吉县互助资金试点开展调查，获得四县 2006—2015 年互助资金运行数据，搜集到有关政策文件。2015 年 10 月，对重庆市开县（今开州区）互助资金试点开展调查，获得基本情况资料。2015 年 11 月，对陕西省略阳县互助资金试点开展调查，获得略阳县互助资金试点开展以来的全部数据资料以及政策文件。

　　带着中国实践中的问题，通过小额信贷峰会运动、微型金融数据交换中心、小额信贷门户网站、印度国家农业和农村发展银行（NABARD）、国务院扶贫开发领导小组办公室（今国家乡村振兴局）等机构的官方网站，作者搜集到小额信贷发展年报以及数据资料、不断追踪并及时了解国外社区管理型小额信贷的实践动态。正是有了上述系列调查以及国际比较，使作者对于贫困村村级互助资金有了更深入的认识。通过对中国、泰国、印度开展的政府推动、社区主导型贷款基金实践的比较，对于我国贫困村村级互助资金对全球小额信贷实践的创新性推动有了更客观的认识。

　　贫困村互助资金的发起，源于政府财政对扶贫模式的探索，是2006年"金融新政"中一朵奇葩。在运行的新阶段，又恰逢我国扶贫攻坚的重要阶段，发挥了重要的作用，体现了我国特有的制度优势与文化特色。在扶贫攻坚决胜阶段结束，迈入后贫困时代的新阶段，贫困村互助资金将会转型为社区型金融服务机构，为满足相对贫困人口、中低收入阶层的资金需求，发挥新的、持续的作用。

　　是为序。

目　录

第一章 贫困村互助资金运行绩效与政策优化总论

一、贫困村互助资金运行的实践

（一）贫困村村级互助资金成效显著，但有待优化

党的十八大以来，我国经济社会发展进入新时代，建设美丽乡村等目标的提出，使农村发展资金问题越来越值得关注。更为重要的是，我国政府确定了在 2020 年实现贫困县摘帽、贫困人口脱贫的目标，探索财政扶贫新机制的重要性不言而喻。在此背景下，贫困村村级资金互助社、小额信贷、农村金融的作用值得关注。

贫困村村级资金互助社（文中亦称"贫困村互助资金"）是 2006 年以来我国出现的新型小额信贷机构，是原国务院扶贫开发领导小组办公室（以下简称"国务院扶贫办"）与财政部发起的大规模的金融扶贫项目，也是政府首次在全国范围为大规模支持的社区型小额信贷扶贫项目。2006—2008 年，国务院扶贫办与财政部先后三次联合下发文件，

推动了村级互助资金的试点工作。[①]2008 年 10 月，党的十七届三中全会审议通过的《中共中央关于推进农村改革发展若干重大问题的决定》明确提出，要"鼓励发展适合农村特点和需要的各种微型金融服务"。

在中央政策的积极推动下，各级政府对贫困村互助资金项目的支持（包括大量的资金支持以及组织支持）力度很大，有效带动农户加入互助小组，取得了较好的效果——覆盖范围广，贷款总规模扩大，大量的贫困户获得贷款支持，贷款违约率低，资金周转率提高。2006—2012 年，中央与地方财政累计安排专项扶贫互助资金 25.89 亿元（其中，中央财政累计安排 7.36 亿元，省级财政累计安排 18.53 亿元），农户交纳互助金和其他资金 6.99 亿元。截至 2011 年底，试点累计发放贷款 46.11 亿元，向贫困户发放贷款 24.72 亿元；累计贷款 108.04 万人次，贫困户贷款 67.3 万户次；贷款逾期率不到 9‰。2006 年、2007 年、2008 年、2009 年、2010 年和 2011 年成立的互助社，资金周转率最高的省份，周转率已分别达到 761.8%、662.4%、435.5%、326.3%、159.4% 和 96.8%（财政部农业司扶贫处，2012）[②]。

在保持良好运行效果的同时，政府、贫困村、农户等各方积极参与，贫困村互助资金项目发展迅速，规范性不断提高。截至 2012 年 7 月，全国 28 个省（自治区、直辖市）有 1100 多个县参加互助资金试点，共计 1.6 万多个试点村；互助资金总规模 33 亿多元，村均资金规模约

---

① 国务院扶贫办、财政部：《关于开展建立"贫困村村级发展互助资金"试点工作的通知》（国开办发〔2006〕35 号）；《关于 2007 年贫困村村级发展互助资金试点工作的通知》（国开办发〔2007〕9 号）；《关于做好 2008 年贫困村互助资金试点工作的通知》（国开办发〔2008〕37 号）。

② 财政部农业司扶贫处：《巩固成果 强化管理 稳步推进互助资金试点工作》，《农村财政与财务》2012 年第 9 期。

21 万元；入社贫困户 85 万户；累计发放贷款 46.11 亿元，其中，向 67.3 万贫困户次发放贷款 24.72 亿元。互助资金已成为中国农村分布最广、影响最大的扶贫型小额信贷（李金亚、李秉龙，2013）[①]。时隔不到一年半，截至 2013 年末，全国共有 28 个省(自治区、直辖市)1100 多个县 1.7 万多个贫困村开展了互助资金试点，互助资金总规模达到 35 亿多元(胡联等，2015)[②]。进一步，据《中国扶贫开发年鉴 2015》统计，全国互助资金数量已达 2 万个，进入规范发展阶段（陈清华等，2017）[③]。截至第三期末，全国共有 28 个省（自治区、直辖市）开设了 2.07 万个资金互助组织，覆盖农户 194.54 万人，资金规模达到 49.63 亿元（岳要鹏、陆汉文，2017）[④]。

　　贫困村互助资金不但在规模上值得关注，扶贫绩效也值得关注。与我国以往的金融扶贫项目相比较，贫困村互助资金在制度设计上扎根村级组织，针对贫困村，地理上的瞄准性高。截至 2011 年底，全国 28 个省（自治区、直辖市）1141 个县 16299 个贫困村先后开展了互助资金试点，其中：中央财政资金覆盖 4618 个试点村，省级财政资金覆盖 11681 个试点村；试点村共涉及 554.54 万户农户、194.28 万户贫困户，其中：151.41 万户农户、84.64 万户贫困户加入互助社。全国平均农户入社率达 27.3%，贫困户入社率达 43.6%（财政部农业司扶贫处，

① 李金亚、李秉龙：《贫困村互助资金瞄准贫困户了吗——来自全国互助资金试点的农户抽样调查证据》，《农业技术经济》2013 年第 6 期。
② 胡联等：《贫困村互助资金存在精英俘获吗——基于 5 省 30 个贫困互助资金试点村的经验证据》，《经济学家》2015 年第 9 期。
③ 陈清华等：《村级互助资金扶贫效果分析——基于宁夏地区的调查数据》，《农业技术经济》2017 年第 2 期。
④ 岳要鹏、陆汉文：《"能扶贫"与"可持续"的双重变奏——十年来贫困村互助资金研究进展》，《社会科学动态》2017 年第 5 期。

2012)①。

由此，如果结合我国农村扶贫以及农村金融长期存在的现实状况：开发性财政扶贫政策瞄不准、农户对政府依赖严重；小额信贷目标偏移严重、可持续性差(程恩江，2010)②；农村金融持续地将资金抽离农村，加剧了资金短缺（周振等，2015）③；农户贷款难，尤其是贫困户告贷无门，那么，村级互助资金试点确实是目前较好的制度安排。贫困村互助资金的迅猛发展，显示了该项制度改革适应了我国贫困村脱贫的现实需要，是一项典型的惠民工程。经过十年来的试点与运行，各地区取得了贫困村互助资金建设的成果与经验，对社区经济与社会发展作出了积极贡献。

然而，在蓬勃发展的同时，村级互助资金的发展也并非一帆风顺。少数村级互助资金运行中出现过多矛盾，社员退股现象严重，甚至中途退出——这尚属正常。进一步，一些村级贷款基金发展中出现治理机制弱化(陈立辉等，2015)④，甚至部分村出现违法犯罪问题⑤。此外，作为金融扶贫的老问题——偏移贫困群体、贷款风险加大、可持续性堪忧，为试点的进一步发展提出了新的课题。

---

① 财政部农业司扶贫处：《巩固成果　强化管理　稳步推进互助资金试点工作》，《农村财政与财务》2012 年第 9 期。
② 程恩江：《金融扶贫的新途径？中国贫困农村社区村级互助资金的发展探索》，《金融发展评论》2010 年第 2 期。
③ 周振等：《中国农村资金净流出的机理、规模与趋势：1978 ～ 2012 年》，《管理世界》2015 年第 1 期。
④ 陈立辉等：《村级发展互助资金组织治理：问题类型、制度特点及其有效性——基于 5 省 160 个样本村调查的实证分析》，《管理世界》2015 年第 11 期。
⑤ 《国务院扶贫办关于扶贫领域违纪违法 10 起典型案例的通报》，2017 年 7 月 7 日，见 http://www.nrra.gov.cn/art/2017/7/7/art_50_65481.html。

（二）小额信贷商业化发展陷入误区，亟待创新来纠偏

20 世纪 70 年代初期，孟加拉乡村银行开始小范围的小额信贷扶贫实验。自 20 世纪 90 年代以来，小额信贷逐渐被世界银行等国际机构开发为全球性扶贫工具，小额信贷的扶贫作用备受关注。紧随其后，联合国将 2005 年命名为"国际小额信贷年"，2006 年诺贝尔和平奖由穆罕默德·尤努斯及其创办的孟加拉乡村银行分享，标志着小额信贷在全球减贫战略中的作用得到了广泛认可。

小额信贷的发展史从 20 世纪 80—90 年代开始，开启了与孟加拉乡村银行不同的发展模式——商业化小额信贷发展模式。该模式提出，要在商业资金规模扩大的基础上，实现小额信贷机构的财务可持续，并扩大扶贫规模。在世界银行等机构的推动下，该发展模式被视为实现全球范围脱贫目标的重要工具。商业化发展模式对引导社会资金进入小额信贷领域，对全球小额信贷规模的迅速扩大，起到了积极的作用。国际捐赠机构扩大投入，甚至国际游资也看好小额信贷领域，跨国公司也开始介入，部分小额信贷机构实现首募发行，小额信贷行业迅速发展，小额信贷市场不断壮大。

然而，在商业化发展模式的影响下，小额信贷在取得进展的同时，也面临着新的发展环境，出现诸多问题。部分小额信贷机构在发展中越来越面向富人服务，偏移了为穷人服务的宗旨；部分小额信贷机构追逐资金高回报，项目高收益，小额信贷经理人成为"小额信贷百万富翁"；部分小额信贷机构贷款利率奇高，年化利率高达 100%，加重了穷人的负担；过于严苛的连带责任还款约束，加上小额信贷机构管理不善，有关部门监管不到位，多重负债最终造成了客户自杀的恶性事件；由于穆罕默德·尤努斯等人政治参与的影响，孟加拉乡村银行深陷丑闻，小额

信贷的国际形象也受到了一定的影响。

　　小额信贷的发展对解决贫困的效果是公认的——小额信贷扶贫成为国际上扶贫模式之一（Armendáriz and Morduch，2010）[①]，是针对性介入的有效政策之一（Ravallion，2016）[②]，尽管小额信贷实践者审慎地提出小额信贷不能解决所有的问题，但是针对小额信贷在根本上能不能扶贫的质疑仍然不断加剧。在公众媒体的渲染、政治事件的干扰等影响下，小额信贷的发展环境不断恶化。

　　全球小额信贷市场规模庞大，组织类型繁多，环境变化无法完全终止其发展。通过制度创新，不断弥补漏洞，寻求小额信贷的新技术、新产品、新方法，为小额信贷的发展提供新的机遇，是新环境下小额信贷发展的必要思路之一。而政府推动的社区型贷款基金项目，可以视为此类探索之一。

（三）国际范围内进行了推动社区型贷款基金发展的探索

　　无独有偶，在国际上同样存在与我国村级互助资金类似的小额信贷组织，一般称为社区管理型贷款基金（Community-managed Loan Funds）。例如，印度（等其他国家）1987—1992年开始的自助小组项目（Self-help Groups），是本土化的社区管理型小额信贷机构，在扶贫信贷方面一直发挥着重要的作用——甚至在2010年安得拉邦小额信贷危机之后，该组织的作用得到了进一步强化；泰国2001年发起的村基金项目（Village Funds），是全球著名的小额信贷机构，在削减贫困、妇女赋

---

① 　B. Armendáriz & J. Morduch, *The Economics of Microfinance,* Second Edition, Cambridge, Massachusetts; London, England: The MIT Press, 2010, pp.1-2.

② 　M. Ravallion, *The Economics of Poverty: History, Measurement, and Policy*, New York: Oxford University Press, 2016, pp.586-587.

权等方面的贡献引起全球关注；乌干达（等非洲国家）的村银行（Village Banking）是贫困地区小额信贷机构中最重要的一类。此外，类似的轮转基金（Rotating Savings and Credit Associations，ROSCAs）、储蓄与信贷协会（Accumulating Savings and Credit Associations，ASCAs）、储蓄与信贷合作社（Savings and Credit Cooperatives，SACCOs）、农村储蓄信用社（Caissesvillageoises d'Épargne et de Crédit Autogérées，CVECAs）、村级储蓄贷款项目（Village Savings and Loan Programme，VSLP）也是社区管理型贷款基金的常见类型。

　　在众多被称为小额信贷组织的机构体系中，社区管理型贷款基金是其中比较特殊的一类。就正规性程度而言，它较个人类的社区资金供应者正规，又略逊于机构供应者（包括注册的和接受监管的两大类）（Nelson，2013）[①]。此外，由于在社区最基层的环境中产生，成员之间长期的经济社会交往消除了信息不对称问题，使金融活动的交易费用大大降低，有助于增强扶贫等活动的瞄准性。然而，社区管理型贷款基金也存在一定的缺陷，如金融服务品种单一、资金规模小，监管不力容易出现精英捕获以及逆向选择等问题。基于上述优缺点，社区管理型贷款基金开展的一系列创新活动，充分发挥了其作用。如印度将自助小组与银

---

① C. Nelson, "Community-based Providers", in *The New Microfinance Handbook: A Financial Market System Perspective*, J. Ledgerwood, et al. (eds.), Washington D.C.: International Bank for Reconstruction and Development / The World Bank, 2013, pp. 149-170. Nelson 对社区型小额信贷供应者给出了详细的分类与比较，我们的概念接近于社区型小额信贷供应者中的机构类，不包括个人类的社区型小额信贷供应者。在 Nelson 的概括中，社区型机构类小额信贷提供者属于社区管理，没有注册，也不接受监管。依此逻辑，我国的村镇银行不但在工商部门注册，而且接受地方金融主管部门监管，我们不进行研究。但是，与 Nelson 的概括略有不同的是，我国的贫困村资金互助社也在民政部门注册，并且接受国家扶贫办监督。而村级资金互助社要略为规范一些，接受金融部门监管。

行或者小额信贷机构相连接，解决贷款资金规模小的缺陷；非洲一些项目引入了私人企业外部监管，有效抗衡了逆向选择与精英捕获等问题。

社区管理型贷款基金往往具有本土化自生性特征，适应了村庄经济社会环境，因而具有数量众多、覆盖人口广泛、类型庞杂等特点。在全球小额信贷市场中，社区管理型贷款基金发挥着非常重要的作用。在南亚的印度、巴基斯坦、泰国与非洲的乌干达等国，社区管理型贷款基金的作用甚至胜过了正规小额信贷机构，与小额信贷机构形成了互补性作用。甚至在特殊的环境下（如印度小额信贷危机），社区管理型贷款基金的呼声甚至强过小额信贷机构。

需要注意的是，泰国的村基金项目以及印度的自主小组—银行联结项目均受到政府的强力推动，尤其是泰国的村基金项目，政府更是斥巨资予以资助。这些项目迅速地惠及数量庞大的基层社区低收入群体，解决了以往项目无法解决的目标瞄准问题，成为普惠金融发展的重要典范，是重要的普惠经济工程。

然而，这些国际项目发展的效果也存在一定的非议。例如，泰国村基金项目在部分村庄近乎瘫痪，效率极低；印度的部分自助小组—银行联结项目也面临可持续发展困扰，部分项目的资金使用效率也受到诟病。

社区型小额信贷——尤其是政府大规模推动的社区型贷款基金，可以视为此类探索之一。政府推动的社区型贷款基金项目，可以视为传统的政策性信贷扶贫失败之后的新尝试。政府对项目的设计吸收了小额信贷的有效经验，以巨额财政资金以及组织资源来启动，并与基层社区的社会资本和个人资金捆绑，对商业化小额信贷的无序发展带来的负面问题进行了规避，是新时期小额信贷的重要探索。项目实验的经验教训，有待总结归纳，为政府推动型小额信贷积累经验。

二、贫困村互助资金运行效果的理论回顾

在众多提供小额信贷服务的机构体系中，我国贫困村资金互助社属于社区管理型贷款资金类型（Nelson，2013）[①]。在社区管理型贷款资金项目中，除了我国的贫困村资金互助社以外，比较有影响的项目还包括泰国百万泰铢村基金项目（Thailand's "Million Baht Village Fund" Program，以下简称"泰国村基金"）、印度自助小组—银行联结项目（The SHG-Bank Linkage Programme）、非洲等国的村银行（Village Banking）项目等。由于项目本身具有明显的国别特征，研究者关注的项目也具有明显的地域特色，因此，分别对国内外研究者的研究进行述评，有助于我们深入把握社区管理型贷款资金的运行特征与绩效状况，对理论研究与实践进展提供基础。

（一）我国贫困村互助资金研究述评

国内研究主要集中于我国贫困村村级互助资金的绩效评价，只有少量的文献关注到国际上社区管理型贷款资金的发展实践。因此，国内文献的述评主要集中于对我国贫困村互助资金问题的研究。

本部分专注于贫困村互助资金运行绩效的评价，试图回答：项目是否达到了预设目标？低收入农户（尤其是贫困户）是否借此得以脱贫？农民互助合作是否得以增进？存在哪些影响绩效的因素？这些问题的回答，对我们理解贫困村互助资金的运行效果具有重要意义。进一步，作

[①]　C. Nelson, "Community-Based Providers", in *The New Microfinance Handbook: A Financial Market System Perspective*, J. Ledgerwood, et al. (eds.), Washington D.C.: International Bank for Reconstruction and Development / The World Bank, 2013, pp. 149-170.

为全球最大的社区管理型贷款资金项目，我国贫困村互助资金的经验教训，对国际小额信贷的发展也具有现实指导意义与理论价值。

本部分评述的逻辑思路是：首先，从我国试点并推行贫困村互助资金项目的实践过程中，结合有关政策文件，明确其目标定位；其次，从目标瞄准/目标偏移、可持续性等角度，对互助资金的运行绩效进行评估；最后，针对主要的问题，梳理相应的政策建议。

1. 贫困村互助资金的项目目标

作为一类社区管理型贷款资金，贫困村互助资金具有国际小额信贷运动的一般特征，具有扶贫、赋权等政策目标，也具有可持续扶贫的项目目标。同时，作为供给驱动型的农民互助资金（杜晓山、孙同全，2010）[①]，加上我国特有的体制、文化特征，具有明显的中国特色。从我国农村扶贫政策工具的演变过程来分析制度供给方的意图，可以更加深入、准确地理解贫困村互助资金的目标定位。

从 20 世纪 80 年代初开始，我国政府推行了一系列针对贫困地区扶贫政策——财政支农周转金（1981—1998 年）、中国农业银行扶贫贴息贷款支持的小额信贷（1996—1999 年）以及扶贫贴息贷款政策，旨在解决生产性周转资金短缺问题。这些政策对于解决我国的贫困问题，起到了积极的作用，但是，难以瞄准贫困户，政策无法持续，是突出问题。同时，国际机构支持的非政府组织小额信贷项目，也仅有少数实现了可持续经营，目标客户上移的现象也比较严重。因此，外源性、以机构为基础的扶贫政策的有效性受到了质疑（程恩江，2010）[②]，探索新型

[①] 杜晓山、孙同全：《供给驱动下农民互助资金发展中的几个问题》，《金融与经济》2010 年第 8 期。

[②] 程恩江：《金融扶贫的新途径？中国贫困农村社区村级互助资金的发展探索》，《金融发展评论》2010 年第 2 期。

扶贫机制是我国经济社会发展新阶段的应有之义。

与此同时，在国际扶贫实践中，分权、参与以及社区主导理念得到了越来越多的认可（刘西川、陈立辉，2013）[①]。长期以来，我国扶贫开发中的政府主导模式，效率相对不高，也形成了贫困户严重依赖政府、社区自我发展能力不足的困局。此外，在经济高速发展多年之后，即使在贫困县，也出现了大量的金融剩余资源无法转化为发展资本的问题。设计出一种社区主导、市场化运作、参与式的扶贫体制，就是我国扶贫政策演化的必然选择。

贫困村互助资金项目的推出，是我国政府扶贫体制的一次试验。它试图解决以往政府财政资金扶贫始终难以解决的问题——不能有效瞄准贫困户、资金使用效率低下。同时，要充分利用贫困社区与农户的自有资源，调动发展潜力（宁夏、何家伟，2010）[②]。从2006—2008年连续发布的三个官方政策文件，我们可以将项目的目标归结为：在贫困户、贫困村两个层面，实现收入增加、能力培育、主体重塑三项任务，具体如表1.1所示。

上述目标界定是针对实施对象而做出的，而不可忽略的是，作为制度的供给方——政府扶贫部门，同样具有自身的目标——对既有扶贫机制的创新，其目标是形成一种高效、可持续的扶贫机制，借助贫困村互助资金实现贫困户、贫困村的收入增加、能力培育、主体重塑。

综上而言，理解贫困村互助资金项目要从微观和宏观多角度分析，从制度的供给方、发起方、参与方、受益方等多个主体来剖析。尽管与

---

① 刘西川、陈立辉：《村级发展互助资金：基本经验与主要挑战——基于运行机制的初步分析》，《农业部管理干部学院学报》2013年第1期。
② 宁夏、何家伟：《扶贫互助资金"仪陇模式"异地复制的效果——基于比较的分析》，《中国农村观察》2010年第4期。

国际上的社区管理型贷款资金项目的目标具有共同之处，但是我国的贫困村互助资金项目具有自身的特色。作为一项由政府扶贫部门供给并发起的制度创新，它要在以往外源性、机构主导型、开发式扶贫政策的基础上，探索扶贫机制的创新；它融合了分权、参与以及社区主导、农户参与理念，通过互助合作、能力培养、主体重塑等方法，改变以往出现的农户高度依赖政府、难以形成"造血"机制的状况；它还要在政府财政支农资金大量增加、农村出现大量剩余金融资源的背景下，通过资源整合，形成社区发展资金。这些不同方面的目标，均要通过向贫困村、贫困户注入生产资金、开展能力培养、进行主体重塑来实现，最终达到农户收入增加、农村社区发展、农户成功转型、合作组织蓬勃发展，实现新农村建设的远景。

表 1.1   贫困村互助资金项目设定的目标

任务	主体 1：贫困村	主体 2：贫困户
增加收入	缓解生产资金短缺，促进要素整合	缓解资金短缺，增加贫困群众收入
培育能力	提高经营能力与市场竞争能力	自我积累、自我发展、互助共济、持续发展
主体重塑	资金互助、专业合作组织	新型农民

2. 贫困村互助资金的目标瞄准 / 目标偏移

贫困村互助资金项目设立的初衷就是针对以往开发式扶贫中出现的目标瞄不准问题，项目设计在地理上锁定了贫困村，并要求主要面向贫困户开展业务。因此，项目运行中是否瞄准了贫困人口——目标瞄准 / 目标偏移问题，就成为研究的热点问题之一。针对村级互助资金的目标瞄准 / 目标偏移问题，相关文献主要关注村级互助资金目标瞄准 / 目标偏移的测量与评估，目标偏移的诱因。

（1）社区管理型贷款基金目标瞄准/偏移的测量与评估

村级互助资金目标瞄准或者目标偏移的测量方法，是研究文献中的基础性工作。第一种测算方法从村级互助资金的客户入手，采用农户调查方法来确定瞄准度。最常见的做法是，对项目村农户按照收入状况进行分级，将村所有农户分成五级（高收入户、中等偏上户、中等户、中等偏下户、低收入户），分析不同类型农户申请贷款和得到贷款的比例。然后，计算出中等偏下户和低收入户申请贷款和得到贷款的比例，以此测算村级互助资金目标瞄准率。如果最低收入组农户的入社率、贷款申请率、贷款获取率低于其他组别，就出现了目标偏移。采用此类测算方法的文献，以陈清华等（2017）[①]，刘西川等（2012，2014）[②]，李金亚、李秉龙（2013）[③]，林万龙、杨丛丛（2012）[④]，汪三贵等（2011）[⑤]为代表。由于五级分类方法与贫困户不一定完全匹配，杨龙、张伟宾（2015）[⑥]采用国家颁布的贫困标准（2010年2300元）来划分贫困户。

[①]　陈清华等：《村级互助资金扶贫效果分析——基于宁夏地区的调查数据》，《农业技术经济》2017年第2期。

[②]　刘西川等：《村级发展互助资金运行机制及实施效果分析——基于贵州、四川两省机构的调查数据》，《农业部管理干部学院学报》2014年第2期；刘西川：《村级发展互助资金的目标瞄准、还款机制及供给成本——以四川省小金县四个样本村为例》，《农业经济问题》2012年第8期。

[③]　李金亚、李秉龙：《贫困村互助资金瞄准贫困户了吗——来自全国互助资金试点的农户抽样调查证据》，《农业技术经济》2013年第6期。

[④]　林万龙、杨丛丛：《贫困农户能有效利用扶贫型小额信贷服务吗？——对四川省仪陇县贫困村互助资金试点的案例分析》，《中国农村经济》2012年第2期。

[⑤]　汪三贵等：《村级互助金的贫困瞄准机制研究》，《贵州社会科学》2011年第9期。

[⑥]　杨龙、张伟宾：《基于准实验研究的互助资金益贫效果分析——来自5省1349户面板数据的证据》，《中国农村经济》2015年第7期。

　　第二种测算方法从村级互助资金实施机构的财务数据入手，对村级互助资金的瞄准度给出了计算公式：用村级互助资金贷款总额中面向贫困户贷款额所占比例，除以总资本金中财政扶贫资金投入所占比例，利用该比值测量村级互助资金的瞄准度。该方法以宁夏、何家伟（2010）[1]为代表。此外，研究中采用的指标还包括贫困户入社率、贫困户扶持率等，以黄倩、龙超（2017）[2]为代表。

　　以上述测量方法为基础，对村级互助资金组织目标瞄准/目标偏移的研究得出了多元化的结果。大量采用五级分类方法的研究表明，村级互助资金组织出现了目标偏移。陈清华等（2017）对宁夏回族自治区11个县29个村492个农户的调研[3]，丁昭等（2014）对四川省5市3县23个村的研究[4]，刘西川等（2014）对贵州、四川2省4县35个机构的研究[5]，李金亚、李秉龙（2013）对5省6县1083个样本村的研究[6]，林万龙、杨丛丛（2012）对四川省仪陇县2个村149个样本农户的研究[7]，刘西川（2012）对

---

①　宁夏、何家伟：《扶贫互助资金"仪陇模式"异地复制的效果——基于比较的分析》，《中国农村观察》2010年第4期。

②　黄倩、龙超：《贫困村互助资金目标瞄准、产权塑造与治理改善——来自云南3个样本县的经验》，《学术探索》2017年第12期。

③　陈清华等：《村级互助资金扶贫效果分析——基于宁夏地区的调查数据》，《农业技术经济》2017年第2期。

④　丁昭等：《贫困村互助资金社瞄准贫困户了吗？——来自四川的经验》，《农村经济》2014年第9期。

⑤　刘西川等：《村级发展互助资金运行机制及实施效果分析——基于贵州、四川两省机构的调查数据》，《农业部管理干部学院学报》2014年第2期。

⑥　李金亚、李秉龙：《贫困村互助资金瞄准贫困户了吗——来自全国互助资金试点的农户抽样调查证据》，《农业技术经济》2013年第6期。

⑦　林万龙、杨丛丛：《贫困农户能有效利用扶贫型小额信贷服务吗？——对四川省仪陇县贫困村互助资金试点的案例分析》，《中国农村经济》2012年第2期。

四川省小金县 4 个村的研究①，汪三贵等（2011）对四川省旺苍县和河南省叶县的研究②，宁夏、何家伟（2010）对河北、云南 2 省 2 县 4 个村的研究③，均发现项目瞄准更多的是中等户以及中等偏下组农户群体，而非最贫困的农户群体，贫困户较少从中受益。由于五级分类方法测度贫困人口时可能存在过度识别，因此，杨龙、张伟宾（2015）采用国家颁布的贫困标准（2010 年 2300 元）来测量贫困户，结果发现 58.35% 的贫困户参与了互助资金，高出非贫困户 2.64%；51.95% 使用了互助资金贷款，高出非贫困户 8.32%。该结论与大多数结论相左，但是，杨龙、张伟宾（2015）利用五级分类法进行比照研究发现，这是因为贫困线提高之后，更多的中低收入户和中等收入户被纳入贫困范围所致。④ 因此，尽管指标得以改善，但是，受益更多的群体依然与五级分类方法中的状况类似。

另外，一些研究却发现了相反的事实——贫困村互助资金项目实现了目标瞄准。丁昭等（2014）的研究表明，互助资金在投递上瞄准了贫困户，但是生产投资机会的缺乏导致借贷率不高⑤；屈志敏（2011）对陕西省商南县 5 个村 60 户农户的调查表明，农户收益额占到总收益的 64.75%，人均纯收入年均增加 246.4 元，年增长率达

① 刘西川：《村级发展互助资金的目标瞄准、还款机制及供给成本——以四川省小金县四个样本村为例》，《农业经济问题》2012 年第 8 期。
② 汪三贵等：《村级互助金的贫困瞄准机制研究》，《贵州社会科学》2011 年第 9 期。
③ 宁夏、何家伟：《扶贫互助资金"仪陇模式"异地复制的效果——基于比较的分析》，《中国农村观察》2010 年第 4 期。
④ 杨龙、张伟宾：《基于准实验研究的互助资金益贫效果分析——来自 5 省 1349 户面板数据的证据》，《中国农村经济》2015 年第 7 期。
⑤ 丁昭等：《贫困村互助资金社瞄准贫困户了吗？——来自四川的经验》，《农业经济》2014 年第 9 期。

34.99%[①]；宁夏、何家伟（2010）的研究中，有 1 个样本村实现了很好的目标瞄准[②]；曹洪民（2007）对四川省仪陇县的研究表明，项目主要分布在乡镇，区位上不集中，单笔贷款 3000 元，有助于目标瞄准[③]。

（2）社区管理型贷款基金目标瞄准 / 偏移的原因

随之而来的问题是，为什么村级互助资金组织会出现目标偏移？或者说，哪些因素导致了村级互助资金组织出现目标偏移？有关文献从贷款需求、贷款供给两个方面进行了分析，主要的观点包括：

第一类研究认为，由于市场环境、地理条件、自身能力等原因，贫困户缺乏大额资金的生产性投资机会，参与互助资金、申请贷款的有效需求不足。刘西川等（2012，2014）[④]，丁昭等（2014）[⑤]，李金亚、李秉龙（2013）[⑥]，林万龙、杨丛丛（2012）[⑦] 的经验研究，支持了"需求不足论"。此外，刘西川（2012）提出，来自务工收入等渠道的自我积累，

① 屈志敏：《陕西商南县全国首批贫困村互助资金试点调查》，《西部金融》2011 年第 10 期。

② 宁夏、何家伟：《扶贫互助资金"仪陇模式"异地复制的效果——基于比较的分析》，《中国农村观察》2010 年第 4 期。

③ 曹洪民：《扶贫互助社：农村扶贫的重要制度创新——四川省仪陇县"搞好扶贫开发，构建社会主义和谐社会"试点案例分析》，《中国农村经济》2007 年第 9 期。

④ 刘西川等：《村级发展互助资金运行机制及实施效果分析——基于贵州、四川两省机构的调查数据》，《农业部管理干部学院学报》2014 年第 2 期；刘西川：《村级发展互助资金的目标瞄准、还款机制及供给成本——以四川省小金县四个样本村为例》，《农业经济问题》2012 年第 8 期。

⑤ 丁昭等：《贫困村互助资金社瞄准贫困户了吗？——来自四川的经验》，《农村经济》2014 年第 9 期。

⑥ 李金亚、李秉龙：《贫困村互助资金瞄准贫困户了吗——来自全国互助资金试点的农户抽样调查证据》，《农业技术经济》2013 年第 6 期。

⑦ 林万龙、杨丛丛：《贫困农户能有效利用扶贫型小额信贷服务吗？——对四川省仪陇县贫困村互助资金试点的案例分析》，《中国农村经济》2012 年第 2 期。

可以减少甚至替代贷款需求，也会形成有效需求不足的状况①。

第二类研究从供给侧入手，提出由于横向选择、精英捕获等制度性缺陷，导致贫困人口受到了金融排斥。首先，村级互助资金组织强烈地依靠严格的甄别机制，确保贷款能够偿还，导致贫困农户被挤出。林万龙、杨丛丛（2012）发现贫困农户无法加入小组②，刘西川等（2014）发现贫困户无法找到担保人或者小组成员以满足联保贷款的要求③。其次，精英控制造成管理章程与贷款条件对贫困户的排斥。胡联等（2015）发现，互助资金中存在明显的精英捕获现象④；刘西川（2012）研究表明，4个样本村的管理章程（尤其是贷款条件）基本上围绕非贫困户的需求特征设计，贫困户没有申请村级发展互助资金贷款，深层次原因是对社区民主商议出来的贷款合约并不满意——即使他们事实上有资金需求⑤；而陈立辉等（2015）⑥、刘西川等（2015）⑦对村级互助资金组织治理的研究也证明，精英控制问题依然很严重。

---

① 刘西川：《村级发展互助资金的目标瞄准、还款机制及供给成本——以四川省小金县四个样本村为例》，《农业经济问题》2012年第8期。

② 林万龙、杨丛丛：《贫困农户能有效利用扶贫型小额信贷服务吗？——对四川省仪陇县贫困村互助资金试点的案例分析》，《中国农村经济》2012年第2期。

③ 刘西川等：《村级发展互助资金运行机制及实施效果分析——基于贵州、四川两省机构的调查数据》，《农业部管理干部学院学报》2014年第2期。

④ 胡联等：《贫困村互助资金存在精英俘获吗——基于5省30个贫困村互助资金试点村的经验证据》，《经济学家》2015年第9期。

⑤ 刘西川：《村级发展互助资金的目标瞄准、还款机制及供给成本——以四川省小金县四个样本村为例》，《农业经济问题》2012年第8期。

⑥ 陈立辉等：《村级发展互助资金组织治理：问题类型、制度特点及其有效性——基于5省160个样本村调查的实证分析》，《管理世界》2015年第11期。

⑦ 刘西川等：《村级发展互助资金：目标、治理要点及政府支持》，《农业经济问题》2015年第10期。

（3）简短的评述

既有研究中有关村级互助资金试点目标瞄准/偏移的测算以及诱因的分析，对我们评估项目的社会绩效提供了重要的基础与启示，对项目推进与政策完善有着积极的作用。在借鉴既有研究的基础上，基于对村级互助资金目标瞄准/偏移问题的实践把握以及理论理解，有如下问题需要进一步商榷：

第一，在讨论贫困村互助资金项目的目标偏移问题时，既有的研究视角需要调整。如果仅仅以最贫困的群体需要更优先获取金融服务作为标准，那么，几乎所有的金融扶贫项目都会出现目标偏移——这甚至被世界银行称之为"金融服务瞄不准定律"（陈清华等，2017）[1]。以社会绩效最大化作为目标函数，对于公共项目而言无可厚非，但是，却忽略了财务可持续约束。出于保本微利而引起的成本最小化的考虑，即便是项目瞄准了贫困人口，实现了贫困户优先，但是，对贫困户进一步分层，必然会出现不太贫困的群体优先获得贷款的情况——这正是杨龙、张伟宾（2015）研究中凸显的方法论问题[2]。因此，如果不改变视角，尤其是采用五级分类方法，那么目标偏移的结论就是必然的。

这种错误源于研究视角的偏差——项目的参照系不是自身，应该是其他扶贫项目，或者未参加项目的农户。如果我们回到项目试点的初衷以及原点，那么，弥补金融服务空白，在地理上瞄准贫困户；与农村信用社"洗脚上岸"等金融扶贫状况相比较，贫困村互助资金项目无疑是目标下沉了；如果考虑到现有农村金融体制的"抽水机"作用，那么贫

①　陈清华等：《村级互助资金扶贫效果分析——基于宁夏地区的调查数据》，《农业技术经济》2017年第2期。

②　杨龙、张伟宾：《基于准实验研究的互助资金益贫效果分析——来自5省1349户面板数据的证据》，《中国农村经济》2015年第7期。

困村互助资金项目无疑是贫困地区发展生产的重要资金渠道。程恩江（2010）[①]、陈清华等（2017）[②] 公允地认识到了这一点，然而，大多数研究在分析中，出于工具理性造成的设计偏误，完全地忽略了这一点。

第二，理论层面的探讨不够，对于贫困村互助资金目标瞄准/偏移的制度、文化原因挖掘不够。陈立辉等（2015）[③]、刘西川等（2015）[④] 对村级互助资金组织治理的研究开始进入这一环节，为我们深入理解贫困村资金互助社的制度特性不可或缺。但是，到目前为止，相关参与方的行为目标、约束条件、博弈结构的探讨，一些特色现象——公务人员的志愿者行为、中央层面的号召能力等，仍有许多有待深入探讨的问题。有必要在国际化视野中，比较我国贫困村资金互助社与印度、泰国、非洲地区社区管理型贷款资金的不同，分析我国实践的贡献，丰富国际小额信贷理论研究与实践进展。

第三，有关评估以及分析以案例分析与描述性统计为主，研究结果的科学性有待进一步验证。目前经验研究中以小样本为主，大多是截面数据，研究结果的稳健性值得讨论。严谨的计量经济学研究出现得不多，采用可控制实验方法的文献尚未出现。

通过农户分级来测算目标瞄准，是最接近目标瞄准定义的方法。但是，无论是通过农户自己汇报，或者村干部、村级互助资金组织管理人

---

① 程恩江：《金融扶贫的新途径？中国贫困农村社区村级互助资金的发展探索》，《金融发展评论》2010 年第 2 期。
② 陈清华等：《村级互助资金扶贫效员分析——基于宁夏地区的调查数据》，《农业技术经济》2017 年第 2 期。
③ 陈立辉等：《村级发展互助资金组织治理：问题类型、制度特点及其有效性——基于 5 省 160 个样本村调查的实证分析》，《管理世界》2015 年第 11 期。
④ 刘西川等：《村级发展互助资金：目标、治理要点及政府支持》，《农业经济问题》2015 年第 10 期。

员的判断，均难免出现偏差。文献研究中，只有林万龙、杨丛丛（2012）
对测算结果进行了检验。① 此外，不同收入水平农户贷款申请的比例以
及获批的比例，尽管可以看出不同阶层的金融消费需求以及满足情况，
但是却忽略掉了很多对信贷关系来说非常关键的要素，如试点村不同收
入水平农户的分布状况，贫困户的经营能力、还款能力、信用程度等。
由此，简单地要求贫困户的信贷需求都得到满足，或者贫困户的信贷需
求以及获批的比例越高越好，是不切实际的。就国际实践而言，小额信
贷也不是可以解决所有的问题，而只是针对在经济上可以持续的穷人。
因此，村级互助资金试点的目标瞄准问题，如果要通过农户分级方法来
测算，需要进一步的深入。

第四，有必要探讨导致贫困村互助资金目标偏移的其他因素。如财
务可持续与扶贫之间的张力，能否诱发村级互助资金的目标偏移？互助资
金的运行可持续，是试点设计中的重要内容，可持续的扶贫包含的内在冲
突，难免会在村级互助资金试点中反映出来。此外，对盈利能力的追求，
会与扶贫目标发生冲突。屈志敏（2011）调研发现，互助资金的收益通过
分红，已经使农户得到了实惠，这在事实上构成对农户的一种补贴。②

政府出资有助于目标瞄准吗？在试点实践中，县级政府部门争取中
央或者省级财政支持，总是试图提高政府资金投入的比例。此外，有必
要关注村级互助资金组织其他一些重要特征对目标瞄准／偏移的影响，
这些因素包括反映运行效率的资金周转率，反映信用安全性的还款率，
反映村庄组织效率的入社率，反映运行成本的费用率等。这些指标，对

---

① 林万龙、杨丛丛：《贫困农户能有效利用扶贫型小额信贷服务吗？——对四川省仪
陇县贫困村互助资金试点的案例分析》，《中国农村经济》2012 年第 2 期。
② 屈志敏：《陕西商南县全国首批贫困村互助资金试点调查》，《西部金融》2011 年第
10 期。

村级互助资金的日常监管以及下一步试点中资金支持政策的调整，有一定的现实意义。

3.贫困村互助资金的可持续性

有关贫困村互助资金的可持续性问题，相关文献包括三类：第一类是小额信贷可持续性问题的专题研究中涉及联保贷款、村银行贷款方式的影响 [如 Cull et al.（2007）[①]，Bassem（2012）[②]]，第二类是社区管理型贷款基金的专题研究中涉及可持续性问题 [如 Murray and Rosenberg（2006）[③]，杜晓山（2009）[④]]，第三类是小额信贷市场的分析中涉及社区管理型贷款基金的可持续性问题 [如 Kislat and Menkhoff（2011）[⑤]，Burgess and Pande（2006）[⑥]]。

就相关文献关注的问题而言，大致分为两类：第一类是对小额信贷机构、社区管理型贷款基金可持续性的度量，第二类是对影响社区管理型贷款基金或者贫困村村级发展互助资金可持续性因素的分析。我们首先对社区管理型贷款基金成功的标准进行明确。

（1）社区管理型贷款基金成功的标准

首先需要明确的是，村级互助资金成功的标准是什么？我们可以从

---

① R. Cull et al., "Financial Performance and Outreach: A Global Analysis of Leading Microbanks", *The Economic Journal*, 2007, 117 (517), pp. F107–F133.

② B. S. Bassem, "Social and Financial Performance of Microfinance Institutions: Is There a Trade-off ?", *Journal of Economics and International Finance*, 2012, 4 (4), pp. 92-100.

③ J. Murray & R. Rosenberg, "Community-managed Loan Funds: Which Ones Work?", Focus Note 36, Washington D.C.: CGAP, 2006.

④ 杜晓山：《国外村基金项目的经验教训是什么?》，《农村金融研究》2009 年第 8 期。

⑤ C. Kislat & L. Menkhoff, "The Village Fund Loan: Who Gets It, Keeps It and Loses It?", Department of Economics, Leibniz Universität Hannover, September, 2011.

⑥ R. Burgess & R. Pande, "Do Rural Banks Matter? Evidence from the Indian Social Banking Experiment", *American Economic Review*, 2005, 95 (3), pp. 780-795.

两个角度来看。

第一，从贫困村村级互助资金政策设计的初衷或者宗旨出发，归纳村级互助资金成功的标准。从国务院扶贫办、财政部发布的国开办发〔2006〕35号、国开办发〔2007〕9号、国开办发〔2008〕37号来看[①]，试点的总目标为：有效缓解贫困农户发展所需资金短缺问题，积极探索、完善财政扶贫资金使用管理的新机制、新模式，提高贫困村、贫困户自我发展、持续发展的能力。

进一步，文件规定了试点的具体目标为：

一是帮助贫困村建立"互助资金"，放大财政扶贫资金投入量，有效缓解贫困村发展生产资金短缺问题，创新财政扶贫模式。

二是探索建立"互助资金"与农民的生产、技术、销售合作结合的有效方式，在有效缓解贫困村农户资金短缺的同时，促进贫困村各种生产要素的整合，提高贫困村生产经营的水平和市场竞争能力。

三是在"互助资金"使用管理过程中，提高贫困群众自我管理、自我组织和发展能力，培育专业合作组织和新型农民，丰富贫困地区新农村建设内容。

四是总结经验，探索路子，培育典型，示范推广，在全国有条件、有需要的贫困村建立起"互助资金"。

总结起来，我国贫困村村级互助基金是要借助财政资金来推动金融扶贫，必要条件包括促进要素整合、提高组织能力、建设互助资金。当然，如果回顾我国扶贫开发、金融扶贫的长期历程，则对政策设计的目

---

① 国务院扶贫办、财政部：《关于开展建立"贫困村村级发展互助资金"试点工作的通知》（国开办发〔2006〕3号）；《关于2007年贫困村村级发展互助资金试点工作的通知》（国开办发〔2007〕9号）；《关于做好2008年贫困村互助资金试点工作的通知》（国开办发〔2008〕37号）。

标会有深入理解，而对于贫困村村级互助资金成功的标准也会有深入了解。

第二，从社区管理型贷款基金评估的角度出发，从基金运行效果归纳出成功的标准。联合国扶贫顾问小组评估报告中采用的标准，为我们提供了重要的参考。

Murray and Rosenberg（2006）提出如下标准[①]：①资金是否持续运转，换句话说，资金是否总是得到及时足额偿还，从而保持运行了几年以上？②是否存在精英控制（也称精英捕获）？即一些强势成员抢占了群体成员应该享用的资金资源。一些项目运行了一段时间之后最终解散，一个重要原因是精英控制造成了负面效应。③对群体成员的生活产生积极影响。有关研究发现，不是一两笔贷款，长期持续地接受贷款服务才是影响成员生活的关键。④长期稳定的高还款率。尽管有观点认为将资金配置到贫困社区才是最主要的目标，但是如果没有长期稳定的高还款率，项目必然迅速解体，甚至最初就无法得到批准。此外，少数人员的有意拖欠乃至讨债，会加剧成员间的摩擦、不信任乃至冲突，最终会对社区的社会资本造成不良的影响。违约率居高不下，也会造成外部小额信贷机构不愿意与该基金打交道。事实上，福利性的分配目标完全可以通过其他渠道完成，而不需要通过建立社区型贷款基金来实现。

（2）社区管理型贷款基金可持续性的测量与评估

尽管小额信贷机构经营不可持续有诸多的表现，如高度依赖补贴、还款率低、客户大量退出、机构倒闭等，但是衡量小额信贷机构的可持续性一般通过经营自给比率或者财务自给比率等财务指标来进行

[①]　J. Murray & R. Rosenberg, "Community-managed Loan Funds: Which Ones Work ?", Focus Note 36, Washington D.C.: CGAP, 2006.

（Ledgerwood，1998）[①]。该指标较好地综合反映了小额信贷机构的补贴依赖、管理效率、创新能力等，也适应贫困村村级资金互助社可持续性的度量。此外，反映贫困村村级资金互助社可持续性的指标还包括还款率、客户是否稳定等（杜晓山，2009）[②]。

（3）社区管理型贷款基金可持续性的影响因素

以此为标准，世界银行扶贫协商小组（Consulting Group of Assisting the Poor，CGAP）评估了 1990—2005 年间 60 个社区管理型贷款基金项目。研究结果发现，资金来源以及是否有高质量的技术支持是基金长期持续经营的关键因素。相关文献对影响社区管理型贷款基金、贫困村村级发展互助资金可持续性的因素进行了分析，资金来源、外部支持、精英控制、社区环境、内部治理等均起到一定影响。

资金来源是首要的因素。政府扶持或者捐赠机构的支持，是很多社区管理型小额信贷机构的重要支撑。但是，世界银行扶贫协商小组的专题研究表明，以外援资金为主的社区管理型贷款基金项目往往难以实现可持续发展，以村民自有资金为主的社区管理型贷款基金项目较容易实现可持续发展（Murray and Rosenberg，2006）[③]。以政府或者捐赠机构外援为主的村基金，如无抵押担保，村民不会认真还贷。村民们从过去的经验中认为，外来资金还不还并不重要，甚至认为还了钱的是"傻子"（杜晓山、孙同全，2010）[④]。

[①]　J. Ledgerwood, *Microfinance Handbook: An Institutional and Financial Perspective*, Washington D. C.: The World Bank, 1998.

[②]　杜晓山：《国外村基金项目的经验教训是什么》，《农村金融研究》2009 年第 8 期。

[③]　J. Murray & R. Rosenberg, "Community-managed Loan Funds: Which Ones Work ?", Focus Note 36, Washington D.C.: CGAP, 2006.

[④]　杜晓山、孙同全：《村级资金互助组织可持续发展面临挑战》，《农村经营管理》2010 年第 8 期。

高效的外部支持也是社区管理型贷款基金成功的重要支撑。**Murray and Rosenberg**（2006）对 60 家社区管理型贷款基金的研究发现，社区组织接受的外部支持的质量也对基金的成功有重要影响。[1] 这些外部支持包括推动、组织、培训、簿记、网络组织、流动性管理和对运营的监管等，往往对基金的内部监督以及管理能力有重要影响，同样也对内部监督与管理形成了外部保障机制。杜晓山、孙同全（2010）研究发现，贫困村村级发展互助资金的外部监管体系严重缺失。外部机构（比如县扶贫办、财政局等）由于人手紧张、缺乏专业知识、缺少工作经费等原因，往往注重项目前期的启动，在项目运行期间难以监管到位，导致难以及时发现问题，或者发现了问题也难以及时解决。[2]

熟人社会可以降低社区管理型贷款基金的成本，但是来自乡村精英的控制也可能会加大基金可持续运行的风险。互助资金可能被少数管理人员控制，并沉淀到少数富裕户的手中（杜晓山、孙同全，2010）[3]。

此外，影响贫困村村级发展互助资金可持续性的因素还包括：社区环境的约束——自然村交通不便，以老人、妇女、儿童为主的人员结构；专业管理人才的缺失——缺乏合格的财务、信贷人员；内部治理机制的不健全——财务监督、业务审核可能流于形式等。

"可持续地扶贫"范式隐含的矛盾，为小额信贷机构的可持续性指明了根本性的制约因素。贫困人口的单笔贷款额度较小，贷款的单位固

---

[1] J. Murray & R. Rosenberg, "Community-managed Loan Funds: Which Ones Work ?", Focus Note 36, Washington D.C.: CGAP, 2006.

[2] 杜晓山、孙同全：《村级资金互助组织可持续发展面临挑战》，《农村经营管理》2010 年第 8 期。

[3] 杜晓山、孙同全：《村级资金互助组织可持续发展面临挑战》，《农村经营管理》2010 年第 8 期。

定成本较高，造成可持续经营受到约束。由此，对小额信贷机构的可持续性形成逆向影响的一个突出因素是客户的贫困程度，指标化为单笔贷款额度。社区管理型小额信贷机构的客户更趋于底端，实现可持续经营的难度更大。

（4）简短的小结

综上分析，就贫困村村级发展互助资金的可持续性问题而言，既有文献研究进行了卓有成效的研究。这些分析，对贫困村村级发展互助资金的可持续性问题形成了基本的判断，构成了本书研究的基础。但是，尚有如下方面存在不足：

第一，就研究方法而言，国内对该问题的研究大多限于规范论述，少量的经验研究或者基于农户调研，或者基于少数村级互助社的案例研究，由此造成的研究结论需要进一步验证。此外，基于农户调研的分析，可以显示对村级资金互助社的满意度等内容，可以从农户需求面反映村级发展互助资金可持续，但是，毋庸置疑的是，供给层面的分析对村级发展互助资金的可持续也是非常重要的，单纯地从农户需求角度难免会留下一定的盲区。

第二，一些研究基于几家村级资金互助社从供给层面进行了案例分析，从另一个角度补充了对该问题的认识。但是，样本量过少，使得研究结论的一般性有待进一步商榷。

（二）国外社区管理型贷款基金文献述评

就设立的初衷而言，社区管理型贷款基金大多是通过解决社区信贷资金问题，减少社区贫困，提高弱势群体权利，推动社区经济社会发展。针对全球范围内不同的社区管理型贷款基金，研究者们开展了一系列的经验研究，评估了其运行绩效。

1. 泰国百万泰铢村基金项目（Thailand's "Million Baht Village Fund" Program）绩效评价

泰国百万泰铢村基金项目是世界上最大的政府推动型小额信贷设施之一。Townsend（1995）较早地分析了泰国北部村庄的金融环境，证实了该地区存在帕累托改进的空间[①]。Kaboski and Townsend（2005）的研究较早地对泰国农村村级小额信贷机构的绩效进行了分析。[②] 在村基金设立之后，有关研究对该项目的评估表明，村基金更容易瞄准目标群体，增加了短期信贷、消费、农业投资，促进了收入增长，但是长期影响不明确。

Menkhoff and Rungruxsirivorn（2011, 2012）比较了村基金与其他小额信贷机构，评估了村基金能否促进金融可得性[③]。研究者通过截面数据的分析发现：村基金更容易瞄准目标群体——低收入家庭；村基金倾向于对非正规金融机构的客户放贷；村基金有助于减少信贷约束。因此，尽管影响的效果有限，村基金在预定的方向开展信贷服务。

利用项目开展前后的面板数据与不同村庄家庭信贷差异的准实验数据，Kaboski and Townsend（2012）评价了泰国村基金的短期与长期影响。研究表明，村基金增加了短期信贷、消费、农业投资，促进了收入

---

① R. M. Townsend, "Financial Systems in Northern Thai Villages", *The Quarterly Journal of Economics*, 1995, 110（4）, pp. 1011-1046.

② J. P. Kaboski & R. M. Townsend, "Policies and Impecet: An Analysis of Village-level Microfinance Institutions", *Journal of the European Economic Association*, 2005, 3（1）, pp. 1-50.

③ L. Menkhoff & O. Rungruxsirivorn, "The Impact of Credit on Village Economies", *American Economic Journal: Applied Economics*, 2012, 4（2）, pp. 98-133; L. Menkhoff & O. Rungruxsirivorn, "Do Village Funds Improve Access to Finance? Evidence from Thailand", *World Development*, 2011, 39（1）, pp. 110-122.

增长，但是减少了总资产增长；同样，村基金对工资有正向影响，具有重要的一般均衡效应；研究从质性上与信贷约束的家庭行为模型、中介与增长模型的结论一致 [1]。

Kaboski and Townsend（2011）建立结构模型来理解、预测与评价泰国村基金的影响。研究者模型化了面临信贷约束、收入不确定性与高收益投资机会不可分条件下的农户决策问题，用项目开展前的数据对模型参数进行了估计，评估了模型的预测能力，并对泰国村基金的影响进行了解释。模型模拟结果表明，消费增加比信贷增加要多一些，表明了信贷约束的存在。模型的成本收益分析表明，部分家庭过高估计了项目而忽略了成本，但是总体而言，项目的成本超过了三成以上的收益 [2]。

基于 2010 年开展的 3000 多家泰国村基金的调研数据，Boonperm et al.（2012）、Haughton et al.（2014）评估了村基金的影响。评估结果表明，村基金是最好的公益性模式，并没有出现精英捕获问题。此外，当村基金从正规银行或者家庭贷款获得补充资金时，还款率、贷款总额、信贷评级以及穷人贷款占比均较高。经济分析表明，村基金的收益足以弥补成本。大多数村基金属于社会中介而不是金融中介，缺乏承担风险和创新的激励，因此，村基金没有与泰国经济同步增长 [3]。

---

[1] J. P. Kaboski & R. M .Townsend, "The Impact of Credit on Village Economies", *American Economic Journal: Applied Economics*, 2012, 4（2），pp. 98-133.

[2] J. P. Kaboski & R. M. Townsend, "A Structural Evaluation of a Large-scale Quasi-experimental Microfinance Initiative", *Econometrica*, 2011. 79,（5），pp.1357-1406.

[3] J. Boonperm et al., "Appraising the Thailand Village Fund", Washington D.C.: The World Bank, Development Research Group, Agriculture and Rural Development Team, Policy Research Working Paper 5998, 2012; J. Haughton et al., "Microcredit on a Large Scale: Appraising the Thailand Village Fund", *Asian Economic Journal*, 2014, 28（4），pp. 363-388.

基于泰国 2002 年与 2004 年社会经济调查数据，Boonperm et al.
(2013) 研究表明，村基金的贷款人大多为贫困人口和农业人口。运用
农村家庭面板数据固定效应模型回归表明，村基金平均提高当期消费
3.5 个百分点，提高收入 1.4 个百分点。同样，采用倾向值匹配模型分
析表明，村基金有助于家庭增加耐用消费品。研究同样表明，村基金贷
款的消费促进作用在低分位最强，对低收入家庭的促进效果最明显。总
体而言，村基金是公益性扶贫机构[①]。

Kislat and Menkhoff（2011）开展第二轮家庭调查进一步研究泰国村
基金的影响。研究表明，村基金贷款人的经济状态依然较差，村基金贷
款依然是贷款家庭的保障线。然而，没有证据显示村基金与其他贷款之
间存在显著的替代性，从而村基金项目的长期影响存在疑虑[②]。

基于泰国班劳村的田野调查，Schaaf（2010）的研究强调了理解社
区小组与小额信贷服务的背景与现有关系的必要性，以便识别小组的重
要特点与限制小组效率的过程。研究表明，小组经营导致了物质福利与
关系福利之间的权衡，只有在确保二者之间关系和谐的基础上，才会重
视财务效率[③]。

2. 印度自助小组（Self-help Groups）绩效评价

有关研究对印度自助小组（Self-help Groups）绩效评价表明，项目
具有明显的扶贫特征，短期内促进了成员资产增加、收入多元化，平抑

---

① J. Boonperm et al., "Does the Village Fund Matter in Thailand? Evaluating the Impact on Incomes and Spending", *Journal of Asian Economics*, 2013, 25 (1), pp.3-16.

② C. Kislat & L. Menkhoff, "The Village Fund Loan: Who Gets It, Keeps It and Loses It?", Department of Economics, Leibniz Universität Hannover, September, 2011.

③ R. Schaaf, "Financial Efficiency or Relational Harmony? Microfinance through Community Groups in Northeast Thailand", *Progress in Development Studies*, 2010, 10(2), pp. 115-129.

了消费，提高了妇女权利，增加了妇女的经济收益。

Swain and Varghese（2009）评估了参加自助小组的长期影响。研究表明，加入自助小组时间越长的成员，越有可能增加资产，结论在不同类型的资产方面均是稳健的；成员加入互助小组的时间越长，越有可能摆脱单纯靠务农赚取收入的方式，收入方式越趋于多元化；互助小组提供的训练有助于成员增加资产，但是外部连接的方式却没有明显影响 ①。

Deininger and Liu（2013）评估了印度安得拉邦将小额信贷与瞄准穷人、解决特殊需要、增强经济潜力相结合有关措施的效果。研究结果表明，项目益贫特征明显，有助于妇女赋权与营养摄入，但是却未促进项目参与者及其他村民增加资产或者收入。尽管有必要研究项目的长期效果，但是在短期，项目有助于平抑消费，促进收入的多元化 ②。

针对印度曼迪亚县小额信贷如何影响自助小组成员增加收入与改善生计，Sivachithappa（2013）的经验研究表明，自助小组有助于减少贫困；参加自助小组后，妇女客户的收入增加；妇女赋权项目增加了妇女的经济收益，自助小组覆盖了城乡，改善了生计 ③。

Greaney et al.（2013，2015）的研究对自助小组小额信贷服务发放中的成本节约型创新进行了实验研究与理论评价。该创新方法中，私人机构从会费中赚取收入，而不是常见的那样从捐赠机构那里获得收入。在随机控制实验中，创新型方法的成本逐渐降低，并且转向更善于经营

---

① R. B. Swain & A. Varghese, "Does Self Help Group Participation Lead to Asset Creation?", *World Development*, 2009, 37（10）, pp. 1674-1682.

② K. Deininger & Y. Liu, "Economic and Social Impacts of an Innovative Self-Help Group Model in India", *World Development*, 2013, 43（1）, pp.149-163.

③ K. Sivachithappa, "Impact of Micro Finance on Income Generation and Livelihood of Members of Self-Help Groups: A Case Study of Mandya District, India", *Procedia-Social and Behavioral Sciences*, 2013, 91（2）, pp. 228-240.

的家庭，从而财务收益更高。会费没有牺牲成员利益，却通过降低逆向选择问题而改善了绩效，对该方法成功提供了解释[①]。

Srinivasan and Tankha（2010）提出了自助小组联盟的设想，探讨了发展的成本以及可持续性问题。[②]Misra（2008）探讨了最初级的农业信贷协会的效果。[③]

3. 村银行（Village Banking）绩效评价

村银行也是常见的一类社区管理型贷款机构，有关评估表明，在扶贫方面村银行也取得了积极的效果。

Perez et al.（2011）研究了哥斯达黎加的村银行发展机构 FINCA 如何开展模式创新来创造财务可持续的团结小组。FINCA 通过 22 个模块的计划来训练社区小组，形成社区信贷企业（Community Credit Enterprises，CCE）。社区信贷企业允许成员入股，形成本金来发放贷款，鼓励创业。FINCA 的这一模式在地方以及地区层面均取得了成功，正致力于扩展项目的成功经验，不断通过培训、业务与小额信贷服务来创办可持续经营的企业。[④]

许多小额信贷机构将信贷与健康、教育以及其他项目捆绑在一起，试图从多角度解决贫困问题。Smith（2002）评述了此类捆绑效应的有

① B. Greaney et al., "Can Self-Help Groups Really Be Self-Help?", Working Paper, 2013-2014a., St. Louis, USA: Research Division, Federal Reserve Bank of St. Louis. 2013; B. Greaney et al., "Can Self-Help Groups Really Be Self-Help?", St. Louis, USA: Research Division, Federal Reserve Bank of St. Louis, Working Paper, 2015.

② G. Srinivasan & A. Tankha, "SHG Federations: Development Costs and Sustainability", New Delhi: ACCESS Development Services, 2010.

③ R. Misra, "Primary Agricultural Credit Society Linkage, India: The Best Remote Rural Self-Help Groups Can Do?", Nova Scotia, Canada: Coady International Institute, 2008.

④ F. Perez et al., "Village Banking Development Model: Finca Costa Rica", *Journal of Business Research*, 2011, 64（3）, pp. 316-324.

关文献，提出可能出现净效应，但是需要经验检验。作者检验了来自洪都拉斯和厄瓜多尔的准实验数据——数据来源于 HOPE 项目的健康银行与仅发放贷款的村银行，证明了健康实践不会自动改善成员的财富状况；捆绑效应与银行绩效之间也没有明显的联系。[1]

LADLE（2016）利用老挝的数据，研究了加入村银行对村民生计的影响。研究表明，研究对象家庭加入了接受贫困人口金融可得性项目支持的村银行，接受金融服务之后，储蓄增加，贷款增多，健康与教育改善，更易发展私人企业，更多参与社区事务，妇女地位提高，安全感增加。[2]

4. 其他项目的绩效评价

在全球范围内，类似的社区管理型贷款基金项目还有很多，如越南村储蓄与贷款项目（Village Savings and Loan Programme，VSLP）等等。Plan Vietnam（2010）对村储蓄与贷款项目进行了评估，发现项目的客户群分布广泛，较贫困的家庭没有厕所与供水设施（或者质量很差），常常缺粮。[3]

三、贫困村资金互助社研究的目的与意义

（一）贫困村资金互助社研究的目的

在国际小额信贷发展陷入困境、政府推动型社区小额信贷试验取得

① S. C. Smith, "Village Banking and Maternal and Child Health: Evidence from Ecuador and Honduras", *World Development*, 2002, 30（4）, pp.707-723.

② LADLE, "Household Responses to Access to Finance through AFP-village Banks in Laos", Laos-Australia Development Learning Facility（LADLF）, 2016.

③ Plan Vietnam, "Poverty Measurement Report: Village Savings and Loan Programme（VSLP）", Plan International, Inc., 2010.

一定进展的国际背景下，项目研究的目的如下：

1.归纳社区型贷款基金绩效理论

通过对社区型贷款基金进行理论分析，探讨该小额信贷类型的制度特征与优劣势，分析政府推动社区型小额信贷的可行路径以及对绩效的可能影响。

2.评估贫困村村级互助资金项目绩效

通过对我国贫困村村级互助资金项目的考察，对项目运行绩效进行评估，分析影响机构绩效差异的可能因素；对项目建设过程进行动态分析，剖析政府推动型社区贷款基金的可能建设路径；与世界银行等机构形成的社区型贷款基金一般性研究结论进行比较，寻找我国项目绩效较高的制度性原因，探讨我国对国际小额信贷发展的独特制度贡献。

3.开展社区型贷款基金项目绩效的国际比较

对印度、泰国社区型小额信贷的发展进行考察，对两国项目的运行效果进行评价；与国外项目比较，寻找我国社区型小额信贷的制度优势，并讨论我国项目可以借鉴的国外经验。

4.提出社区型贷款基金项目绩效提升的政策建议

对我国贫困村村级互助资金发展的政策进行梳理，结合对项目绩效与影响因素的分析，提出完善我国社区型贷款基金的有关政策建议；结合国际上社区型贷款基金的发展实践与政策导向，对国际社区型小额信贷的发展提出政策建议。

（二）贫困村资金互助社研究的意义

结合对国内外研究结论、实践进展与政策现实的分析，本书的研究兼具理论、实践与政策意义，分述如下：

1. 理论意义

就国外有关社区型小额信贷的研究进展来看，本研究的理论意义在于：

第一，对政府推动型贷款基金进行详细的理论界定、特征分析与理论归纳，这对既有研究中过于一般化的研究进行了补充。通过类型学的研究，本研究为政府推动型贷款基金这一亚类进行聚焦分析，对既有研究进行了补充。

第二，由于资料和数据的约束，对社区管理型小额信贷的探讨过于粗疏，缺乏详细的案例研究或者经验研究，本研究则基于翔实的案例调研，对我国社区型贷款基金的发展路径与绩效进行了分析，对国际研究的一般命题进行了证伪。

第三，对我国政府推动型社区贷款基金进行了分析，探究了我国发展政府推动型社区贷款基金的制度优势，为国际小额信贷组织的创新提供了制度理论贡献。

第四，对我国政府推动型社区贷款基金进行了分析，与以往政策性贷款的失败相参照，为国际范围内的扶贫理论提供新的思路。

2. 实践意义

从国内外社区型贷款基金的发展实践来看，本研究的实践意义在于：

第一，我国贫困村村级互助资金项目推行已经超过 10 年，对项目试点、推行、全面展开的过程进行回顾，评估贫困村村级互助资金项目的绩效，分析影响绩效的因素，对政府财政项目资金的效率进行评估，为政府财政推动社区贷款基金扶贫提供实践经验总结。

第二，在国际小额信贷发展陷入困境的背景下，总结中国、泰国、印度等国的社区型贷款基金发展经验，并结合国情进行分析，对全球小额信贷发展中如何推动社区型小额信贷的发展，如何开展社区型贷款基金的创新，如何通过政府推动社区型小额信贷的发展，具有一定的实践借鉴价值。

第三，政府推动社区型小额信贷的实践，也是 20 世纪中期政府开展政策性信贷实践失败之后的又一次在金融领域的尝试。对政府推动社区型小额信贷的经验教训进行总结，对扶贫实践的发展也有重要的实践意义。

3. 政策意义

结合我国贫困村村级互助资金有关政策规定以及国外小额信贷发展政策，本研究的政策价值在于：

第一，在评估分析我国贫困村村级互助资金运行效率及影响因素的基础上，对完善有关政策提供了建议，对国家扶贫办、财政局以及有关主管部门具有政策参考价值。

第二，本研究对各国推动社区型小额信贷的发展，推动小额信贷创新具有政策参考价值。

第三，本研究也提供了财政资金通过社区组织、小额信贷来扶贫的政策途径，对类似的扶贫问题也具有重要的政策参考价值。

四、贫困村资金互助社研究的思路与方法

（一）贫困村资金互助社研究的思路

基于对既有研究文献的梳理，结合对贫困村村级互助资金问题的现实把握，从贫困村村级互助资金的现实争论着手，分析政府推动社区型贷款基金的制度优势；对项目村资金互助社的运行效率及绩效进行评

估，并分析其影响因素；对中国、泰国、印度等国开展社区型贷款基金项目的实践进行比较，体现我国的制度优势，并分析可资借鉴的经验教训；最后，提出有关政策建议，以期望提高村级互助资金以及社区管理型贷款基金项目的运行绩效。研究思路见图 1.1。

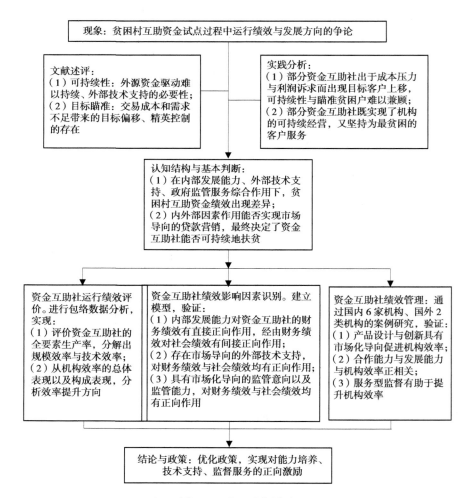

图 1.1　项目研究思路

（二）贫困村资金互助社研究的方法

项目研究方法是多元取向的。项目首先采用包络数据分析，识别出高效率的、可持续的资金互助社；其次，进入定量分析阶段——通过文献述评、理论模型、回归分析识别出影响资金互助社效率的因素，通过差异化分析（discriminate analysis）识别造成资金互助社效率差异的因素；最后，在定性分析阶段，通过案例调研，分析案例机构如何管理那些影响/决定资金互助社效率的因素。具体而言，项目的主要研究方法以及主要运用如下：

1.案例研究方法

作为实证研究方法的一种类型，案例研究对贫困村村级互助资金问题的研究具有重要的优势。由于到目前为止，官方没有公布贫困村村级互助资金监控数据，大量的实证研究主要采用问卷调查方法。受制于调研时间、经费等约束，目前的经验研究主要集中于农户调研，且以截面数据为主。尽管农户调查对了解项目绩效很有帮助，但是由于数据期较短，对于机构绩效的比较难免存在偏差；受制于调研范围的约束，一些研究又仅局限在少数几个村庄，这对贫困村村级互助资金问题的研究难免带来欠缺。

本研究采用案例研究，试图对目前经验研究中以问卷调查为主的方法进行补充。具体而言，我们选择国家级贫困县略阳县，以县域贫困村村级互助资金实验的完整、动态过程为内容（共78家机构），从38家互助协会第3—22期数据以及县域动态数据来分析项目的进展以及绩效变化。我们同样选择宁夏回族自治区8个国家级贫困县，从自治区整体角度来比较不同县域项目建设的进展与绩效（共227家机构），并通过县域80余家资金互助社4—5年数据，评估不同机构的运行效率，分析影响因素。该研究案例的选择，对既有研究进行了方法上的补充。

2. 比较分析方法

比较分析方法是规范研究的主要类型之一，对于存在较大的背景差异、时间地点差异的研究个体而言，比较分析具有不可多得的优势。从社区主导型贷款基金的国际实践来看，中国的贫困村村级互助资金项目、泰国的百万泰铢村基金项目、印度的自助小组—银行联结项目具有典型性，是迄今为止全球范围内政府推动的大规模小额信贷项目。从三个项目的进展来看，总体都比较顺利，效果也比较明显。本研究通过对三个项目的比较分析，凸显我国贫困村村级互助资金项目的制度优势——政府推动、社员主导的社区管理型贷款基金，并得出项目建设可资借鉴的经验教训。

3. 理论归纳方法

理论归纳法对于比较新型的研究主题具有一定的优势。就贫困村村级互助资金项目而言，属于社区型贷款基金，是小额信贷的一个子类型。由于关注研究主题的一般性，大量的研究文献多从小额信贷的一般视野出发，对实践中小额信贷多样化的类型关注较少。一些经验研究文献中，也涉及类型变量，但是受制于数据约束，在非政府组织（NGO）类型下包含了太多的内容。即便是社区管理型贷款基金，也会由于环境的差异而出现不同的变种，需要我们进行理论的归纳。鉴别、认识到作为一个子类型的社区管理型贷款基金的制度优势，归纳其主要特征，分析其面临的主要约束，探讨可能的制度创新空间，是理论归纳法可以发挥作用的地方。

4. 计量模型分析方法

在上述研究方法的基础上，本研究也采用目前最常见的计量模型分析方法。具体而言，对村级互助资金运行绩效影响因素的分析，对政府资金主导与社会捐赠资金主导互助资金的比较分析，对开展贫困村村级互助资金项目前后农户资金可得性变化的分析，均采用了不同的计量经济模型进行回归分析。

五、贫困村资金互助社研究的内容

本书的研究内容主要包括如下方面：

第一章，贫困村互助资金运行绩效与政策优化总论。本章总领全局，对项目研究的国内外背景进行了明确，对有关研究进行了述评，为项目研究的主题、内容、方法确立了基调。在国际化视野中来看待我国贫困村村级互助资金问题，采用规范的经济学研究方法来开展研究是本项目自一开始就确立的格调。在明确项目的研究目标、设计以及内容中，一直贯穿这一主线，最终的研究创新点也对我国政府推动、社区主导的制度优势进行了明确。

第二章，贫困村互助资金运行绩效的理论基础。本章对中国、泰国、印度开展的政府推动、社区主导型贷款基金进行了理论抽象，并与不同类型的小额信贷机构进行了比较分析。在小额信贷的社区型供应者类型中，社区主导型贷款基金与社区型小额信贷组织供应者、社区型小额信贷个人供应者进行比较；社区主导型贷款基金还要与小额信贷的机构供应者（包括注册机构、接受监管的机构）比较，凸显社区主导型贷款基金的制度优势。但是，从制度设计而言，中国、泰国、印度开展的政府推动、社区主导型贷款基金显然是进一步创新的结果，组织类型定位属于社区主导，但又是以政府财政资金为主，又在民政部门注册，并接受国家扶贫办等机构监管。为此，简单的类型学分析对于目前的制度实践而言，是远远不够的。

第三章，贫困村村级互助资金运行绩效——略阳案例。本章选择国家级集中连片贫困地区——陕西省略阳县作为案例县，研究贫困村村级互助资金项目的试点过程以及动态运行效率。

第四章，贫困村村级互助资金运行绩效——宁夏回族自治区案例。本章选择宁夏回族自治区固原市泾源县、隆德县、彭阳县、西吉县，原州区，吴忠市盐池县与同心县，中卫市海原县作为案例县（均为国家级贫困县，也是宁夏回族自治区仅有的 8 个贫困县），试图比较不同县域贫困村村级互助资金运行状况，评估项目运行的绩效与影响因素，为项目优化提供政策建议。通过对宁夏回族自治区村级互助资金的调研，我们发现，村级互助资金确实是一件民生工程，对解决农民贷款困难问题，确实起到了积极的作用。与既有文献不同的是，我们没有发现明显的扶贫目标偏移现象，项目的瞄准度较好。此外，与既有文献强调社区自发推进项目的思路不同的是，我们对项目明显的政府供给特点进行了关注。由于独特的制度优势，如此大范围、广覆盖的村级互助资金，没有政府的强力推动是无法实现的。政府不单单提供了资金与技术，扶贫办、乡村政府的公务人员还投入了大量的工作，这对宁夏回族自治区村级互助资金项目的高质量推进，具有重要的作用。事实上，在项目没有涉及的村庄，仅仅靠社区自己的力量，并没有取得进展。因此，政府的推动以及高效、规范地引导与监督，是村级互助资金健康发展的必要条件。

第五章，印度自主小组—银行联结项目的经验及启示。本章研究了印度的自助小组—银行联结项目。印度的自助小组是国际上比较知名的小额信贷机构之一。由于独特的组织形式以及资金发放特点，自助小组是社区管理型贷款基金的一种典型模式。回顾印度自助小组运动

（Self-help Groups Movement）、自助小组—银行联结项目（the SHG-Bank Linkage Programme）的历程，了解自助小组在小额信贷业务运作中的特点、经验与教训，对社区管理型贷款基金的发展具有现实意义。

第六章，泰国村基金项目的经验及启示。本章研究了泰国的村基金项目。泰国的村基金项目由中央财政出资，由村基金委员会开展运作，为居民提供金融服务，培养社区的资本管理能力。村基金项目为大量的泰国低收入群体提供了信贷支持，对消费与资产的长期增加有一定促进作用。村基金有效运作的经验包括分权化管理、产品标准化、管理培训、配套政策、联合监管等，而不足之处包括贷款审核存在缺陷、委员会难以轮换等。结合我国村级互助资金的发展现实，提出了强化能力建设、出台配套政策实施激励、引入多元监管服务、严格贷款审核等政策建议。

第七章，结论与政策建议。本章提出了完善贫困村的村级互助资金运行的政策建议，以期提高项目运行效率。

六、贫困村互助资金绩效研究的创新之处

结合既有研究文献，本研究的创新之处包括：

第一，选择国家级集中连片贫困地区——陕西省略阳县作为案例县，研究贫困村村级互助资金项目的试点过程以及动态运行效率。

案例选择主要基于如下考虑：①既有文献大多采用截面数据抽样分析互助资金项目，而略阳县案例却具有从2010—2016年的双月/季度完整数据，为分析项目的动态发展演变奠定了基础。②案例县不但有财政扶持启动的项目，还有非政府组织——香港乐施会捐助启动的项目，

为比较不同类型项目的运行效果提供了可能。

研究结果表明：政府推动的社区主导型小额信贷项目从试点到推广速度较快，可得的财政资源会迅速投入使用；争取更多的财政资源与社会资源，是项目县扩大试点村的必备做法；随着试点的推进，提高试点村发展质量的任务才会得到更多关注；村级互助资金的目标瞄准度要优于其他小额信贷机构；由于人力资源的约束，村干部可能进入管理层，有助于项目的执行力，但是也可能造成精英捕获问题；由于企业家资源的约束，全面脱贫面临较大困难，但是互助资金对提高社员信用意识的作用不可低估；由于互助资金规模较小，加之公益性质，因此财务收益有限。如果将隐性成本显性化，那么村级互助资金的财务可持续性存在隐患。针对略阳县贫困村互助基金案例的政策建议包括：加强对村级互助资金的监管，尤其是加强对管理人员的监管。要通过社员监督、组织监督以及上级监督，保障管理人员的行为合规；增进信息透明性。要通过简报等形式扩大村级互助资金信息透明性，扩大宣传，强化社会监督；多方动员社会资金开展互助金融扶贫，增加资金来源的多样性，并强化不同类型机构之间的竞争；将政策重点逐渐转向互助资金发展质量，促进互助资金社会绩效以及财务绩效保持在合理空间，并尽可能优化。

第二，对中国的贫困村村级互助资金项目、泰国的百万泰铢村基金项目、印度的自助小组—银行联结项目进行了比较分析，凸显我国贫困村村级互助资金项目的制度优势——政府推动、社区主导的社区管理型贷款基金，并得出项目建设可资借鉴的经验教训。

泰国的村基金项目由中央财政出资，由村基金委员会开展运作，为居民提供金融服务，培养社区的资本管理能力。印度的自助小组是国际上比较知名的小额信贷机构之一。由于独特的组织形式以及资金发放特点，自助小组是社区管理型贷款基金的一种典型模式。

与泰国、印度不同的是，我国贫困村互助资金项目的政府投入（从资金支持到技术扶助以及大量的公共服务）是最为突出的。这与我国贫困村特殊的经济社会背景有关，也与我国政府公共管理能力的强大不无关系。由此，我国的贫困村互助资金可以称为政府强力推动的社区管理型贷款基金。

第三，在小额信贷和社区管理型贷款基金的基础上，对贫困村资金互助社进行了理论归纳、概念界定，分析了优缺点。

贫困村互助资金是小额信贷的社区组织型提供者，是社区型贷款基金的创新。它是我国政府为解决贫困村脱贫问题，以财政扶贫资金为主要启动资金、政府提供技术与管理帮扶、银行提供担保信贷支持的社区互助基金。我国的贫困村互助资金是政府强力推动的社区管理型贷款基金。

基于对贫困村互助资金与其他小额信贷机构以及正规金融机构的比较分析，从小额信贷运行实践来看，贫困村互助资金具有扎根基层、本土特色、产业联合、政策配套优点。然而，贫困村资金互助社也存在一定的缺陷，如金融服务品种单一、资金规模小，监管不力容易出现精英捕获以及逆向选择等问题。

第二章　贫困村互助资金运行绩效的理论基础

一、贫困村互助资金及其绩效界定的必要性

对贫困村互助资金的运行绩效进行评价，并给出绩效改进的政策建议，是本研究的核心目标。从小额信贷的国际实践来看，贫困村互助资金与既有的小额信贷机构类型存在一定的区别与联系。为此，需要对贫困村互助资金的概念、特征等进行详细的理论剖析，找出该组织类型与一般小额信贷机构的特征性差异，为绩效评价的内容、指标、方法提出指导性规范。

首先，需要明确的是，在国际小额信贷实践中，形成了类型繁多的小额信贷组织，如图 2.1 所示。这些组织又随着形势的变化而不断做出适应性调整，开展不同形式的创新，使机构的类型变得尤为复杂。对贫困村互助资金进行类型学的分析，既要深入把握我国项目实践的特征，又要对国际范围内类似的项目实践（如泰国的百万泰铢村基金项目与印度的自助小组—银行联结项目）加以分析，从而对我国贫困村互助资金

给出一个类型学的定义，并概括其主要特征。

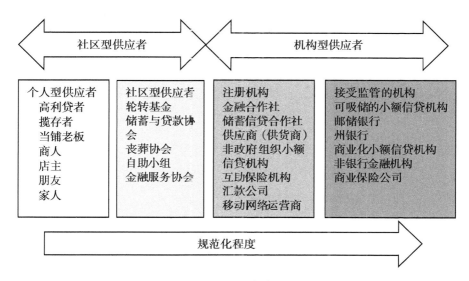

图 2.1　小额信贷机构的分类

其次，在界定了贫困村互助资金之后，通过与类似机构的比较分析，对该贫困村互助资金的制度优势、劣势等进行讨论，并对该类机构的规范运行提供机制分析。

最后，贫困村互助资金的绩效需要进行详细的理论界定。在与国际小额信贷以及扶贫实践进行比较的基础上，明确贫困村互助资金绩效考评的内容、核心指标以及考核方法。

本章的安排如下：第二部分首先对贫困村互助资金进行概念界定，厘清贫困村互助资金与小额信贷机构、社区管理型贷款基金等概念的区别；第三部分从社区管理型贷款基金角度出发，分析贫困村互助资金制度的优缺点；第四部分分析贫困村互助资金绩效定位以及可能的影响因素；第五部分是小结。

二、贫困村互助资金的理论界定

（一）贫困村互助资金的定义

尽管贫困村互助资金试点已超过十年，但是概念界定却较少探讨。最常见的定义是国务院扶贫办规划财务组、财政部农业司（2008）在《贫困村互助资金试点指导手册（试行）》给出的界定[①]：

①贫困村互助资金（以下简称"互助资金"）是指以财政扶贫资金为引导，村民自愿按一定比例缴纳的互助金为依托，无任何附加条件的社会捐赠资金（以下简称"捐赠资金"）为补充，在贫困村建立的民有、民用、民管、民享、周转使用的生产发展资金。

②互助资金组织是指由贫困村村民自愿参加成立的非营利性的互助合作组织。

③互助组织管理机构包括理事会和监事会（也可用其他名称）。理事会是互助组织的执行和日常管理机构，负责互助资金的运行与管理。监事会是互助组织内监督互助资金运行与管理的日常机构。

④指导部门是县级及县级以上扶贫办、财政部门。

该定义是对贫困村互助资金的一个描述性定义，对贫困村互助资金的资金来源、运用、性质、管理机构与上级管理部门进行了明确。我们结合小额信贷分类的理论研究、国际小额信贷实践以及我国贫困村互助资金的有关做法，对贫困村互助资金的定义进一步加以阐释。

1. 贫困村互助资金是社区型贷款基金

贫困村互助资金理论界定中第一、第二条已经明确了经营区域为贫

---

① 作者根据行文需要，在忠于原定义的基础上进行了格式修改。

困村，资金主要用于生产性贷款（生产发展资金），机构性质为互助合作组织。就这几点而言，我国的贫困村互助资金属于国际意义上小额信贷领域的社区型贷款基金 ①。

　　然而，值得注意的是，我国贫困村互助资金尚不属于社区型资金提供者中社区型组织一类的典型组织。同样的问题是，泰国的百万泰铢村基金也未被列入。我国贫困村互助资金与村级储蓄贷款项目、储蓄与信贷协会、储蓄与信贷合作社比较接近，但是受到目前金融管理政策的约束，不能吸收存款。

　　此外，我国贫困村互助资金的规范化程度要略高于 Nelson（2013）分类中的社区型组织。我国贫困村互助资金在民政部门注册，受有关部门（扶贫办、民政局）监督与指导。就这一点而言，我国贫困村互助资金进行了一定的创新。

2. 贫困村互助资金的资金来源以政府资金为主

　　贫困村互助资金政策界定中第一条明确了贫困村互助资金的资金来源主要包括财政扶贫资金、互助金以及社会捐赠资金，实际上贫困村互助资金经营收益的剩余部分也转入互助资金。尽管《贫困村互助资金试点指导手册（试行）》提出，"以财政扶贫资金为引导，村民自愿按一定比例缴纳的互助金为依托，无任何附加条件的社会捐赠资金（以下简称"捐赠资金"）为补充"，但是在财政扶贫资金

---

① 　在众多被称为小额信贷组织的机构体系中，社区管理型贷款基金是其中比较特殊的一类。就正规性程度而言，它较个人类的社区资金供应者正规，又略逊于机构供应者（包括注册的和接受监管的两大类）。见 C. Nelson, "Community-Based Providers", in *The New Microfinance Handbook: A Financial Market System Perspective*, J. Ledgerwood (eds.), Washington D.C.: International Bank for Reconstruction and Development / The World Bank, 2013, pp. 149-170。

的引导作用发挥的基础上，村民按一定比例缴纳的互助金为依托却实现得并不理想。一些地区的村民入会率较低，甚至出现退会现象。地方为了提高入会率，采取了让贫困户免交会费的做法，转由财政资金补贴。

在我国贫困村互助资金运行中，往往是根据可得财政资源的多少来在试点村之间平均分配财政资源，大致的情况是每个村 15 万—20 万元，而农户入会的会费则是每户 200 元左右。最终形成的资金结构中，政策财政扶贫资金占比一直高达 70% 以上，最高时达 80%。如果扣除掉社会捐赠部分，该比例会进一步上升。

我国贫困村互助资金的资金来源构成与泰国百万泰铢村基金项目类似，但是与印度自助小组—银行联结项目以自有资金为主，银行介入资金为辅的做法不同。当然，从目前的项目绩效来看，尚无法断定财政资金为主的资金来源结构对项目有负面影响。但是，至少从最初的政策设定来看，以财政扶贫资金为主的资金来源结构没有达到最初的设想。

3. 贫困村互助资金接受了政府大量的公共服务

尽管贫困村互助资金政策界定中第二条明确了贫困村互助资金的性质为非营利性的互助合作组织，但是我国的互助合作组织面临的不是传统意义上的"缺乏资金，市场弱势"等问题，而是农村"空心化"问题。随着城市化的不断推进，越来越多农民工尤其是新生代农民工进城务工，农村主要人群为老人、妇女、儿童；随着教育、医疗等公共服务尤其是优质公共服务逐渐撤离农村，越来越多的农村家庭被倒逼进入城镇生活；与人口撤离相伴随的是农业资金的外流以及技术人才的缺乏，传统的家庭经营面临困境。

在此背景下，以互助合作组织来动员贫困村村民，面临诸多困难。尽管贫困村互助资金政策界定中第一、第三条明确了贫困村互助资金民管、管理机构为理事会和监事会，但是管理人才缺乏的问题不可避免地困扰着贫困村互助资金的发展。鉴于以往互助合作组织发展中出现的村级政府干预问题，一般情况下的社员自治要求村干部不得进入管理层。但是，由于现实约束，我们搜集到的章程中没有出现类似的规定。同样，原本要由管理层来完成的记账、网络信息填报等问题，往往由扶贫办工作人员代办，政府不得不开展类似的业务培训；经营管理中的技术工作，也是由政府机构统一设计，逐级推广；再加上宣传、推广、指导等工作内容，政府部门提供的公共服务是相当庞大的。

一般情况下的互助合作组织大多由社会自己组织、自我管理，然而，或许如谢平（2001）[①]发现的那样，我国居民缺乏互助合作的传统，再加上人才、技术的缺乏，政府的大量介入，就成为我国贫困村互助资金的一个显著特征。

4. 贫困村互助资金从银行获得贷款支持以扩大规模

由于贷款额度小，既阻碍了农户参加资金互助社的积极性，也对贫困村互助资金的进一步发展形成约束。在贫困村互助资金推进 10 年之际，宁夏回族自治区等一些省份通过政府财政担保，对互助资金按照 1∶5 进行放大。这种做法与印度的自助小组—银行联结项目具有一定的相似性，可以视为贫困村互助资金的进一步创新。

至此，我们从国际化视角出发，与国际实践进行比较，对我国贫困村互助资金进行了理论界定。我们对贫困村互助资金给出如下定义：

---

① 谢平：《中国农村信用合作社体制改革的争论》，《金融研究》2001 年第 1 期。

贫困村互助资金是小额信贷的社区组织型提供者，是社区型贷款基金的创新。它是我国政府为解决贫困村脱贫问题，以财政扶贫资金为主要启动资金、政府提供技术与管理帮扶、银行提供担保信贷支持的社区互助基金。

（二）贫困村互助资金与相关社区贷款资金项目的比较

在众多提供小额信贷服务的机构体系中，我国贫困村村级发展互助资金属于社区管理型贷款基金。事实上，在国际上同样存在与我国村级发展互助资金类似的小额信贷组织，一般称为社区管理型贷款基金（Community-managed Loan Funds）。例如，印度（等其他国家）的自助小组（Self-help Groups）是本土化的社区管理型小额信贷机构，在扶贫信贷方面一直发挥着重要的作用——甚至在 2010 年安得拉邦小额信贷危机之后，该组织的作用得到了进一步强化；泰国的村基金（Village Funds）是全球著名的小额信贷机构，在削减贫困、妇女赋权等方面的贡献引起全球关注；乌干达（等非洲国家）的村银行（Village Banking）是贫困地区小额信贷机构中最重要的一类。

回顾国际小额信贷的实践，尽管在拉美、非洲等地区均存在不同形式的社区型贷款基金，但是大规模的社区贷款基金项目有三个：印度的自助小组—银行联结项目、泰国的百万泰铢村基金项目以及我国的贫困村互助资金项目。

本项目将在随后部分对印度的自助小组—银行联结项目、泰国的百万泰铢村基金项目进行详细论述，我们在表 2.1 中给出三个项目的简单比较。

表 2.1　社区管理型贷款基金项目比较

指标	贫困村互助资金项目	百万泰铢村基金项目	自助小组——银行联结项目
国家	中国	泰国	印度
开始时间	2006 年	2001 年	1992 年
项目规模	截至 2012 年 7 月，全国 28 个省份有 1100 多个县参加互助资金试点，共计 1.6 万多个试点村；互助资金总规模 33 亿多元，村均资金规模约 21 万元；入社贫困户 85 万户；累计发放贷款 46.11 亿元，其中，向 67.3 万贫困户次发放贷款 24.72 亿元	截至 2005 年 5 月，泰国约有 99.1% 的村庄开办了村基金，共计 775 亿泰铢（约占项目设计资金的 98.3%）被分配给村基金委员会（Boon-pe-m, et.al, 2013, p.4）；村基金委员会共向 1780 万客户发放贷款 259 亿泰铢（约 69 亿美元）（Haughton, et.al, 2014, p.364）成为当时最大的单项小额信贷项目	截至 2016 年 3 月，与银行之间存在储蓄联结的自助小组数，从一年前的 769.7 万家增加到 790.3 万家
主要做法	以政府财政扶贫资金引导，以社员会费为依托，在贫困村建立的互助资金组织。社员自主管理，但是政府提供了技术、管理方面大量的支持。贫困村互助资金在民政部门注册，受到扶贫办和财政部门指导	在所有的农村村庄和城镇社区建立村基金，政府进行财政支持；村基金由志愿者进行管理，向社员发放贷款；政府后期进行评比之后，对绩效良好者进行了奖励性支持	在村庄建立自助小组，以自有资金运行，实行社员自主管理；等到自助小组运行成熟之后，由印度农业发展银行等机构给予贷款支持，扩大贷款规模

从表 2.1 中可以看出，就规模而言，我国的贫困村互助资金项目与泰国、印度项目接近。而从项目制度安排来看，在试点初期，我国的贫困村互助资金项目与泰国的百万泰铢村基金项目比较接近，均受到政府大量的资金支持与强力推动；在项目运行接近 10 年之际，采取了与印度类似的做法，通过银行贷款资金扩大贫困村互助资金规模。

但是，与泰国、印度不同的是，我国贫困村互助资金项目的政府投入（从资金支持到技术扶助以及大量的公共服务）是最为突出的。这与我国贫困村特殊的经济社会背景有关，也与我国政府公共服务能力的强大不无关系。由此，我国的贫困村互助资金可以称为政府强力推动的社区管理型贷款基金，强政府推动与弱社区管理形成了典型的对比。实现真正的社区管理需要一定时期的孵化，最终才会出现学理意义上的社区自主管理。

（三）贫困村互助资金与相关机构绩效评价的区别

作为社会组织，贫困村互助资金与一般工商企业有类似之处，绩效评价可以关注财务绩效与社会绩效两个维度。但是，与一般企业绩效的评价不同的是，贫困村互助资金的社会绩效是核心，财务绩效为社会绩效服务——为社区贫困人口提供资金支持、社会培训等服务。

与贫困村互助资金比较接近的是公益性小额信贷机构。该类机构以削减贫困与妇女赋权为目标，采用连带责任或者个人责任等贷款技术。但是，与一般公益性小额信贷机构不同的是，贫困村互助资金服务基层社区，资金规模小，客户数量少，管理人员与技术缺乏，从而，正式化程度要更低一些，在绩效评价的要求上也要降低。

与贫困村互助资金最接近的概念应该是社区管理型贷款基金，因此，在国际上采用的社区管理型贷款基金评价标准适用于贫困村互助资金。然而，由于贫困村互助资金是政府推动、财政出资启动的，往往与政府的公共政策目标相配合，因此，它与国际上民间自发形成、以自助集资或者社会捐赠为主的模式也不同，在绩效评价尤其是社会绩效评价中要考虑特定的公共政策目标，也要考虑政府公共行为的影响。

三、贫困村互助资金的优缺点

（一）贫困村互助资金的优点

社区管理型贷款基金往往具有本土化自生性特征，适应了村庄经济社会环境，因而具有数量众多、覆盖人口广泛、类型庞杂等特点。在全球小额信贷市场中，社区管理型贷款基金发挥着非常重要的作用。在南亚的印度、巴基斯坦、泰国与非洲的乌干达等国，社区管理型贷款基金的作用甚至胜过了正规小额信贷机构，与小额信贷机构起到了互补性作用。甚至在特殊的环境下（如印度小额信贷危机），社区管理型贷款基金的呼声甚至强过小额信贷机构。

基于对贫困村互助资金与其他小额信贷机构以及正规金融机构的比较分析，从小额信贷运行实践来看，贫困村互助资金具有扎根基层、本土特色、产业联合、政策配套优点。

1. 扎根基层的草根金融

小额信贷的宗旨是为穷人提供贷款等金融支持，是典型的草根金融。与正规金融机构相比较而言，小额信贷机构服务的主要业务区域在农村，客户多为贫困农户。然而随着 20 世纪 80—90 年代小额信贷进入商业化发展范式之后，在国际游资推动、机构正规化转型等背景下，部分机构追逐豪华的营业环境、资金的高回报，形成了贷款利率奇高、客户群上移等问题。这些现象给小额信贷行业造成了负面的影响，也使人们逐渐开始审视机构化小额信贷的缺陷。

尽管仍然存在一些成功运营的机构型小额信贷，如孟加拉乡村银行等，但是，大多数小额信贷的机构型供应商往往难以摆脱一系列问题的影响。从注册机构到接受监管的孔构，内部管理中的委托代理问题、机构的离农倾向、转变为正规金融机构的冲动等，无一不使机构型小额信贷的目标偏移问题更加严重，服务穷人的目标难以实现。从我国农村信用社、小额贷款公司、村镇银行等机构的发展中，可以明显地看到此类问题。

进一步可以看到的是，贫困村互助资金尽管存在诸多问题，但是却真正地做到了扎根基层，将运行组织设在村庄尤其是贫困村，为农户特别是贫困农户服务，真正地体现了草根金融的特征。我们如果将其与农村信用社、小额贷款公司、村镇银行等机构加以比较，就可以明显地看到这一优点。

2. 本土特色的小额信贷

小额信贷的模式争论由来已久。从在全球范围推广的孟加拉乡村银行模式，到其他一些区域性机构运行模式，小额信贷的运作存在一些标准"模板"。典型模式的推广与普及，对全球小额信贷的发展起过积极的作用，有助于小额信贷发展技术欠缺的地区迅速开办小额信贷业务。然而，问题在于，由于文化的冲突等因素，导致了小额信贷模式备受诟病——如乡村银行的联保贷款技术以及强制还款约束，在印度小额信贷危机中受到种种批评。这使人们重新关注本土化创新的作用。在印度，自助小组是土生土长的互助组织，在外部机构的技术援助下，有效实现了小额信贷的进一步发展。

我国的小额信贷发展也面临本土化模式缺乏的困难。20 世纪 80 年代，一些国际组织的项目中引入了孟加拉乡村银行的小额信贷模式。1994 年，中国社会科学院农村发展研究所推动成立的扶贫经济合作社也采用了孟加拉乡村银行模式。随后大规模推行的农行、农信社开展小额信贷业务，借鉴了前期的一些做法——如五户联保，但也对乡村银行的每周会议等做法进行了扬弃。

由于我国的小额信贷发展采取了引进——适应性调整的渐进式做法，因此，没有出现像印度那样的小额信贷危机。此外，在探索中也出现了如茅于轼试点的山西龙水头小额信贷、重庆开县民丰互助合作会等成功的小额信贷试点，这些实验为探索本土化的小额信贷模式确立了榜样。

由于体制的优势，除农村合作基金会事件之外，我国尚没有出现较为严重的小额信贷危机，这与我国对金融领域特别是农村金融领域的监管不无关系。但在小额信贷发展中，引进国外技术，适时加以改造，并开发我国本土化的小额信贷技术以及模式，一直是我国小额信贷发展中的路径。

贫困村互助资金的引入，是在我国 2006 年实施"金融新政"，逐步开放农村金融市场的背景下引入的小额信贷新模式。与传统的机构型小额信贷不一样，贫困村资金互助社接近社区型小额信贷；但是，又进行了注册———一般是注册为社团法人。此外，我国的贫困村资金互助社大多受到政府资金、技术以及管理上的帮扶——尤其是来自扶贫办的帮扶，对贫困村资金互助社的成长起到了积极作用。如果与国际上较为著名的印度自助小组—银行联结项目、泰国的百万泰铢村基金项目相比较，我国贫困村资金互助社的本土化特征主要源于体制优势——将政府帮扶与村民互助有效结合。

3. 产业扶持的金融支持

与国际上小额信贷项目不一致的是，我国的贫困村互助资金往往与产业项目相结合，具有明显的政策导向。我们从国际上的小额信贷项目中，一般无法看到扶贫性产业政策的影响——金融自由主义的背景下，扶贫也完全是个体的市场行为，政府的产业政策往往缺席。即便是印度和泰国的类似社区型小额信贷项目中，也很难看到政府扶贫产业政策的影响。

我们一再强调的是，由于体制的优势，我国政府推动的贫困村互助资金项目中，不但有资金的帮扶，还有扶贫产业政策的支持。将农村贫困人口的脱贫，变成资金、项目、技术等方面的全方位支持，金融与产业联合，大大提高了扶贫的效率。

4. 扶贫政策的资金渠道

与国际小额信贷项目不一样的是，我国的贫困村互助资金还是扶贫政策的资金渠道。此外，在印度与泰国的社区型小额信贷项目中，也较少看到扶贫政策的影子。然而在我国，贫困村互助资金确实起到了为扶贫政策提供资金渠道的作用，具有配套政策的积极作用。

在调研中，往往看到一些地区的扶贫政策通过村级互助资金提供资金帮扶的情况。当然，由于资金额度较小，贫困村互助资金应与其他金融机构协作发挥作用。

（二）贫困村互助资金的缺点

由于在社区最基层的环境中产生，成员之间长期的经济社会交往消除了信息不对称问题，使金融活动的交易费用大大降低，有助于增强扶贫等活动的瞄准性。然而，贫困村资金互助社也存在一定的缺陷，如金融服务品种单一、资金规模小，监管不力容易出现精英捕获以及逆向选择等问题。

1. 管理人才的缺乏

从现代企业管理的角度来看，在经理人市场中择优留用——用手投票，通过股东代表大会和董事会的投票——用脚投票，保证了企业管理人才的质量。然而，小额信贷行业的收益低、地处偏僻、文化闭塞等特点，导致了经理人市场的失灵。一般而言，小额信贷行业的经理人，尽管具有良好的社会公益倾向，但是管理能力与水平要低于地处城市的银行机构或者一般金融机构。

作为社区型小额信贷组织，贫困村互助资金的管理人才不足问题非常严重。由于村庄总体教育水平较低，有头脑、有能力的村民外出务工等系列因素，特别是管理人员报酬过低，为贫困村互助资金寻找合适的管理人才非常困难。

国际上社区型小额信贷面临的管理人才缺乏，尚无较好的解决办法。我国的贫困村互助资金运行中，扶贫办出资对工作人员进行了培训，甚至直接提供一些业务服务，对管理人才缺乏的问题进行了一定的弥补。

2. 创新能力的不足

小额信贷是穷人的银行，需要与城市商业银行不同的运作模式。尽管全球小额信贷实践中积累了大量的经验，然而业务创新仍是非常重要的一环。就这一点而言，小额信贷的创新能力不足，社区型小额信贷组织尤其是这样。互助性质的组织容易在监督环节产生免费搭车问题，对激励管理人员创新而言也是不利的。

印度的自助小组—银行联结项目接受了外部的技术援助，对自我创新能力不足的问题进行了弥补。我国贫困村互助资金往往是依靠扶贫办搭桥的技术帮扶，或者从外部引进的技术支持加以解决。

3. 精英捕获的威胁

在扶贫信贷的运行中，精英捕获是全球性问题。享有较多经济、社会资源的乡村精英阶层，往往利用政策性扶贫信贷的优惠，更多攫取了扶贫信贷等公共资源。社区型小额信贷组织同样也面临这一问题，从全球范围来看，这一问题具有一定的普遍性。

针对精英捕获问题，实践中发展出一系列的应对办法。我国贫困村互助资金主要是依靠群众监督来解决这一问题，事实上也取得了较好的效果。然而，如果出现精英阶层与贫困农户之间的共谋——如"垒大户"现象，监督的效果就会打折扣。

4. 发展资金的约束

另一个困扰社区型小额信贷的问题是发展资金不足。尽管我们一直强调，不要试图用小额信贷解决所有的问题——资金问题，但是在目标合适的情况下，扩大资金规模具有一定的合理性。从国际情况来看，泰国的村基金项目就存在资金不足的问题。有鉴于此，泰国当局对发展较好的项目进行了奖励，而对发展停滞的项目不进行支持。而在印度，贷款资金的不足是通过银行信贷加以解决的。

从调研情况来看，我国贫困村互助资金项目也面临发展资金不足的问题。一些地区通过其他财政资金或者社会捐助对此进行弥补，而一些地区通过政府担保贷款从银行获得进一步的资金支持。挖掘现有资金的潜力，对运作良好、有发展空间的互助资金通过各种渠道补充资金，并控制好可能的金融风险，是可以采取的措施。

基于上述优缺点，社区管理型贷款基金开展的一系列创新活动，充分发挥其作用。如印度将自助小组与银行或者小额信贷机构相联结，解决贷款资金规模小的缺陷；非洲一些项目引入了私人企业外部监管，有效抗衡了逆向选择与精英捕获等问题。

四、贫困村互助资金的绩效

与其他类型小额信贷机构类似的是，要评价贫困村互助资金的绩效，有必要先搞清互助资金的合理目标定位。以此为基础，筛选合理的指标体系，从而对互助资金的绩效进行合理评价。

（一）贫困村互助资金绩效的界定

要界定贫困村互助资金的绩效，首先要明确的问题是：什么是贫困村互助资金的合理目标定位？对于贫困村互助资金乃至于一般小额信贷机构，经常出现的问题是：任何因为资金问题而导致的项目区贫困——甚至并不见得是因为资金问题而导致的贫困，总会被归结为项目的效率不佳。正如小额信贷运动的倡议书中指出的那样，小额信贷不能解决所有的问题。我们接受这一逻辑，客观地承认贫困村互助资金不能将村级所有的资金问题无一遗漏地解决，唯一可以用来作为参照的是试点文件中对互助资金性质的界定——"生产发展资金"。

问题在于，总金额 20 万左右的村级资金，单笔贷款 3000—5000 元，贷款期半年或者 1 年的贷款产品，离生产发展资金存在较大的距离。由于农业投资的资本密集型特征日益明显，如此贷款特征，显然离生产发展资金有一定距离。在更大程度上，贫困村互助资金只能是短期的生产周转资金，也可以用于季节忙或者应急性的消费支出。要想实现脱贫致富或者扩大生产的需要，只能在自有积累或者存在其他资金来源的前提下，补充性地借助于互助资金。当然，在政府担保以及银行扩大贷款的背景下，资金额度得到一定的增加，但是贷款项目的风险并未真正改善，从而小额信贷这种传统意义上的风险管理手段，依然会继续起到作用。

因此，务实的定位应该是：补充性生产发展资金与应急性消费平抑资金。以此为现实背景，也不能将互助资金与农户脱贫甚至致富完整对接起来。只要为农户放贷，无论是否实现了脱贫与发展，均可以视为贫困村村级资金的功效。甚至资金仅仅用于消费，也是可以接受的——

低收入群体的应急性消费，在某种程度上，起着比生产资金更重要的作用。在普惠金融层面，这也是非常可取的。此外，考虑到我国农村信贷的现实背景，只要信贷资金可以足额收回，对农户信用意识的提升也会起到积极的作用。

鉴于以上背景，我们对贫困村互助资金定位为辅助性的生产发展资金以及应急性消费平抑资金。它在一定程度上对农业生产具有促进作用，对平抑消费具有帮助作用，对于满足低收入群体的金融服务需求（普惠金融）具有现实意义，对于提高信用程度具有积极的意义。

（二）贫困村互助资金绩效的评价

贷款金额、贷款笔数、贫困户贷款金额、贫困户贷款笔数、还款率等，均可以作为贫困村互助资金的测度指标。各指标的具体含义以及测度内容见表 2.2。

表 2.2 贫困村互助资金绩效测度指标

指标	定义	测度内容
贷款金额	村互助资金在考察期贷款总额	从资金总量上考量互助资金对项目村的扶持
贷款笔数	村互助资金在考察期贷款笔数	从贷款次数上考量互助资金对项目村的扶持
贫困户贷款金额	村互助资金在考察期对贫困户的贷款金额	从放款金额上考量互助资金对项目村贫困户的扶持
贫困户贷款笔数	村互助资金在考察期对贫困户的贷款笔数	从放款次数上考量互助资金对项目村贫困户的扶持
还款率	村互助资金在考察期还款额与应收贷款额之比	考察村级资金的管理效率以及村民的信用程度

五、小结

本部分对贫困村互助资金进行了理论界定。在进行国际比较与实践回顾的基础上，给出了贫困村互助资金的定义以及在小额信贷族群中的位置。对贫困村互助资金的优缺点进行了界定，并对目标定位进行了讨论，给出了评估贫困村互助资金绩效的指标体系。

第三章 贫困村村级互助资金运行绩效
——略阳案例

一、贫困村互助资金试点县选择依据

贫困村村级互助资金项目（文中亦称"村级互助资金"）是我国 2006 年启动的一项重要的民生工程。项目试点、运行以来，在全国范围内迅速覆盖了 20 多个省份的贫困村，为大量贫困家庭发放贷款，对贫困村脱贫致富起到了积极的作用。村级互助资金项目一般在县域范围内统一规划，由县扶贫办牵头组织，县、乡、村各级机构配合，引导资金互助社成立并规范运行。研究贫困县村级互助资金项目的运行效率，有助于把握项目的运行规律，对政策的完善会起到积极的作用。我们选择国家级贫困县陕西省汉中市略阳县作为案例，试图探讨项目运行的规律，评估项目运行的绩效与影响因素。

略阳县位于秦岭南麓，汉中市西缘。全县幅员 2831 平方千米，辖 15 个镇 2 个街道、145 个行政村 749 个村民小组和 20 个社区居委会；总人口 20 万人，其中，农业人口 14 万人，农村贫困人口 1.38 万户 4.8

万人（截至 2009 年末）。2009 年，略阳县被陕西省确定为"千村互助资金项目"试点县。当年年初，白石沟乡牌坊坝村"扶贫互助协会"挂牌成立，8 月全县召开了扶贫互助协会工作会议，互助协会项目正式展开。至 2016 年 12 月底，共有村级互助协会 71 个，共覆盖了 17 个镇 71 个村 12350 户（覆盖贫困户 5269 户），其中 45 个贫困村有协会，占 95 个贫困村的 47%，入会贫困户 1605 户，占总贫困户 5269 户的 30%。入会农户 4645 户占总户的 38%（平均入会率）。协会资金总量达 1915 万元，其中财政扶持资金 1453 万元，会员交纳会费 208 万元，其他资金 254 万元；投放贷款 924 户 841.4 万元，贷款率 44%。7 年来共发放贷款 2908 户 2467 万元，还款率 94%（金融扶贫组，2017）[①]。

我们选择略阳县村级互助资金项目作为案例点，主要基于如下考虑：

第一，略阳县属于集中连片特殊困难地区范围内的国家扶贫开发工作重点县（2012、2014、2016 年贫困县目录），案例点具有地域上的典型性。到 2015 年末，全县 20.1 万人中，识别建档立卡的贫困人口达 1.31 万户 4.23 万人，占农村人口的 30%，贫困发生率高出全国 24 个百分点，高出全省 20 个百分点，高出全市 12 个百分点（国家统计局略阳调查队，2016）[②]。环境的掣肘、投入的不足让这里的贫困始终无法根除。经过 15 年努力，全县贫困人口从 2000 年末的 7.69 万人减少到 2015 年的 4.22 万人。至 2015 年 4 月底，在全县建档立卡贫困人口 12 种致贫原因中，排在前 3 位的主要是缺技术、缺资金、缺劳力。与我们在宁夏回族自治区选择的案例点相比较，略阳县的案例可以起到互补作用。

---

① 金融扶贫组：《关于我县互助协会运作及建立情况的调研报告》，略阳扶贫办，2017 年 4 月。

② 国家统计局略阳调查队：《略阳农村扶贫开发监测调查 2015 年度报告》，2016 年 3 月。

第二，略阳县的数据记录比较完备。从 2009 年开始试点，在县扶贫办的领导下，略阳县的村级互助资金每年至少提供 4 次报表，甚至一年提供 6 次报表。较为完备的数据记录，再辅之以其他汇报以及总结材料，为完整深入地了解村级互助资金的发展提供了基础。

第三，略阳县村级互助资金的外部资金来源多样，既有省级财政专项资金支持的扶贫互助协会，也有整村推进连片开发项目支持的扶贫协会，还有香港乐施会援助支持成立的社区发展互助协会，以及西安化工公司等社会资金援建的协会。多样化的资金结构，为比较资金来源对项目绩效的影响提供了可能的基础。

与既有研究相比较，本章的边际贡献在于：

第一，对贫困县的村级互助资金项目进行了连续动态的分析，从县域宏观、动态的视角对掌握社区管理型小额信贷项目建设与发展进行了探索，对既有研究偏重对案例地区的项目进行短期考察或者代表性考察的做法进行了补充。采取问卷调查的有关研究，可以深入细致地探索村级互助资金项目的运作机制，对利益相关者（尤其是农户）的利益诉求与行为机理可以细致地把握。但是，首先，由于调研本身的约束，跨时期数据（尤其是 3 年以上）的获取比较困难，部分样本点无法涉及，这对经验研究本身造成了约束；其次，一些宏观背景变量较少进入经验分析，而就事实本身而言，政府能力、财政环境等变量又是不可或缺的。本案例研究搜集了略阳县自村级互助资金项目开始以来的所有协会的全部官方数据，时间跨度达 8 年之久（2010—2017 年），数据最大间隔为 3 个月，有助于动态把握项目的发展变化。此外，案例研究搜集了从项目试点到全面铺开的全部官方文件，辅之以与有关部门的深度访谈，对在贫困县推进村级互助资金项目的逻辑以及发展可以进行宏观的分析。

第二，对不同外部资金来源渠道的村级互助资金项目进行了比较，推进了社区管理型项目对该类问题的研究。世界银行对全球范围社区型贷款基金项目的分析表明，越少利用外部资金的项目，越容易实现经营的可持续。然而，既有的国内涉及贫困村村级互助资金的文献研究中，几乎没有涉及资金来源渠道对互助资金绩效的影响。本案例研究中，略阳县整合各种扶贫资金，利用多渠道的社会资金，为问题的分析提供了绝好的案例素材。上述不同的资金来源渠道对应相应的扶贫互助协会项目村，通过对连续 6 年的数据资料进行研究，有助于精确分析资金来源渠道与项目运行绩效的关系。本案例的分析，既可以弥补国内研究的空白，也可以对国外类似研究结论进行深化。

第三，将准实验研究与案例研究相结合，综合运用数据分析、文本挖掘、文献归纳等技术方法，对我国村级互助资金乃至社区管理型小额信贷项目进行了多方法的解读。既有的涉及贫困村村级互助资金的文献研究中，大多采用单一方法进行分析。尽管单一方法的深入研究对贫困村村级互助资金问题本身是很有必要的，但是局限性也是不言而喻的。如计量经济模型的分析，往往受制于数据指标的限制，存在遗漏变量甚至模型误设的可能；逻辑归纳法不受数据本身的约束，然而逻辑不严密本身就是难以克服的问题。本研究综合多种研究方法，试图从多角度来探讨贫困村村级互助资金问题，以获得对客观规律的尽可能逼近。

第四，以县域为基本单元，对案例县所有扶贫互助协会的发展进行分析归纳，有助于完整地分析贫困县村级互助资金建设的基本规律。由于贫困村村级互助资金项目是以县为单元推进的，县域本身的特点以及经济社会等规律就成为项目推进的重要背景。跨省的比较或者县域几个样本村之间的对比，尽管有助于对项目村一般规律的探讨，但是无助于从总体上探索项目村选择的轻重缓急，无助于认识不同批次进入项目建设的项目村之间的差异，这也为本研究留下了空间。

本书的数据来源包括：第一，2016 年 6 月、12 月在略阳县对扶贫互助协会的调研；第二，从略阳县扶贫办等部门搜集的扶贫互助协会报表以及总结材料；第三，略阳县扶贫网、略阳县政府门户网站提供的有关扶贫互助协会实践进展总结性材料；第四，略阳统计资料汇编提供的有关指标。

下文的结构安排如下：第二部分对贫困县试点村级互助资金的一般逻辑进行了明确，重点突出了绩效的发展演化；从第三部分开始本文运用略阳县的案例，对扶贫互助协会建设的过程以及绩效变化进行实证分析，验证本文有关贫困县发展村级互助资金的一般理论命题；随后，本文对贫困县发展村级互助资金进行了进一步讨论，对从略阳县个案到一般性结论的条件进行了分析；最后，本文给出了政策建议，以期提高政策运行的效率。

二、村级互助资金项目建设的演进与绩效

（一）政府推动、社区主导型小额信贷的发展逻辑

从制度经济学的角度来看，村级互助资金项目是中央政府推动的外生制度变迁。从 2006 年开始，村级互助资金就是在中央政府推动下，以中央财政资金启动的公益性项目。除了政策与资金推动之外，国务院扶贫办、财政部作为项目的主管方，还于 2006 年、2007 年、2008 年连续三年出台了文件，并对试点的目标、试点村选择的条件、互助资金的管理、试点的组织实施进行了明确规定。

首先，应该明确的是，我国 2006 年开始的村级互助资金试点，是

改革开放以来金融扶贫政策发展的一环，是在对小额信贷制度进行了多次试点之后的又一轮试验。从 20 世纪 80 年代开始的国际机构在项目中小额信贷实践，到非政府组织开展的小范围小额信贷试验，到官方推动农业银行、农村信用社的小额信贷试点，再到 2006 年以来的金融新政进一步开放农村金融市场以及随后的互联网给金融大发展我国的小额信贷发展经历了长期的、多元化的探索。这些探索，对金融扶贫、妇女赋权等目标起到了积极的作用。然而，在小额信贷发展中也出现了一些问题：与国际项目配套的小额信贷随着项目结束而终止，可持续性难以实现；由于身份、资金来源等方面的约束，非政府组织小额信贷发展迟缓；受制于监管能力的约束，互联网金融发展中风险较大；作为小额信贷主力军的农村信用社，在一系列改革之后"洗脚上岸"，几乎不再为三农提供信贷服务。

在上述一系列问题中，比较突出的问题是，小额信贷的目标偏移问题比较严重。与国际小额信贷发展背景一致的是，在市场化运作或者商业化发展范式的指引下，小额信贷机构为了追求财政绩效，越来越多地向银行靠拢，机构身份向正规化靠拢，业务向富裕客户或者城市地区转移。这一背景造成了低收入群体——尤其是农村低收入群体越来越难以享受到金融服务，而这恰恰是小额信贷最初设定的宗旨。

社区主导型小额信贷是解决目标偏移问题的一种有效方法。从国际范围来看，自印度在 1992 年开始试点自助小组—银行联结项目，到泰国 2001 年开始启动村基金项目，均显示出社区主导型小额信贷在解决目标偏移方面的优势。我国的村级互助资金项目紧随其后，就是要探索新型的社区主导型小额信贷发展模式。将小额信贷项目形式设定为非机构类型的社区型小额信贷提供者，将服务地点直接定位到村——尤其是贫困村，这些制度设定具有明显的目标瞄准特点。如果再进一步分析项目设计中的有关规定，那么社区主导型小额信贷服务贫困农户，发展社区经济等目标就更加明显。

（二）贫困县社区主导型小额信贷的演进

在贫困县发展社区主导型小额信贷，需要从利益相关者的角度来剖析制度的演进。我们主要关注试验村选择、农户参与、财政资金注入、会费缴纳等方面的推进，以及在试点过程中的可能变化。

扶贫具有公共产品性质，是公共政策的核心内容之一。尤其对于中央政府而言，削减贫困一直是不断努力的目标。但是，由于贫困县的财政资源稀缺，缺乏扶贫所需要的资金支持，争取中央财政支持以及各种社会资源，就是地方政府的核心工作之一。

1. 项目试点的迅速展开

村级互助资金项目是中央政府发起的强制性外生制度变迁，省级财政随之也配套了部分财政资金。由于中央财政有充足的资金保证——这一点与泰国村基金项目类似，而与印度自助小组—银行联结项目不同，并且扶贫是最大的民生工程，因此，一般而言，只要满足中央政府规定的试点要求，就大多可以得到支持。

对于贫困县而言，争取外部资金支持——尤其是无偿支持，是扶贫开发的一项重要工作。为了实现这一目标，县级主管机构成立专门机构，开展前期调研、项目设计、组织动员、项目启动等项工作，是类似项目发展中的常见做法。由于财政资金的无偿支持，再加上官员政绩考核、发展地方经济等目标，使县级政府对项目试点往往不遗余力，往往投入大量的行政资源推动试点工作，为试点迅速铺开奠定了基础。

中央政府有削减贫困的社会使命与财政资源，地方政府有争取项目的动力与行政资源，使村级互助资金一开始就迅速地扩展，迅速地将可得的财政资源投入试点村。就这一点而言，我国的村级互助资金项目与泰国的村基金项目极为相似。

由此，我们有命题：

命题 1：政府推动、社区主导型小额信贷项目从试点到推广速度较快，可得的财政资金与其他资金会迅速地被投入使用。

在财政专项资金使用完之后，试点完成了初步的布点工作，并且进入下一步的规范化发展等工作。由于贫困县贫困面大，而专项财政资源总是有限的，往往难以满足金融扶贫的要求。因此，在迅速将初期资金用于项目试点之后，争取更多的财政资源，获取社会资金的支持，就成为工作的又一项重点。为此，我们有命题：

命题 2：争取新的财政资源与社会资源，成为项目县扩大试点村的必备做法。

2. 提高试点村发展质量逐渐得到重视

在扩大项目试点的目标执行一段时间之后，随着获取外部可得资源的难度不断加大，县级政府会将项目的重点从扩大试点村规模转向提高试点村发展质量。尽管提高试点村发展质量可能从项目试点开始就被提及，但是只有发展到一定程度之后，才会得到更多的重视，也会在现实中得到强化。由此，我们有命题：

命题 3：随着试点推进，提高试点村发展质量的任务会更多得到关注。

（三）贫困县社区主导型小额信贷的绩效

从理论的角度来说，社区主导型小额信贷的绩效包括社会绩效与财务绩效。前者主要考虑如贷款率以及相应的收入增长，后者主要考虑社区主导型小额信贷的财务收支情况。

从中央政府项目试点要求的角度而言，村级互助资金项目是要通过资金村级互助小组，通过贷款支持，实现扶贫开发、村级互助等目标。具体而言，这些目标可以分为中间目标与最终目标，量化为入会率、组建小组数、累积贷款额、当期贷款额、还款率、收入合计、支出合计、农户收入等指标。

1. 社区主导型小额信贷的社会绩效优于类似机构

首先我们需要强调的是，由于村级互助资金直接扎根村庄，并由村民组建资金互助社来开展民主管理，因此，村级互助资金的目标瞄准度要高于其他类型的小额信贷机构。我们有命题：

命题4：村级互助资金的目标瞄准度要优于其他小额信贷机构。

当我们将目光聚焦在村级互助资金在发展中可以动用的资源——行政资源、人力资本、财务资本、技术等，通过这些资源的约束来分析对村级互助资金不同层面绩效的可能影响。

要实现村级互助资金的成功运作，不得不考虑到人力资源的约束。首先，由于互助资金的公益性质，不可能提供足够的劳务报酬来吸引优秀的管理人员介入，村级互助资金的管理层只能就地取材。其次，由于外出务工、能人经商等现实状况，村级互助资金管理层最多可能的人力资源来源于村党支部和村委会（以下简称村两委），其他来源的合格人员只能是较少量的。如果考虑到监事会、理事会均需要人员加入，那么村两委的人员介入就不可避免。第三，由于我国特殊的国情，行政资源的作用非常强大，为此，在没有足够报酬甚至近乎无偿服务的背景下，村两委人员的介入就更不可避免，这也在一定程度上保证了项目的迅速推进。

由于项目的政府推动特征，再加上基层干部的大量介入，项目得以迅速推进就成为项目执行力的重要表现。但是，由于村两委人员的介入，可能的政府干预、精英捕获等问题也随之产生，由此会造成入会率在一定程度趋于稳定，甚至还会出现下降；贷款资金也会出现可能的使用不力。我们有命题：

命题5：由于人力资源的约束，村干部可能介入基金管理层，既保证了项目的执行力，也会造成可能的精英捕获等问题。

其他资源的约束也不可忽视。由于企业家资源的稀缺，管理基金有效运作的能力欠缺，因此，要在少量的财政资金启动下，实现全村的脱贫致富，仍然是一件相当困难的工作。尽管可能出现个别成功案例表明项目的成功，但是要实现大面积的脱贫致富，却并非易事。实际上，甚至孟加拉乡村银行那么成功的机构，是否成功地解决了脱贫问题依然存在争议。在最终目标实现比较困难的背景下，突出部分中间目标，就是比较可取的。在这一方面，还款率是较好的指标。如果考虑到政府政策性小额信贷的历史，低还款率一直备受诟病，甚至孟加拉乡村银行早期不遗余力宣传的也正是这一点。当然，促进村民信用观念的改变，显然也是重要的进步。我们有命题：

命题6：由于企业家资源的约束，全面脱贫致富面临较大困难，但是互助资金对提高社员信用意识的作用也不可低估。

2. 社区主导型小额信贷的财务可持续性存在隐患

让我们将目光聚焦于村级互助资金的财务绩效。首先要注意的是，整个村庄可以动用的资金非常有限，仅仅为20万元左右。如果按照5%的贷款利率来计算，一年的财务收益仅仅为1万元左右。但是要考虑到村级互助资金村两委的人数达10人左右，那么每人可供使用的工资资源仅有1000元左右。按照农村常见的工价，以每日100元计算，仅仅够1个人10个工作日的工资。受公益性质的约束，村级互助资金贷款利率不能提高，因此如果真正地将村级互助资金的隐性成本显性化，那么村级互助资金的财务可持续性存在隐患。当然，如果完全采用志愿者，而不采用村两委干部，那么很可能存在的问题是：要么志愿者人数不足，要么志愿者会逐渐退出。我们有命题：

命题 7：由于互助资金规模小，加之公益性质，因此，财务收益有限。如果将隐性成本显性化，那么村级互助资金的财务可持续性存在隐患。

当然，后续的贷款贴息政策，对缓解村级互助资金的财务可持续性提供了机会。在原有 5% 左右的贷款利率基础上，由于贴息贷款政策的介入，将贷款利息提高到 10%，而农户实际负担的成本依然为 5% 左右。这相当于对互助资金进行了补贴。由于有了补贴的帮助，村级互助资金可以周转的空间加大，从而财务可持续性问题得以缓解。

三、略阳县村级互助资金项目建设案例回顾

（一）略阳县扶贫互助协会项目的缘起

2009 年，略阳县被陕西省政府确定为"千村互助资金项目"试点县。略阳县委、县政府高度重视，安排县扶贫办具体实施。2009 年初，白石沟乡牌坊坝村"扶贫互助协会"挂牌成立。8 月，略阳县召开了扶贫互助协会工作会议，安排部署此项工作。通过宣传动员、业务培训、制定章程、会员选举等多项程序，2009 年底，在牌坊坝村之后，两流水村、石坝村、白家坝村、长坝村、和平村、秦家坝村、甘溪沟村、大沟村、西沟村、马蹄湾村 10 村扶贫互助协会成立，试点村达到 11 个。2010 年，陈家坝村、麻柳铺村相继成立扶贫互助协会。同年，在香港乐施会援助下，杨家坝村、任家坝村、田家坝村、五龙洞村成立了社区

发展互助协会，试点村总数达到 17 家。

1. 村级扶贫互助协会项目的实施

略阳县政府对"千村互助资金项目"非常重视，成立了略阳县千村互助资金试点项目工作领导小组，县扶贫办主任担任组长，成员由扶贫办项目管理科、互助资金组、技术培训组和项目村所在镇政府分管扶贫的领导和扶贫办专职副主任组成。项目镇均成立对口部门，明确了分管领导和工作人员。项目工作领导小组的主要职责是：安排部署成立扶贫互助协会工作，协调扶贫互助协会本金和登记注册工作，检查和验收互助协会的工作程序、财务管理和扶贫效益情况。

从图 3.1 中项目实施的基本步骤可以看出，扶贫互助协会项目具有明显的政府主导型特征，也是典型的外生性制度变迁。由于我国特殊的国情，行政管理资源在基层社区中的作用非常重要，具有非常强大的执行力。也正是由于这一点，我国的村级互助资金项目进展效率非常高，控制项目进度的是上级政府（中央、省级）提供的财政支持以及行政资源。

2. 村级扶贫互助协会项目的发展

从 2010 年开始成立扶贫互助协会，略阳县村级扶贫互助协会项目发展迅猛。扶贫互助项目发展大致经历了四个阶段。2009—2010 年为动员期，有 11 家村级扶贫互助协会成立，互助资金规模达到 240 万元；2011—2013 年为发展期，村级扶贫互助项目村增加到 20 多家，互助资金规模达到 567 万元，增加了 327 万元；2014 年以后为壮大期，村级扶贫互助项目村增加到 46 家，互助资金规模达到 1077 万元，增加了 510 万元；2015—2016 年，村级扶贫互助项目村增加到 71 家；2017 年为全面发展期，继续筹备 81 个村级互助办会，实现 152 个村全覆盖。图 3.2 对前 3 个阶段的发展情况给出了展示。考虑到各类资金来源的约束，略阳县扶贫互助资金项目进展速度是非常快的，这就证明了命题 1。

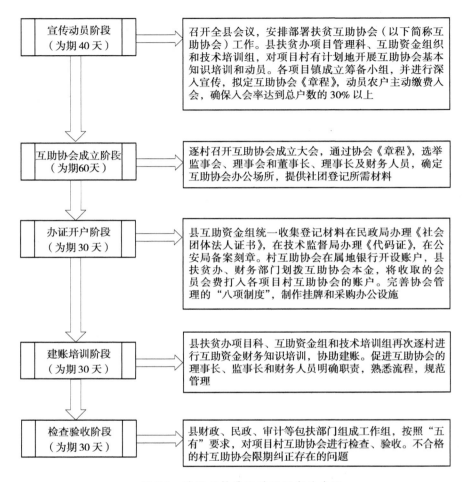

图 3.1　略阳县扶贫互助项目实施步骤

　　进一步，在贫困县开展扶贫项目，最重要的约束是资金，这不但包括配套资金不足，还包括上级财政资金有限等。事实证明，为了推进项目而四处"化缘"，也是略阳县扶贫互助资金项目开展中的必要做法，这就印证了命题 2。从 2009 年开始实施项目，截止到 2015 年底，全县共有村级互助协会 41 个，其中，财政资金支持 16 个，整村推进连片开发资金支持 20 个，香港乐施会支持 4 个，社会扶贫资金（西安化工公司）支持 1 个。

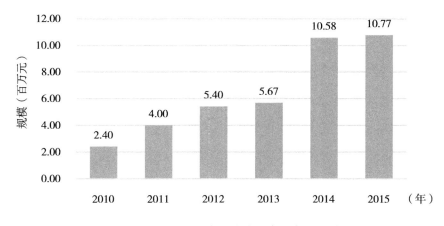

图 3.2　略阳县扶贫互助协会资金发展规模

截至 2016 年 12 月，除省、市级财政计划支持建互助协会外，略阳县扶贫互助资金项目组共筹集资金 1458.2 万元，建互助协会 56 个，扩建互助协会 9 个。略阳县扶贫互助资金项目组的资金来源包括：第一，整合各种扶贫资金，建立互助协会。利用连片开发资金 75 万元，建互助协会 5 个；利用整村推进资金 400 万元，建互助协会 16 个；利用产业发展资金 600 万元，建互助协会 30 个。第二，争取项目和社会、包扶单位援助资金。2013 年，争取汉中市级扶贫资金扶持 50 万元，启动了"贫困人口创业示范工程试点项目"；争取省级扶贫资金扶持 30 万元，启动了"互助资金创新模式试点项目"；合计 80 万元，壮大了兴州街道办两河口村互助协会，使该协会资金规模达到了 118 万元。2011 年，争取香港乐施会 82.5 万元灾后重建资金，建立五龙洞等 4 个社区发展互助协会；2013 年，争取中化近代环保化工（西安）有限公司包扶援助扶持资金 10 万元，建徐家坪镇青岗坪村互助协会 1 个；先后争取市水利局等 8 个单位援助资金 114.5 万元，扩大 8 个互助协会规模。第三，利用贴息资金。为了扩大互助协会规模，激励互助协会工作人员的积极性，采取将会员贷款贴息资金打入互助协会账户的方法，累计为 43 个互助协会注入贴息资金 96.2 万元。

(二) 略阳县扶贫互助协会项目的绩效

略阳县扶贫互助协会项目取得的效果是显著的。从 2009 年开始启动，截止到 2015 年 12 月 31 日，41 个村级扶贫互助协会，入会 3496 户，平均入会率 50.72%，其中贫困户 1607 户入会率 47%，协会总资金达 1077 万元，贷款率 66%，到期还款率 95%。① 扶贫互助协会项目为大量农村家庭提供了贷款支持，支持了当地经济的发展，也提高了农户的信用意识。

1. 为大量农村家庭提供了贷款支持

略阳县扶贫互助协会项目的实施，对解决农村居民的贷款难问题起到了积极的作用。项目启动当年，就为 116 户农村家庭提供了贷款支持。随着项目的不断推进以及资金规模的扩大，累计贷款户数不断增加。截至 2015 年底，项目为 2324 户农户提供了贷款支持。如果乘以家庭平均人口数 4.5 人/户，那么项目累计约为 1 万人提供了贷款支持。从 240 万元到 1077 万元的贷款额度提升，这样的扶贫效果是非常显著的。如图 3.3 所示，项目试点的累计贷款户数稳步增长。

在每一个经营年度，略阳县扶贫互助协会项目提供支持的贷款家庭户数从最初 2010 年的 116 户，增加到 2012—2013 年的 500 户左右，最终增加到 2015 年的 803 户，如图 3.4 所示。这对处于集中连片贫困区的略阳县而言，起到的作用是不言而喻的，也是其他金融机构无法实现的，这就验证了命题 4。

---

① 数据来源：国家统计局略阳调查队：《略阳农村扶贫开发监测调查 2015 年度报告》，2016 年 3 月。

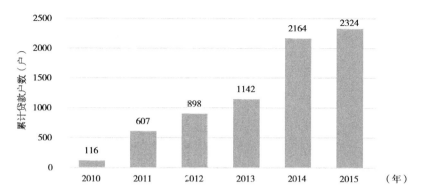

图 3.3 2010—2015 年略阳县扶贫互助协会累计贷款户数

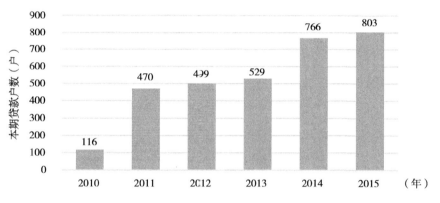

图 3.4 2010—2015 年略阳县扶贫互助协会本期贷款户数

一些案例也证实了略阳县扶贫互助项目在扶贫增收上的显著效果。

案例 1：

2010 年，309 省道拓宽需要大量沙石，白家坝村会员周宏喜看到这一有利时机，想买车跑运输，但是多方筹措资金未果。就在他失去信心的时候，村互助协会会长冯维东找到他，答应给他贷款 10000 元去买车。经过两年的奋斗和积累，周宏喜每年仅运输一项就收入 10 多万元。周宏喜的口头禅是，"互助协会是种子，没有它就不可能有我今天"。

案例 2：

2011 年，两流水村村民侯建华看到生产菌筒有钱可赚。当他购买了所有设备准备生产时，已经没有一点流动资金可以调配了。正当他急得团团转时，有人告诉他村互助协会可以贷款。他当即从互助协会贷款10000 元，解了燃眉之急。现在，侯建华成了村食用菌协会的负责人，主要给村民供应菌种，年收入 10 多万元。现在，侯建华不但给几户村民担保，还见人就说互助协会好，村干部赞扬他是村互助协会的义务宣传员。

案例 3：

两流水村有 3 个村民小组，共 150 户 587 人，常住人口 105 户，贫困系统登记在册贫困户 83 户。2012 年农民人均纯收入 6656 元，其中，60% 来自种养产业，40% 来自外出务工。2009 年 8 月，两流水村成立了互助协会。该互助协会现有会员 95 户，入会率 90%，累计投放贷款100 户 50 余万元，主要扶持食用菌、中药材、养鸡、农家乐和运输业。目前，互助协会还款率达到 100%，无一笔逾期贷款。

该村 83 户贫困农户中，25 户有产业发展扩大规模的基础，可作为互助资金的创业示范户。其中，12 户以种植食用菌产业为主，1 户以种植中药材天麻为主，2 户以农家乐为主，3 户以运输业为主，2 户以办商店收购农副产品为主，1 户以养鸡为主，1 户以种植核桃为主，1 户以种植魔芋为主，2 户以种植蔬菜、西瓜为主。如果得到资金支持，到 2015 年 25 户农户人均收入达到 10000 元以上，全村人均收入达到 8000 元以上。①

① 2013 年底，扶贫协会项目组争取汉中市级扶贫资金扶持 50 万元，启动了"贫困人口创业示范工程试点项目"，争取省级扶贫资金扶持 30 万元，启动了"互助资金创新模式试点项目"，合计 80 万元，壮大了兴州街道办两河口村互助协会，使该互助协会资金规模达到了 118 万元。事实也证明，互助协会资金规模的扩大，对全村脱贫增收起到了积极的作用。

2. 支持了当地农业与农村经济的发展

同样，略阳县扶贫互助协会项目的累计贷款金额也稳步增长，为略阳农业与农村经济的发展提供了资金支持，如图 3.5 所示。

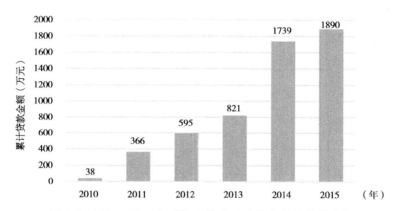

图 3.5　2010—2015 年略阳县扶贫互助协会累计贷款金额

从本期贷款金额来看，略阳县扶贫互助协会项目的最初贷款金额仅有 38 万元，2013 年逐渐扩大到约 430 万元；直至 2015 年底的 718 万余元，如图 3.6 所示。由于农户贷款之后最主要的投向是食用菌等林副业开发、养殖业等，互助协会项目对当地经济的发展起到了积极的作用。

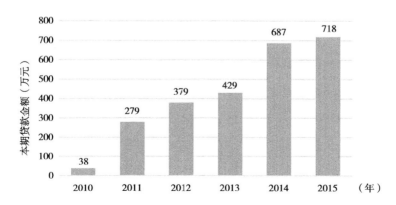

图 3.6　2010—2015 年略阳县扶贫互助协会本期贷款金额

截至 2015 年底，村级互助协会共发放产业发展扶持资金 2324 笔 1890 万元：贷款用于种植业 926 万元，占 49%；用于养殖业 567 万元，占 30%；用于商业运输业 283 万元，占比 15%；用于农产品加工业 114 万元，占比 6%[①]。

3. 提高了农户的信用意识

由于采用了合作制组织形式，贷款人的信用意识得到了提高。尽管没有抵押品，完全采用信用贷款的形式，但是互助协会的不良贷款率一直很低，2011—2015 年的还款率分别为 82.0%、94.6%、94.0%、95.0%、94.95%，这就验证了命题 6 有关信用意识的观点。高达 95% 的还款率，即使在国际知名的孟加拉乡村银行，也是值得肯定的。

（三）略阳县扶贫互助协会项目绩效的保障措施

1. 完善机制，力促规范

项目工作组通过完善机制，强化监管，力促项目规范运转：

第一，建立管理组织，健全管理制度。县扶贫办成立互助资金工作组，由扶贫办副主任任组长，县秦巴扶贫世界银行贷款项目办公室 3 名财务人员专门负责协会成立、资金拨付、管理培训、规范运作等工作。按照省规范项目管理制度的要求，建立了组织机构、管理人员职责、会员情况、项目统计监测、借贷管理、财务管理 6 个方面 32 个小项目动态管理，跟踪落实，从根本上保证了项目工作的规范运行。

第二，科学制定互助协会《章程》。工作组坚持以中央、省级有关文件为依据，紧密结合县情乡情，始终把《章程》的修订和完善作为制

---

① 数据来源：《略阳县扶贫互助协会工作情况汇报（2015 年 12 月 31 日）》。

度建设的重点，对互助协会和监事会届期、联保小组人员组成、贷款担保程序、占用费率、逾期贷款处罚等一些关键问题进行了严格界定，确保了《章程》的权威性。

第三，针对互助协会管理人员文化水平低、无专业知识的特点，县办互助协会管理工作组坚持定期到村互助协会巡回指导和培训，手把手指导互助协会财务人员建账，同时检查指出存在的问题及解决的方法。

第四，为便于指导、规范各互助协会账务，编印了《贫困村互助资金财务管理与核算教材》。全县互助协会达到教材、会计核算科目和设置账务的"三"统一。全县设置有总账、现金日记账、银行存款日记账、管理费用台账、会员贷款台账和会员缴纳基准互助金台账。

第五，在认真执行互助协会 8 项规章制度的基础上，严格审查放款程序，要求协会必须做到"一申二访三不借"① 和"一查二看三核对"②，杜绝不良贷款的发生和账务的错乱。坚持联保制度，确保贷款资金真正用于贫困农户发展增收项目；坚持严控贷款额度和贷款期限，扎实做好到期贷款的回收工作。

第六，根据《章程》和各互助协会实际情况，对任期已满的理事会、监事会与村"两委"换届结合，将个别协会账务不清、贷款回收力度不大、资金效益发挥不明显的互助协会管理人员换掉，将热心扶贫互助事业的、能坚持做好互助协会工作的村主要负责人纳为候选人，确保了互助协会组织健全、坚强有力。

---

① 一申：农户申请；二访：访有无资格贷款、访有无增收项目；三不借：没有项目的不借、转移用途的不借、不讲诚信的不借。

② 一查：查凭证；二看：看现金账与银行账是否平衡、看各级报表是否准确；三核对：核对贷款资料与实际用途是否一致、核对利息清算与分配比例是否合规、核对会计账务是否准确与规范。

略阳县扶贫互助协会项目的上述做法，再次凸显了项目的政府主导特征。值得注意的是，上述做法不是试点开始就健全的，而是在项目发展中不断摸索、不断总结而健全起来的。试点初期，主要着力于项目村建设以及业务的开展，在发展中不断关注发展质量问题，并建章立制，这就证明了命题3[①]。

2. 多方筹措、扩大协会资金规模

除省市财政计划支持建互助协会外，共筹集资金1458.2万元，建互助协会56个，扩建互助协会9个。

第一，整合各种扶贫资金。如利用连片开发资金75万元建协会5个，整村推进资金400万元建协会16个，产业发展资金600万元建协会30个。

第二，争取项目和社会、包扶单位援助资金。2013年争取汉中市级扶贫资金扶持50万元启动了"贫困人口创业示范工程试点项目"，省级扶贫资金扶持30万元启动了"互助资金创新模式试点项目"，合计80万元，壮大了兴州街道办两河口村互助协会，使其资金规模达到了118万元；2011年争取香港乐施会82.5万元灾后重建资金，建立五龙洞等4个社区发展互助协会；2013年争取中化近代环保化工（西安）有限公司包扶援助扶持资金10万元，建徐家坪镇青岗坪村互助协会1个；争取市水利局等8个单位援助资金114.5万元，扩大8个互助协会规模。

第三，利用贴息资金。为了扩大互助协会规模，激励协会工作人员的积极性，采取将会员贷款贴息资金打入互助协会账户的方法，累计为43个互助协会注入贴息资金96.2万元。

---

① 第4部分对于不同批次项目村的比较分析，也进一步从数据上证实了命题3。

3. 多措并举，宣传动员

由于扶贫互助协会属于新生事物，再加上以往农村金融领域存在的一些问题，项目的推行既是对群众金融素养的一个宣传，也是对基层组织开展互助合作的一个培训，因此，宣传动员工作十分重要。略阳县扶贫互助项目工作组对于宣传动员工作十分重视，采取的措施主要包括：

第一，利用多种媒体，利用"官方语言"宣传。以《贫困村互助资金试点指导手册》为蓝本，通过广播、电视、张贴标语和召开村民大会等形式，广泛宣传互助协会的性质、目的、资金来源和运作程序，提高各级扶贫干部和项目区村民对互助协会的认识、理解和认同。

第二，编制互助协会简报，用书面语言宣传。从 2010 年以来，编制了"略阳扶贫互助协会简报"31 期，印发 3100 余份，并在"略阳扶贫网"上刊登。简报内容包括互助协会概况、发展趋势、资金分布、问题与建议和经验分享五个板块，图文并茂，直观明了，发行以来受到了县、镇、村三级参与管理互助协会人员的关注和好评。为领导决策提供了依据，为管理人员互学提供了平台。

第三，与农村实用技术培训相结合，为互助协会提供技术支持。利用实用技术培训组培训频繁、覆盖面广的特点，将互助协会知识制成 PPT 讲稿，作为扶贫政策宣讲的一部分内容，随同实用技术培训工作一起讲解和宣传，扩大了互助资金项目的宣传面。将互助资金工作组与实用技术培训工作组相结合，制作互助协会的政策宣传、业务管理课件 10 余部，每年培训不少于 30 场，1000 余人次。

第四，注重"一对一，面对面"沟通。村民和会员对互助协会业务认识不到位的地方，县、镇、村各级互助协会管理人员总能做到"一对一，面对面"地解答。特别是村互助协会管理人员用"方言"和实例，向本村村民宣传，取得了较好的效果，提高了群众对互助协会的知晓率和认同感（略阳县扶贫办，2014）①。

第五，每年召开互助资金项目专题培训大会，对各镇扶贫专干、各协会理事长、会计，就互助协会基本知识、财务管理等进行培训，让镇扶贫人员也参与到管理项目之中；

第六，注重会员在协会贷款的现实引导，让更多的村民通过身边邻居贷款这一行动，了解与加入互助协会，发展产业。

第七，建立了"互助资金讨论"QQ 群，将互助协会的理事长、会计纳入群内，随时宣传政策、探讨工作、解决问题。通过以上措施，全县农户知晓率、项目区农户认同感都有提高。

4. 创新方法，助推发展

略阳县扶贫互助协会项目工作组通过方法创新，助推项目发展，主要措施包括：

第一，科学规划，精心选点。在全县范围内，选择产业基础良好、干部作风扎实、村风民风淳朴的贫困村实施互助资金项目，最大限度地发挥示范带动效应。

第二，以章选举，组建班子。会员大会选举群众信任、公道正派、业务能力强、有强烈事业心和责任感的会员作为协会管理人员，充分体现了广大会员的意志，维护了选举的公开性、透明性和科学性。

第三，坚持资金投向与主导产业发展相结合。互助资金贷款必须保证资金投入该村产业建设中，支持村域主导产业发展，积极探索协会与农民专业合作社的相互促进发展模式，积极吸纳专业合作社社员入会，支持农户发展产业。

---

① 略阳县扶贫办：《坚持编印简报促进协会管理——陕西省扶贫互助协会信息统计工作交流汇报》，2014 年 7 月。

第四，把资金用于支持合作社生产技术等关键环节建设，推动专业合作社良性发展，带动群众增收。

第五，积极指导互助协会依法有效运行、监督互助协会资金使用和管理，保障资金投入能有效带动贫困户发展。

（四）略阳县扶贫互助协会项目发展面临的约束

互助协会项目在国内外的实践中均出现了一些约束性问题，略阳县也不例外。调研表明，略阳县扶贫互助基金发展中，存在如下约束：

1. 协会资金量有待增加

目前，略阳县互助协会资金总量 1077 万元，平均每个互助协会 26 万元。随着物价上涨，产业投入规模越来越大，互助协会资金量远远不能满足农户对产业发展的需求，影响了会员贷款的积极性。甚至在互助协会发展初期，一些会员因此而退会①。部分村互助协会资金量小，满足不了农户贷款的需要，要求加大互助协会财政扶持力度，将财政扶持资金增加到 30 万元；如观音寺村资金 8.5 万元，何家坪村 18.3 万元。

2. 管理人员业务素质有待提高

互助协会是村办银行，财务账目复杂。在青壮年大量外出务工的背景下，留守人员文化素质较低，管理互助资金的知识欠缺，能力不足。尽管在项目设计中，为了避免村两委的干预，一些地方不允许村干部担任互助协会工作人员。然而，在人员欠缺的背景下，村干部进入互助协会就不可避免，这就证实了命题 4。

此外，互助协会个别管理人员责任意识淡漠，管理不够规范，存在敷衍了事等现象。由于这些问题，造成 2015—2016 年成立的 31 个互助

---

① 见《略阳扶贫互助协会简报》第 1—2 期。

协会没有账务或账务不全，占互助协会总数的 **44%**；两河口村等 **6** 个互助协会没有合适的财务人员，影响了业务的开展。

3. 管理软件系统普及难度大

《贫困村互助资金自动化监管平台》等管理软件普及难度较大。村互助协会均未配置电脑，没有网络，管理人员不会操作电脑，缺乏会计电算化处理的基本技能。而县办人手有限，也不可能全部代劳。因此，在 **2016** 年互助协会实现县域全覆盖之后，技术约束就会更加明显。

4. 协会的可持续性存在隐患

略阳县扶贫互助协会项目是典型的民生工程，政府的财政支持是最主要的动力。从项目启动至今，财政资金在互助协会资金中一直占据最重要的部分，占比一直高达 **70%** 左右，如图 **3.7** 所示。并且，财政资金占比在互助协会经营进入平稳期之后，一直保持稳定的态势，这反映了扶贫互助协会发展存在可持续性隐患。

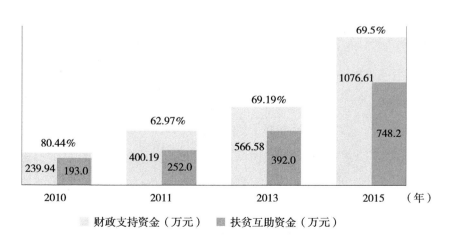

图 3.7　2010—2015 年略阳县扶贫互助资金的财政支持占比

换一个角度，在略阳县互助协会中，个人入股形成的会费始终占比较低。更值得担忧的是，会费占比不断下降，占比从最初的 **20%** 左右下降到 12% 左右，如图 3.8 所示。结合图 3.8 以及略阳县项目发展过程，可以看出的是，尽管不断地争取各级政府的支持、争取社会资金扶助（如香港乐施会、西飞公司等的援助），成功地扩大了资金总量，但是这种发展壮大一直是输血式的，并没有实现互助协会的滚动式发展。因此，能否在后续的发展中实现可持续，到目前依然无法得出乐观的结论。

一些协会的发展已经出现困难。如石坝村等 7 个协会存在逾期贷款。在前期的放款过程中，由于理事会重视不够，加上后期班子调整，导致这些协会一直存在大量逾期贷款，严重影响了协会形象，影响了协会资金的运转。

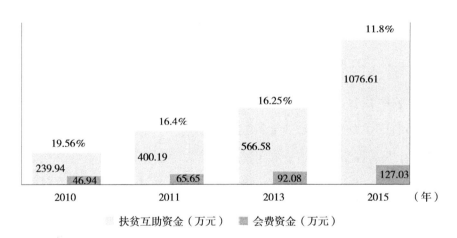

图 3.8　2010—2015 年略阳县扶贫互助资金的会费资金占比

5. 新建互助协会筹备工作不平衡

2016 年新建的互助协会中，毛亚子村等 8 个互助协会没有牌子。81 个新建互助协会的筹备工作不平衡，有 50 个村已经将 3 月工作全部完成，但也有七里店村等 10 个村工作极为迟缓。此外，由于项目选点顺序是先选择工作基础好的村庄进行试点，因此，后建互助协会无疑具有一定的攻坚性质，工作的总体难度要大于以往项目村。

四、略阳县扶贫互助协会项目的差异性分析

从国际上社区型贷款基金的实践来看，资金来源渠道、是否有外部技术支持等对项目的可持续性起到了积极的作用。对略阳扶贫互助协会项目的实践考察，也有助于检验本章第二部分有关理论命题：扶贫互助协会项目参加时间的先后顺序也会体现出县域互助资金建设的动态演化特征。我们主要关注的问题包括：资金来源影响扶贫互助项目的绩效吗？哪种类型的扶贫互助协会可持续性更好一些？扶贫互助协会项目的参与顺序是按照成本最小化原则还是收益最大化原则进行的？

（一）资金来源影响扶贫互助项目的绩效吗？

资金来源对社区管理型贷款基金绩效的影响在文献中有所关注。有关研究对社区管理型贷款基金的国际数据分析表明，主要依靠外部资金不利于社区管理型贷款基金的可持续经营，主要依靠自有资金（储蓄与外部贷款）有助于经营的改善。由于数据的约束，上述研究没有对政府资金与非政府组织资金之间的区别进行比较，也没有进一步比较政府资金中不同项目资金对机构绩效的影响。更进一步，在不同外部资金来源渠道的影响下，自有资金（社员会费、经营积累、外部捐赠）占比对绩效的影响有无差别？

1. 扶贫互助项目资金来源影响的依据与研究设计

研究设计 1：我们选择入会率、贷款投放率与贷款回收率来测量扶贫互助资金项目的社会绩效，其中：

①入会率＝入会户数／村总户数，用于反映村民对项目的认可程度，是互助协会（政府机构等）宣传、政府重视程度、村民对组织认可度、

对以往政策认可度等的函数。本研究关注资金来源渠道的差异化影响，政府重视程度是其中最重要的因素。可以预测的是，由于非政府组织更容易受到媒体的关注，会促使政府投入更多精力来关注受资助项目。同时，非政府组织援助节省了政府财政资源，为公共服务买单；按照国际惯例，非政府组织援助往往受到政府财政背书担保，因此政府对此类受援助项目的重视程度要高于类似项目。

②贷款投放率＝本期贷款金额／资金总额，用于反映扶贫互助资金项目的资金使用效果。一方面，村民会抱怨贷款难，互助协会较为严格的审核会排斥部分村民，解决贷款难一直是政策的目标之一；另一方面，缺乏合适的发展项目、不具备理财知识等原因，也使得部分村民会排斥贷款。理论上来说，非政府组织援助和财政扶持都会遇到类似的问题，然而，非政府组织援助的项目村会更容易投放贷款。主要原因在于：贷款投放不力会影响到资金的后续投入，甚至对类似的援助造成不良影响；非政府组织或者政府会在项目村开展基础设施建设等工程，促进项目村的建设；政府考虑到社会影响，会进行优先项目扶持，刺激项目村的资金需求。

③贷款回收率＝本期还款金额／应收贷款金额，用于反映扶贫互助资金项目的资金管理能力以及金融扶贫的信用度建设。贷款回收率低是政策性金融的国际痼疾，在我国早期政策性金融中并不少见。因此，尽管从政策设计上，商业性资金使用的原则一直被强调，然而，既有制度惯性会对还款率造成一定的冲击——特别是农村常住人口中有很大比例人口年龄偏大，既缺乏市场经济所应有的信用意识，又有着历次制度变革的历练，从而还贷行为会受到预期因素的影响。由此，财政支持项目的还款率会受到冲击——尽管不会像以往政策金融一样存在高不良贷款率。而非政府组织项目从刚一开始就是私人资金，有借有还的银行信用

意识很容易被接受。此外，上面强调的社会影响、政府重视等因素，也会影响到还款率的提高。

2. 数据

数据来源于《略阳扶贫互助协会简报》第 1—28 期。将各期数据录入表格之后，数据处理过程如下：

①剔除每一期的汇总数据，形成不同互助协会的跨期面板数据；

②剔除缴纳会费额为 0 的数据行，保证协会已经正式建立；

③剔除主要变量如入会率、贷款投放率、贷款回收率值为 0 的行，保证分析是在互助协会开始正常运转后开展。

最后，形成 38 家协会 3—22 期数据，共 495 个观察值。其中，乐施会扶持项目村 4 家互助协会 16—19 期数据，共 70 个观察值；财政扶持项目村 34 家互助协会 3—22 期数据，共 425 个观察值。

进一步，由于撤乡并镇工作的开展，项目村的户数增加，明显影响到了参与率指标。从 2014 年 3 月 30 日第 23 期简报开始，一些互助协会的数据出现断层式变化。为此，鉴于撤乡并镇造成的影响，为保持可比性，我们以 2014 年 3 月 30 日为界，将上述数据细分为两个子样本。

研究设计 2：我们选择收益率、费用率与收支比来测量扶贫互助资金项目的财务绩效，其中：

①毛收益率 = 总收入 / 总资金，用于反映项目运作的毛收益率，反映互助协会财务经营效果。

②费用率 = 总支出 / 总资金，用于反映项目运作的毛费用率，反映互助协会财务经营效果。

③收支比率 = 总收入 / 总支出，用于反映项目运作的经营效率，反映互助协会财务经营效果。

④净收益率 =（总收入-总支出）/ 总资金，用于反映项目运作的净

收益率，反映互助协会财务经营效果。

命题 4.1：非政府组织资金扶持的项目绩效要优于政府财政资金扶持的项目。

我们首先对乐施会扶持互助协会的社会绩效进行统计分析，如表 3.1 所示。

表 3.1　乐施会扶持互助协会的社会绩效

单位：%

指标	均值	标准差	最小值	中位值	最大值
入会率	88.328	20.878	25.000	100.000	100.000
贷款投放率	77.357	19.426	39.380	85.130	99.100
还款率	100.000	0.000	100.000	100.000	100.000

注：观察值 = 70。

我们再对政府财政扶持互助协会的社会绩效进行统计分析，如表 3.2 所示。

表 3.2　政府财政扶持互助协会的社会绩效

单位：%

指标	均值	标准差	最小值	中位值	最大值
入会率	60.575	20.854	0.600	58.700	92.600
贷款投放率	69.689	20.941	5.330	72.100	100.000
还款率	93.042	13.196	50.000	100.000	100.000

注：观察值 = 425。

我们进一步对乐施会扶持项目与一般财政资金项目的社会绩效差异进行了统计比较。结果表明，较之于财政支持项目，乐施会扶持项目的参与率高 27.753‰，贷款率高 7.668%，还款率高 6.958%，均在 5%水平以下显著。

鉴于撤乡并镇造成的影响，我们进行子样本统计分析。

对 2014 年 3 月 30 日之前，乐施会扶持互助协会的社会绩效进行统计分析，如表 3.3 所示。

表 3.3   乐施会扶持互助协会的社会绩效：子样本 1

单位：%

指标	均值	标准差	最小值	中位值	最大值
入会率	97.535	11.720	39.400	100.000	100.000
贷款投放率	76.258	19.664	39.380	85.650	95.670
还款率	100.000	0.000	100.000	100.000	100.000

注：观察值 = 46。

对财政扶持互助协会的社会绩效进行统计分析，如表 3.4 所示。

表 3.4   财政扶持互助协会的社会绩效：子样本 1

单位：%

指标	均值	标准差	最小值	中位值	最大值
入会率	66.040	18.884	0.600	76.400	92.600
贷款投放率	69.305	20.368	5.330	72.100	100.000
还款率	92.540	13.232	50.000	100.000	100.000

注：观察值 = 250。

对乐施会扶持项目与一般财政资金项目的社会绩效差异进行了统计比较。结果表明，较之于财政支持项目，乐施会扶持项目的参与率高 31.495%，贷款率高 6.953%，还款率高 7.460%，均在 5%水平以下显著。

对 2014 年 3 月 30 日之后，乐施会扶持互助协会的社会绩效进行统计分析，如表 3.5 所示。

表 3.5　乐施会扶持互助协会的社会绩效：子样本 2

单位：%

指标	均值	标准差	最小值	中位值	最大值
入会率	70.683	23.336	25.000	76.470	100.000
贷款投放率	79.465	19.197	39.380	85.130	99.100
还款率	100.000	0.000	100.000	100.000	100.000

注：观察值 = 24。

对财政扶持互助协会的社会绩效进行统计分析，如表 3.6 所示。

表 3.6　财政扶持互助协会的社会绩效：子样本 2

单位：%

指标	均值	标准差	最小值	中位值	最大值
入会率	52.769	21.100	12.000	52.530	91.740
贷款投放率	70.239	21.781	9.300	72.060	99.830
还款率	93.760	13.148	50.000	100.000	100.000

注：观察值 = 175。

对乐施会扶持项目与一般财政资金项目的社会绩效差异进行了统计比较。结果表明，较之于财政支持项目，乐施会扶持项目的参与率高 17.914%，贷款率高 9.226%，还款率高 6.240%，均在 5% 水平以下显著。

我们还比较了不同类型资金来源项目对应的财务绩效。由于数据的约束，我们仅根据第 24—28 期报表数据进行了分析。乐施会扶持互助协会财务绩效的描述性统计如表 3.7 所示。

表 3.7 乐施会项目的财务绩效：描述性统计

单位：%

指标	均值	标准差	最小值	中位值	最大值
毛收益率	0.150	0.035	0.092	0.166	0.195
费用率	0.052	0.013	0.033	0.049	0.079
收支比率	3.031	1.065	1.770	2.395	5.044
净收益率	0.098	0.035	0.040	0.102	0.147

注：观察值＝ 20。

财政扶持协会财务绩效的描述性统计如表 3.8 所示。

表 3.8 政府财政项目的财务绩效：描述性统计

单位：%

指标	均值	标准差	最小值	中位值	最大值
毛收益率	0.111	0.086	0.015	0.098	0.383
费用率	0.057	0.077	0.005	0.038	0.383
收支比率	2.879	2.399	0.510	2.212	12.358
净收益率	0.054	0.050	-0.014	0.041	0.230

注：观察值＝ 108。

对乐施会扶持项目与一般财政资金项目的财务绩效差异进行了统计比较。结果表明，较之于财政支持项目，乐施会扶持项目的毛收益率高 0.039，支出率低 0.005，收支比率高 0.152，净收益率高 0.044，收支率与净收益率均在 5% 水平以下显著。

命题 4.2：自有资金对项目绩效会产生正向影响。

研究设计 3：如上，我们选择入会率、贷款投放率与贷款回收率来测量扶贫互助资金项目的社会绩效，选择毛收益率、费用率与收支比率来测量扶贫互助资金项目的财务绩效，而以会费或者会费占比来衡量自有资金的效果。由于上述数据集为面板数据，并且乐施会、财政支持等数据在不同期几乎不变动，鉴于数据特点，我们选择随机效应模型来进行模型估计[1]。

①毛收益率＝总收入／总资金，用于反映项目运作的毛收益率，反映互助协会财务经营效果。

②费用率＝费用支出／总资金，用于反映项目运作的毛费用率，反映互助协会财务经营效果。

③收支比率＝总收入／费用支出，用于反映项目运作的经营效率，反映互助协会财务经营效果。

④净收益率＝（总收入－费用支出）／总资金，用于反映项目运作的净收益率，反映互助协会财务经营效果。

模型估计结果如表 3.9 与表 3.10 所示。

表 3.9 会费对项目社会绩效的影响

被解释变量						
	入会率		贷款投放率		还款率	
	(1)	(2)	(3)	(4)	(5)	(6)
会费	1.489 (1.111)	3.589*** (1.054)	−2.964** (1.129)	−3.341*** (1.173)	0.949 (0.649)	1.061 (0.668)
乐施会		135.229*** (16.319)		−16.791 (17.274)		8.086 (9.973)

---

[1] 另一种做法是，选择混合效应模型、固定效应模型与随机效应模型来进行模型估计，若通过 F 检验，则排除混合效应模型；进一步，通过豪斯曼检验，来选择随机效应模型与固定效应模型。

续表

被解释变量					
	入会率		贷款投放率		还款率
	（1）	（2）	（3）	（4）	（5）	（6）
会费 × 乐施会		−34.730*** (4.810)		9.313* (5.446)		−1.061 (3.087)
常数项	50.489*** (4.932)	39.372*** (4.679)	75.310*** (4.696)	76.944*** (4.829)	92.857*** (2.658)	91.914*** (2.808)
观察值	495	495	495	495	495	495
R^2	0.001	0.093	0.052	0.058	0.452	0.454
Adjusted	0.001	0.092	0.052	0.057	0.450	0.450
F Statistic	−19.847	14.335***	15.529***	6.678***	392.433***	130.258***

注：* 为 $p<0.1$；** 为 $p<0.05$；*** 为 $p<0.01$。

表 3.10　会费对项目财务绩效的影响

被解释变量				
	毛收益率	费用率	收支比率	净收益率
	（7）	（8）	（9）	（10）
会费	−0.008* (0.005)	−0.004 (0.003)	0.389*** (0.146)	0.001 (0.003)
乐施会	−0.132 (0.117)	−0.003 (0.086)	−2.617 (3.240)	−0.070 (0.067)
会费 × 乐施会	0.053 (0.034)	−0.001 (0.024)	0.884 (0.943)	0.0369* (0.020)
常数项	0.140*** (0.026)	0.072*** (0.020)	1.606*** (0.719)	0.050*** (0.015)
观察值	123	123	123	123
R^2	0.041	0.017	0.083	0.056
Adjusted	0.040	0.016	0.080	0.055
F Statistic	1.693	0.671	3.556***	2.372***

注：* 为 $p<0.1$；** 为 $p<0.05$；*** 为 $p<0.01$。

表3.9与表3.10展示了会费对项目社会绩效与财务绩效的可能影响。从表中分析可以看出，会费的多少与入会率成正相关关系，并对还款率也有正向影响，这符合我们分析中的预期方向。但是，在大多数情况下，这种关系在统计上不显著。我们感兴趣的是，会费与贷款投放率呈负相关关系。一般逻辑认为，参加互助协会的会员越多，资金需求越旺盛。然而，与一般逻辑不同的是，很大一部分农户加入互助协会仅仅是为了获得潜在的贷款机会以及现实的股利分红，在每一期获得贷款的人数是有限的。甚至，由于贷款催收的压力，贷款投放困难一直困扰着互助协会管理者。尽管有类似联保之类的担保替代措施，但是实际上许多贷款的还款保证是管理者对贷款人信用以及项目风险的判断。我们可以找出的逻辑是，参加互助协会的人员越多，会费金额越大，分红压力、潜在贷款机会等对管理者带来的贷款甄别、催收的压力越大，从而造成贷款投放比率的下降。

此外，会费对项目财务绩效的影响也与预期一致。互助协会的会费越多，收支比率就越大，并且在1%的水平上显著。同样，净收益率也与预期的方向一致。然而，会费对毛收益率、费用率均产生了负向影响。结合上述对贷款投放的分析，我们可以进一步看到这种机制产生的负面影响。由于会费对收支比率与净收益率的影响也是在收入、费用影响之下的累加结果，我们看到的回归结果显示了对收入、费用影响力量的强弱对比。

同样，我们关心乐施会项目的会费对协会绩效的影响。与一般情况相比较，乐施会项目的会费与入会率负相关，与贷款投放率正相关，与还款率略微负相关；毛收益率增加，费用率下降，收支比率提高，净收益率改善。这种分析结果，再次强化了上文对非政府组织绩效分析的判断。积极动员非政府组织参与扶贫互助项目，并有效组织农户入会，有助于项目绩效的提升。

（二）扶贫互助项目参与次序中的原则：成本最小化还是收益最大化？

我们需要关注的问题是，一个贫困县按照什么原则来选择项目村？是成本最小化——选择最容易开展工作的村庄（距离县城较近、群众基础较好等）还是收益最大化原则（经济条件较好、产业基础较好等）？单纯从逻辑来判断，成本最小化或者收益最大化都是可行的，实践中也可能会出现别的行动逻辑。基于可以获得的数据，我们试图对 25 家互助协会 2014 年 5 月—2015 年 6 月的有关指标进行分析。

我们的思路是，将 25 家互助协会按照成立的年份进行分类，其中，第一批成立于 2009 年，共 11 家互助协会；第二批成立于 2010 年，共 6 家互助协会；第三批成立于 2012 年，共 8 家互助协会。

对不同批次建立的互助协会进行主要变量的描述性统计分析，结果如表 3.11、表 3.12 与表 3.13 所示。结合第三部分对略阳县互助协会项目发展的回顾，我们分析的 25 家协会中，第一批和第二批均处于项目发展的动员期。因此，第一、第二批属于同一个阶段，第三批事实上属于新阶段。从分析结果可以看出，略阳县互助协会项目是基于收益最大化原则来选择项目村的，这尤其在入会率、毛收益率指标上可以显示出来；换一个角度，项目村的选择不是基于成本最小化原则，第一、第二批互助协会的费用率均严重高于第三批。这说明，选择项目村，迅速实现社会参会并出现较好的毛收益，既有利于互助协会的社会宣传，也为项目村带来实际的好处。此外，即便是毛收益较高，也可以理解为对村级公共投入的增加，这对潜在项目村而言是有吸引力的。

需要指出的是，尽管贷款投放率、还款率也是反映项目的社会绩效的核心指标，但是，这两类指标受到项目组织者的关注，并且会随着时间的推移而加强。因此，越往后，项目的贷款投放率、还款率表现越好，我们将其理解为经验累积或者政策强化的结果。

另外，费用率也是一些地区项目管理的政策规定。可以看到的是，最早一批建立的互助协会费用率高达 7.8%，随后一批协会的费用率下降，直到 3.3% 的水平——低于一般情况下的 5.0% 水平。这说明了，后续项目建设中，控制费用率成为关注的内容之一。

总的来说，略阳县扶贫互助协会的参与次序是收益最大化原则——更确切地说，是毛收益最大化与参会率最大化。这反映出项目实施者要迅速出成绩，并为后续项目村提供范例的基本原则。这种做法，对财政资源稀缺的贫困县，尽管面临资金浪费的诟病，但是也确实是组织扶贫项目中的一种较好思路。

表 3.11 第一批互助协会指标的描述性统计

单位：%

指标	均值	标准差	最小值	中位值	最大值
入会率	66.072	13.299	39.880	64.710	91.060
贷款投放率	72.093	21.273	16.820	83.680	98.790
还款率	85.727	15.688	50.000	89.000	100.000
毛收益率	0.134	0.098	0.028	0.137	0.383
费用率	0.078	0.102	0.017	0.042	0.383
收支比率	2.298	0.929	1.000	2.172	4.292
净收益率	0.056	0.043	0.000	0.056	0.164

注：观察值 = 55。

表 3.12　第二批互助协会指标的描述性统计

单位：%

指标	均值	标准差	最小值	中位值	最大值
入会率	63.479	17.497	25.000	64.000	90.000
贷款投放率	77.101	16.276	44.520	80.595	99.100
还款率	100.000	0.000	100.000	100.000	100.000
毛收益率	0.154	0.055	0.080	0.166	0.265
费用率	0.046	0.015	0.016	0.046	0.079
收支比率	3.959	2.857	1.770	2.395	12.358
净收益率	0.108	0.060	0.039	0.102	0.230

注：观察值 = 30。

表 3.13　第三批互助协会指标的描述性统计

单位：%

指标	均值	标准差	最小值	中位值	最大值
入会率	39.371	20.181	12.000	30.160	85.710
贷款投放率	82.623	14.145	52.380	86.390	98.710
还款率	96.053	13.664	50.000	100.000	100.000
毛收益率	0.062	0.035	0.015	0.149	0.112
费用率	0.033	0.024	0.005	0.029	0.076
收支比率	3.027	2.839	0.510	1.673	8.900
净收益率	0.029	0.022	−0.014	0.133	0.064

注：观察值 = 38。

五、贫困县村级互助资金项目绩效的进一步讨论

略阳县扶贫互助协会项目建设为我们剖析社区管理型小额贷款项目

的绩效以及影响因素提供了较好的案例。由于一手资料比较翔实而且完备，略阳案例为我们动态追踪项目建设以及绩效变化提供了基础，对以往基于截面数据或者短面板数据的抽样研究进行了较好的补充。然而，受制于项目研究题目的局限，以及案例的一些约束，就社区管理型小额贷款项目的绩效问题而言，仍有如下问题有待讨论。

（一）资金来源结构与项目可持续性

在对社区管理型贷款基金项目的研究中，世界银行开展了一系列资金与技术援助，也进行了一些有影响力的研究。世界银行扶贫协商小组（Consulting Group of Assisting the Poor，CGAP）评估了1990—2005年60个社区管理型贷款基金项目。值得注意的是，社区管理型贷款基金是社区型的小额信贷，与规范的商业性小额信贷机构存在很大距离，甚至与NGO类型的小额信贷机构也存在较大差异。社区管理型贷款基金的典型特点是不正规性，因此，衡量此类机构绩效的标准也与一般小额信贷机构不同。Murray and Rosenberg（2006）将项目的相关资料和报告是否具有完整性作为评判项目好坏的基本条件，将资金是否持续运转、是否存在精英控制、是否对群体成员的生活产生积极影响、是否有长期稳定的高还款率作为衡量项目运行效果的标准。Murray and Rosenberg（2006）研究发现，以外援资金为主的社区管理型贷款基金项目往往难以实现可持续发展，以村民自有资金为主的社区管理型贷款基金项目较容易实现可持续发展。①

然而，按照Murray and Rosenberg（2006）衡量项目成功的标准，

---

① J. Murray & R. Rosenberg, "Community-Managed Loan Funds: Which Ones Work ?", Focus Note 36, Washington D.C.: CGAP, 2006.

在建设期之后，略阳县的互助协会无一不是成功的。在县扶贫办的领导下，略阳县的 46 家互助协会持续运转，没有明显的经营控制问题，对群体成员的生活产生了积极影响，具有长期稳定的高还款率。略阳案例再次出现与国际经验不符之处，但是按照国际标准，略阳案例无疑又是成功的。

按照世界银行的一贯主张，市场化应该成为资源配置的主导模式，而我国的贫困村村级互助资金项目从一开始就是政府主导型的——从财政资金的强力扶持到行政资源的组织保障，并没有从一开始就体现出市场化特征。但是，如果考虑到严重的市场失灵问题，除去资金短缺之外，优质人力资源的短缺，企业家才能的缺失等无不困扰贫困村的发展。有为政府的高效介入，并通过有关管制制度实现对政府人员的有效约束，可能是有效市场的替代性措施。因此，有为政府乃至有效政府的高效介入，可以为略阳案例提供可能的解释。然而，该结论仍需进一步论证，从而为社区管理型贷款基金的发展提供新的理论解释与实践做法。

（二）外部技术支持与项目持续性

Murray and Rosenberg（2006）的研究结果发现，是否有高质量的技术支持是贷款基金长期持续经营的关键因素。但是，按照国际小额信贷实践，此类技术支持往往是通过外部机构提供的。如印度自助小组—银行联结项目就受到德国 GTZ 公司的技术援助，FINCA 在非洲就对村银行项目提供了技术支持。[1]

---

[1]   J. Murray & R. Rosenberg, "Community-Managed Loan Funds: Which Ones Work ?", Focus Note 36, Washington D.C.: CGAP, 2006.

与国外经验一致的是，略阳县扶贫互助资金协会项目也需要技术支持。但是，项目的技术支持不是外部机构提供的，而是扶贫办等政府机构提供的。从记账、放款、收款、填表等一系列日常业务，到互助协会的外部联系，政府机构提供了大量的技术培训与技术支持。甚至，电脑操作等工作，也是完全由扶贫办工作人员代办。从互助协会的各期简报来看，政府机构提供的技术支持，不但是有效的，也是可行的。

那么，与国际经验不同的是，由政府提供管理技术培训与支持，同样也可以达到类似的效果。问题在于，政府提供原本由外部机构提供的技术支持，给政府带来了很大的工作量。在 2016 年以后互助协会大量铺开，实现全县覆盖的背景下，政府超额工作量的问题就尤为明显。因此，与其他机构一样，政府也可以提供技术支持。然而，如何核定政府的有效技术支持工作量，如何提高政府技术支持的效率，是进一步需要讨论的问题。

（三）伪联保贷款与项目持续性

贷款技术也是一个值得争议的问题。由于小额信贷机构一直将高还款率作为成功的标志之一——无论是孟加拉乡村银行还是一般的社区管理型贷款基金项目，因此，贷款技术就显得尤为重要。连带责任贷款曾经被认为是乡村银行成功的典型技术要素之一，同样也受到了社区管理型贷款基金项目的关注。由于社区管理型贷款基金项目的客户更贫困，并且居住相对集中，因此，连带责任贷款技术似乎天然地适合社区管理型贷款基金项目。我国的贫困村村级互助资金项目设计中，将五户联保作为项目技术要素之一，略阳县扶贫互助协会项目也采取了这一技术要素。

然而，**Murray and Rosenberg**（2006）研究中的社区管理型贷款基金

项目，均没有明确提出要采用连带责任贷款技术[1]。同样，我们的调研发现，联保贷款仅仅流于形式——就像一些地区的三权抵押贷款一样，真正起作用的是贷款人的信用以及家属或者村干部的担保。在国际小额信贷实践中，超越团体贷款，实行多元化的贷款技术更符合小额信贷的实际。而在我国的贫困村村级互助资金项目中，"伪联保贷款"也成为一个现实问题。事实上的信用贷款或者夫妻担保、干部担保等被地方认可的贷款技术，才是更符合实际的技术要素，这为贫困村村级互助资金项目的进一步完善提出了问题。

（四）产业扶贫与金融扶贫的关系

金融扶贫往往只是一个中间环节，与产业相结合才会取得明显效果。在实践中，小额信贷将主要目标关注在信用链条的完备以及将客户锁定在穷人时，产业层面往往被忽略，或者不被作为重点。正因为此，小额信贷遭到外界诟病，认为所有或者大部分客户从事小买卖或者简单的销售，难以有效脱贫。而在理论研究中，有关模型仅仅关注构建还款机制，客户总被假定为企业家，有可以选择的项目，并且不存在系统性风险。

当然，金融扶贫应该有自己的侧重点，理论研究有所取舍也无可厚非。然而，扶贫是系统工程，绝对不是简单地提供贷款支持，也不是被动地选择现有客户的项目。也正是在这一点上，国际小额信贷的长期绩效受到非议，如有关研究对孟加拉国小额信贷的扶贫效果一直存在争议——尽管孟加拉国出现了许多国际知名的小额信贷机构。而相反的

---

[1]　J. Murray & R. Rosenberg, "Community-Managed Loan Funds: Which Ones Work ?", Focus Note 36, Washington D.C.: CGAP, 2006.

是，我国没有国际上有影响力的小额信贷机构，但是中国的减贫效果是全球公认的。这与我国采取的政府主导、产业扶持的扶贫策略有很大关系。

就略阳县扶贫互助协会项目而言，金融扶贫一直与产业扶贫密不可分。甚至，略阳县扶贫互助协会项目也是产业扶贫大项目下的一个子项目。产业扶持资金被注入扶贫互助项目，壮大了互助资金的规模。同样，在财政专项扶持的互助协会项目中，同样受到县产业政策的支持，配套了与产业有关的技术。

回顾国际上对小额信贷实践的诟病，单纯依靠市场手段来开展小额信贷，忽略了贫困人口的技术、项目等方面需求，不但会造成可能的精英捕获、目标偏移等问题，最麻烦的结果是无法打破贫困的恶性循环。正因为此，以阿玛蒂亚·森为代表的经济学家将贫困界定为权力的被剥夺，包括由于受教育机会的不均等而造成的技术、能力缺失，也包括市场排斥等造成的项目缺失等。可以说，贫困不仅仅是信贷市场失灵造成的资金短缺，而是市场失灵造成的全方位缺失。在进入扶贫攻坚阶段的中国，贫困人口的全方位缺失更为明显。除了扶贫互助协会的资金扶持之外，产业支持、技术培训甚至政治教育（改变部分贫困人口的生活观）都是不可或缺的。

也正是这些原因，扶贫需要一个大政府，全面规划，多角度帮扶，消除致贫因子。就这一点而言，我国扶贫的成就可以得到解释。当然，由政府失灵带来的问题也可能因为大政府而强化，但是不应因此而抹杀相应的绩效。大政府提供的全方位服务，为金融扶贫提供了很好的外部环境。但是，如何约束政府行为，实现更好的作为，更加有效的作为，就是决定负效应的重要因素。

六、结论与政策建议

本书基于略阳县扶贫互助协会案例，分析了贫困县社区互助项目建设的动态过程，比较了不同资金来源对项目绩效的影响。作为西部集中连片贫困地区贫困县，略阳县 2009 年以来的互助资金试验，为我们提供了县域项目建设的完整案例。我们结合国内外理论研究，提出了有关理论命题，并通过略阳数据与案例进行了实证分析。研究的有关结论包括：

第一，政府推动的社区主导型小额信贷项目从试点到推广速度较快，可得的财政资源会迅速投入使用。

第二，争取更多的财政资源与社会资源，是项目县扩大试点村的必要做法。

第三，随着试点的推进，提高试点村发展质量的任务才会更多得到关注。

第四，村级互助资金的目标瞄准度要优于其他小额信贷机构。

第五，由于人力资源的约束，村干部可能进入管理层，有助于项目的执行力，但是也可能造成精英捕获问题。

第六，由于企业家资源的约束，全面脱贫面临较大困难，但是互助资金对提高农户信用意识的作用不可低估。

第七，由于互助资金规模较小，加之公益性质，因此财务收益有限。如果将隐性成本显性化，那么村级互助资金的财务可持续性存在隐患。

此外，我们将有关结论与国际实践进行了比较，发现我国政府主导型社区贷款基金同样实现了可持续性。按照世界银行有关研究的结论，我国政府推动型社区小额信贷项目各项指标表现较好，这为社区型小额贷款基金提供了新的发展模式。

如果与国际上大规模的社区主导型小额信贷项目相比较，我国项目与泰国项目比较接近。但是我国项目的绩效要更优一些，这可能与我国大政府的格局以及有效政府的作为有很大关系。探讨政府在社区主导型小额信贷项目的合理空间以及做法，就成为研究小额信贷问题中必备的一环。在这一点上，略阳县的有关做法为我们提供了宝贵的经验。

基于对略阳县的案例研究，本书提出如下政策建议：

第一，加强对村级互助资金的监管，尤其是对加强管理人员的监管。要通过社员监督、组织监督以及上级监督，保障管理人员的行为合规。

第二，增进信息透明性。要像略阳县一样，通过简报等形式扩大村级互助资金信息透明性，扩大宣传　强化社会监督。

第三，多方动员社会资金开展互助金融扶贫，增加资金来源的多样性，并强化不同类型机构之间的竞争。

第四，将政策重点逐渐转向互助资金发展质量，促进互助资金社会绩效以及财务绩效保持在合理空间，并尽可能优化。

第四章 贫困村村级互助资金运行绩效
——宁夏回族自治区案例

一、贫困村互助资金宁夏回族自治区案例选择的理由

由于公开数据源，对贫困村村级互助资金项目的研究很少有足够的数据资料，开展田野调查成为必要的手段。立足于对以往研究的补充，我们选择不同尺度来开展调研分析。在本部分，我们选择宁夏回族自治区作为案例省份。固原市泾源县、隆德县、彭阳县、西吉县、原州区，吴忠市盐池县与同心县，中卫市海原县作为案例县——均为国家级贫困县——也是宁夏回族自治区仅有的8个贫困县（区），试图比较不同县域贫困村村级互助资金运行状况，评估项目运行的绩效与影响因素，为项目优化提供政策建议。

我们在2014—2018年对案例县进行了多次走访调研，与案例县扶贫办、金融机构、村级互助社进行了广泛的接触，获得了大量的贫困村互助资金的一手资料。在此基础上，我们对有关资料进行了整理，围绕村级互助资金的运行绩效问题进行了分析。

与既有文献不同的是，本部分具有如下可能的边际贡献：

第一，调研持续时间较长，调研资料翔实，形成了村级互助资金问题研究的专题数据库。

我们的调研持续时间较长，对项目进行了较长时期的跟踪。我们获取了自治区区级层面自 2006 年试点以来 10 年的总体运行情况资料，为全面动态把握村级互助资金提供了数据准备。部分村级互助资金提供了多年数据资料，形成了 227 家村级互助资金机构层面的面板数据。与既有研究的样本数据量相比较，本书构建的数据库，对项目分析而言是不可多得的。

第二，与既有的省级层面的案例研究比较而言，本书的研究更为深入——案例县多、样本量大、持续时间更长、案例县占比高，从而对省级层面的研究起到了较好的补充。以调研数据为基础，我们对自治区全区互助资金发展状况进行了统计分析，并重点对 227 家机构的运行绩效进行了量化分析，为互助资金绩效评估提供了科学依据。

第三，我们将案例研究与统计数据分析相结合，从省级、县级、村级三个层面进行剖析，对农户、村级互助资金管理者、扶贫办等政府机构等利益相关者展开多角度分析，弥补了既有研究中较少采用多元方法的不足。

下文的结构安排如下：第二部分对宁夏贫困状况与贫困县试点村级互助资金概况进行了回顾，比较了宁夏与全国的贫困状况，回顾了宁夏村级互助资金的进展，概述了宁夏村级互助资金的基本做法；从第三部分开始，本书运用自治区区级数据与机构面板数据，对村级互助资金的绩效进行实证分析，从不同尺度概括贫困村互助资金的运行绩效。随后，本书对宁夏贫困县村级互助资金试点中凸现的问题进行了归纳；最后，给出了简短的结论。

二、宁夏农村贫困与村级互助资金试点

宁夏回族自治区成立于 1958 年，面积 6.64 万平方千米，2016 年底总人口 674.9 万人，其中回族人口占 36%，是全国最大的回族聚居区，辖 5 个地级市，22 个县、市（区）。三次产业增加值构成由 2015 年的 8.2∶47.4∶44.4 调整为 2016 年的 7.6∶46.8∶45.6。三次产业对经济增长的贡献率分别由 2015 年的 4.2%、57.8% 和 38.0% 转变为 2016 年的 4.5%、45.5% 和 50.0%。①

（一）宁夏农村贫困概况

由于地处西部，加上经济基础相对较弱，农村贫困问题是宁夏经济社会发展中一直力图解决的民生问题。表 4.1 给出了宁夏 2010—2016 年的贫困发生状况，并与全国进行了比较。

表 4.1　宁夏贫困状况与全国比较

地区	2010 年	2011 年	2012 年	2013 年	2014 年	2015 年	2016 年
农村贫困发生率（单位：%）							
宁夏	18.3	18.3	14.2	12.5	10.8	8.9	7.1
全国	17.2	12.7	10.2	8.5	7.2	5.7	4.5
农村贫困人口规模（单位：万人）							
宁夏	77	77	60	51	45	37	30
全国	16567	12238	9899	8249	7017	5575	4335
扶贫重点县农村贫困发生率（单位：%）							
宁夏		22.4	17.4	16.1	14.4	11.1	10.5
全国		29.2	24.4	20.2	17.5	13.7	8.7

① 数据来源：《宁夏回族自治区 2016 年国民经济和社会发展统计公报》。

续表

地区	2010 年	2011 年	2012 年	2013 年	2014 年	2015 年	2016 年
扶贫重点县农村贫困人口规模（单位：万人）							
宁夏		47	36	33	30	23	18
全国		6112	5105	4279	3649	2893	2219

数据来源：《中国农村贫困监测报告 2017》，中国统计出版社 2018 年版。

　　从表 4.1 中可以看出，与全国农村贫困发生率相比较，宁夏农村贫困发生率略高于全国水平；但是，就扶贫重点县农村贫困发生率来看，宁夏略低于全国水平。由此，我们选择宁夏作为研究地区，具有一定程度的一般性特点。

（二）宁夏村级互助资金项目发展状况

　　宁夏是全国最早开展贫困村互助资金试点的省份之一。自 2006 年以来，各级政府重视金融扶贫带来的机遇，积极推动村级互助资金试点工作。十年来的村级互助资金试点，部分满足了当地农民金融服务需求，推动了贫困户通过贷款发展生产，实现脱贫致富。截至 2015 年 12 月底，累计有 23 个县参加试点：试点村累计 1118 个，资金总规模累计 73531 万元；试点村总户数累计 540529 户，其中常住农户累计 460710 户，贫困户累计 198224 户；入社农户累计 128317 户，其中贫困户累计 60260 户；累计贷款户次 389172 户，其中贫困户累计 175434 户；累计发放贷款 185889 万元，其中贫困户贷款 89580 万元。

　　由于村级互助资金项目具有明显的政府推动型特点，从年际变化可以看出，村级互助资金经历了迅猛发展、急速下降、稳步发展等阶段。从图 4.1 中可以看到各项指标具有较明显的阶段性特点。

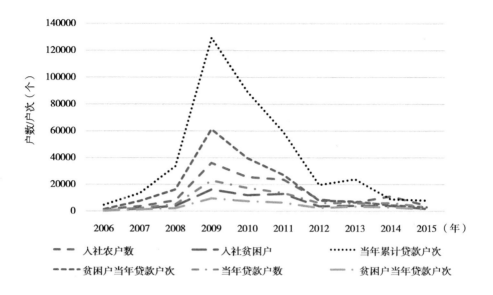

图 4.1　2006—2015 年宁夏村级互助资金的阶段性变化

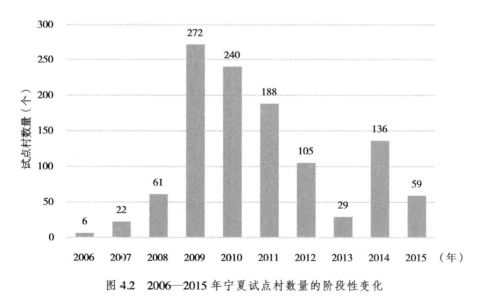

图 4.2　2006—2015 年宁夏试点村数量的阶段性变化

图 4.2 给出了试点村数量的变化。

此外，互助资金总额的变化（见图 4.3）也具有类似的特点。

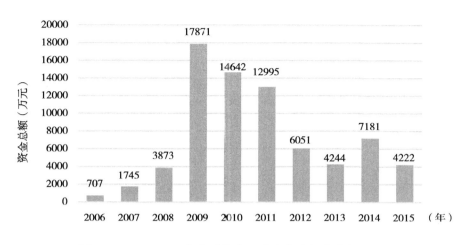

图 4.3　2006—2015 年宁夏扶贫互助资金总额的阶段性变化

从参与互助资金的农户户数（见图 4.4）以及贫困农户数（见图 4.5）上，也可以看到波动的特点。

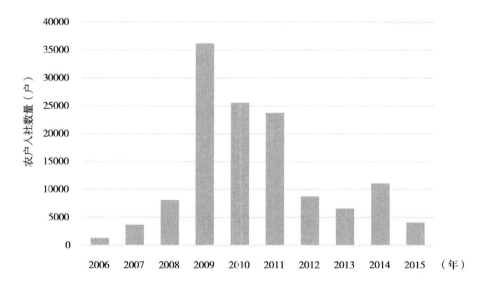

图 4.4　2006—2015 年宁夏扶贫互助社农户入社数的阶段性变化

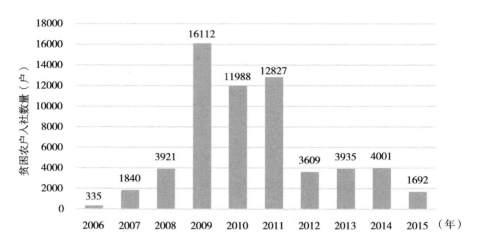

图 4.5　2006—2015 年宁夏扶贫互助社贫困农户入社数的阶段性变化

（三）宁夏村级互助资金项目的基本做法

1. 运行机制

（1）YC 县

①组织结构。农村资金互助社是以试点贫困村为单位，通过召开村民代表大会，采取民主选举的方式，成立的互助资金管理委员会（以下简称管委会）。全体村民选举产生村级互助资金管理委员，行使村级发展互助资金日常管理，设主任、副主任、会计、出纳各一人。

②互助资金构成。由财政扶贫资金和农户入股本金构成，每股1000 元，每股农户自己入 400 元，政府按 6∶4 比例配股 600 元（政府配股使用权归农户，所有权归政府），贫困户农户每股自己入 200 元，政府配股 600 元，赠股 200 元。农户最多只能入 3 股，最少 1 股。

③贷款发放。由入股农户提出贷款申请，并以"五户联保"的形式进行担保，同时，选择一名管委会成员为其提供担保；管委会审核完贷款申请后，报扶贫办审批登记；审批登记完毕后，管委会与贷款人签订

贷款合同，由当地农村信用社将资金汇入农户个人账户。原则上，贷款额度每股为 1000 元，利息按 6% 计付。

④互助资金的管理。一是互助资金由村管委会负责审批和资金投放。二是每户贷款额度原则最高不超过三股（3000 元）。三是贷款期限最低 6 个月，最长为一年。四是资金占用有偿化。贷款户使用互助资金，收取 6% 利息，其中：25% 用于管理人员误工补助和必要的办公经费，35% 转入"互助资金"账户，滚动使用，不断扩大资金规模，40%用于入股分红。五是村民贷款规范化。村民贷款必须先入股，按股贷款。六是贷款采取"五户联保"的风险防范机制。对于出现不诚信的贷款人和担保人，由村管委会负责追回欠款，同时终止贷款人和担保人的贷款资格。

（2）GY 市

GY 市村级"互助资金"是一种在政府主导下，由贫困农户参与，民主决策、民主管理、长期使用的特殊形式的小额贷款，是带有金融特点和操作方法的惠农项目。在具体实践中，由县（区）扶贫办主导，县（区）财政局负责技术指导，县农村信用联社提供金融服务，各乡政府具体负责，各村委会发起成立互助资金管理委员会或资金互助社，村民民主选举管理委员会委员。农户以自愿入股的方式参与到资金互助组织中，互助资金按股配置，每股 1000 元，每户最多可入 3 股，可借用额度最多为 3000 元。股金由"政府出资 + 农户参股"两部分组成，规定配股比例为 6 : 4，对于贫困户可按 8 : 2 的比例配股，即政府每股出资 800 元，贫困户每股出资 200 元。

GY 市互助资金由政府配股、农户入股、利息收入和赠股四部分组成，其中政府配股和农户入股是主要构成部分。

GY 市互助资金仅限于资金互助组织成员使用，贷款每笔最高不超过 5000 元，一般为 3000 元，贷款期限最长一年，贷款时须有两名或两名以上本组织成员以其自有资金提供担保，利息参照基准利率执行，利息收入的 35% 滚入本金，40% 用于农户入股分红，25% 用于互助社管理人员薪酬和管理费用支出。

（3）JY 县

JY 县贫困村互助资金以方便贫困农户贷款为宗旨，坚持"程序简捷、贷款优惠、有偿周转、互助合作、民主理财"的服务理念，为缓解贫困家庭生产性信贷资金的约束，起到了一定的积极作用。

①主要模式。贫困村互助资金现有发展资金和互助资金两种形式。

发展资金模式：从 2006 年 9 月开始，MH 乡 GS 村投入资金 20 万元，其中专项资金 10 万元，世行贷款回收资金 10 万元。共投放贷款 92 笔 18.36 万元，已经到期归还贷款 32 笔 2.02 万元，利息收入 1320 元；CN 村共投入资金 20 万元，其中专项资金 10 万元，整合畜牧产业开发财政专项资金 4 万元，世行贷款 6 万元。共投放贷款 124 笔 16.84 万元，已经到期归还贷款 19 笔 2.51 万元，利息收入 2120 元。

互助资金模式：2007 年 11 月 12 日，在 LW 乡 ZQ 村利用整村推进滚动回收资金为引子，建立互助资金，成立了 ZQ 村扶贫互助社，并在民政局登记挂牌成立，吸收会员 46 户（77 人）。共投入资金 15.15 万元，其中整村推进滚动回收资金 14 万元，农民自愿入股 1.15 万元。共投放贷款 45 笔 12.65 万元，用于生产经营性贷款 29 笔 12.18 万元，非生产经营性贷款 16 笔 4700 元，县上已批准再给 ZQ 村投入 10 万元的世行贷款回收资金，扩大村级互助资金总量，吸收更多会员。

②主要特征。

一是扶贫性。ZQ 村扶贫互助社作为探索扶贫开发机制的一种形式，采取了"贫困户赠股、一般户配股、富裕户入股"的资金使用和整合方式，体现了以扶贫为主旨，以贫困人口为主要对象，农户之间互助协作，促进村级主导产业和村民自管能力、素质的整体提高，实现村级生产、生活条件的改善和可持续发展的目标。符合扶贫开发工作的实际和该县农村实际。

二是合法性。ZQ村扶贫互助社是依广大贫困农户之意，在县民政局登记注册并挂牌成立的民间组织机构，经县银保监局认可，能够合法运营发展资金的组织，做到了有法可依，有章可循，而且更能够取信于民。

三是自发性。在征求县扶贫办意见后，村民主动要求建立扶贫互助社，管理使用好这笔资金，体现了群众"我要干"的积极性，反映了农民群众自我发展的热情和自主解决生产生活困难的强烈愿望。

四是公正性。贫困户每户赠10股500元（每股50元人民币），使其成为天然会员，保护农村弱势群体，促进了社会稳定；对一般户采取个人入股与配股结合方式，不入股不能配股，体现了兼顾公平的分配原则；对富裕户采取自愿入股，富裕户入股最高不超过10股，体现富人讲贡献，带动贫困户发展的原则，并防止富者控股。

五是发展性。ZQ村扶贫互助社借鉴了GS村村级发展资金扶持养羊产业致富经验，将有限的资金集中投入到主导产业的发展上，优先扶持农业产业化发展，实现产业促贷，并要求农业部门在产前、产中、产后为农民提供方便的技术服务，降低生产成本，减轻劳动强度，带动村民进行联合生产、联合经营、联合购销。切实增强村民联合应对市场的信心和能力，实现互助社和农民双赢。

③发起方式。试点以村级发展资金模式开展，由县世行办主导，ML乡和MH乡政府没有参与，直接由上述两村村委会发起，民主选举管理委员会人员，两个村支部书记只是顾问，没有进入管理委员会。随

着全省试点工作的不断扩大和政策的调整，在 LW 乡 ZQ 村和 MH 乡 XP 村实施项目时，确定由县扶贫办主导，并派业务指导人员，乡级政府参与监督，村两委班子分别进入理事会和监事会，并在县民政局注册登记。四村在项目启动时，由于省、市、县财政都没有配套开办经费，费用一部分由县扶贫办支付，一部分暂时由村上垫付。

④所有权和法律地位。

资金构成。贫困村互助资金主要来源于两个方面，一是政府财政扶贫资金，分别占 CN 村、GS 村互助资金的 50%，XP 村互助资金的 77%；二是村民入股股金，分别占 XP 村和 ZQ 村互助资金的 23% 和 7.5%。

资金所有权。全区贫困村互助资金的所有权主要有三种形式：一是村民所有，二是村民小组所有，三是村集体所有。该县在 2006 年 CN 和 GS 两村开始试点时，在对国家财政扶贫资金的所有权分配时，归村全体村民所有。而世行贷款则需要归还本金，并由使用者偿付利息。

会员入股。根据试点地区情况看，会员股金已成为贫困村互助资金重要来源，第二种类型是 XP 村、ZQ 村互助资金模式，鼓励村民入股，贫困户为天然会员，由政府每户赠 500 元，最高贷款额度 1000 元；一般户采取个人入股与政府配股结合方式，按 1∶6（XP 村为 1∶3）比例使用贷款，政府配款 5 股，个人入 1—10 股，最多入股不超过 10 股，最高贷款额度 3000 元，不入股不能贷款；富裕户采取自愿入股，最多入股不超过 10 股，贷款按 1∶4 比例，最高贷款额度 2000 元，不入股不能贷款。会员分配红利，按所持股份比例进行同股同权，同股同利。

⑤组织与管理。JY 县村级互助资金根据自然村经济条件和对村级互助资金的理解，由扶贫办确定一名副主任和业务人员专门负责试点工

作，实行发展资金模式，村级成立扶贫发展资金管理委员会（以下简称管委会）和监督小组。管委会由 5 人组成，其中：主任 1 人，会计 1 人，出纳 1 人；设副主任 1 人，另一名由村民代表担任。监督小组成员（监督员）由村民在每个自然村组里民主选举产生，每个自然村选举 1 人。组长由村管委会副主任（或村民代表）担任。XP 村和 ZQ 村实行理事会管理模式，村级扶贫互助协会由理事会和监事会负责管理。理事会成员经全体成员大会民主选举产生，由 7 人组成，每个自然村一名。监事会由 5 人组成，其中副监事长由乡级分管领导担任，村支部书记担任理事会会长。

　　⑥贷款产品。县、村级互助资金贷款产品具有占用费率较低（低于信用社利率）、手续简便、整借整还的特征。CN 和 GS 村发展资金在贷款产品的设计中还划分了用款范畴，能够兼顾村级生产生活，有利于可持续发展，但有些贷款风险大，从一定程度上限制着占用费收益，不利于资金壮大。相对而言，在 ZQ 村和 XP 村贷款产品设计时，更多的投入用于生产性、收益性项目，对资金的使用范畴没有做明确划分，由村级互助资金理事会自主决定，灵活性较大。在贷款的担保上，四村基本上都采取第三者担保形式，其中在 GS 村采取了"五户联保"形式，增强连带责任性。

　　⑦财务管理。由于乡镇一级金融系统只有农村信用社一家，在村级互助资金项目开展时，尽可能地选择在距离本村较近的农村信用社开户。但是，GS 村和 CN 村的互助社因为没有在民政部门注册，所以 GS 村用的账户是原在县农行开设的村草产业开发专户，CN 村 2004 年在实施畜牧产业开发项目时在县信用社有账户，因此在 ML 乡信用社开设了发展资金专户。ZQ 村和 XP 村由于在县民政局正式注册了互助资金协会，都在 LS 镇信用社开设了村级互助资金专户。

CN、GS 两村村级扶贫发展资金专用账户，以村管委会主任、会计私章及"村级发展资金"专用章备全银行印鉴，会计负责日常账务登记与银行账户的管理，出纳保管资金专用章和支票。根据资金实施方案规定，村资金在本着为方便农户贷款之外，只能保留 2000 元现金作为日常临用贷款，农户贷款要填写贷款事由，并用支票付款，贷款农户必须在支票存根上签名（或盖指印），除此之外，村资金小组一律不得提存现金。村级扶贫互助资金以理事长、会计私章及资金专用章备全银行印鉴，现金由出纳管理，农户贷款一般用支票付款，但是 ZQ 村因为到开户地较远，一般由理事会在出纳处存 5000 元的备用金，用于周转，除此之外，村资金小组一律不得提存现金。

村级互助资金是一项新的工作，涉及业务知识性强，由于村一级相应缺乏专业人才，一些基本账务的处理和有关方面的报表只能依靠县扶贫办帮助。相对而言，LW 乡 ZQ 村、MH 乡 XP 村因为在前两村的基础上有了经验，所以财务管理制度遵守比较严格，账务规范。

2. 主要做法

（1）加强领导，确保项目实施有序进行

互助资金项目在 TX 县实施以来，县委、县政府领导高度重视，每年召开专题会议，研究互助资金项目的实施意见、办法和措施，把互助资金项目工作作为向群众承诺所办的十件实事之一，并在每年的农业农村工作会议上，对互助资金实施得好的项目乡镇和项目村进行表彰奖励。TX 县成立了由主管县长任组长，扶贫、监察、财政、审计、信用联社及项目乡镇主要负责人为成员的互助资金项目工作领导小组，制定出台了《TX 县村级发展互助资金项目实施方案》《TX 县村级发展互助资金领导小组成员单位职责》等规范性文件，明确了工作重点和目标任务；各乡镇也成立了相应的领导机构，形成了上下协调、左右联动的工作格局，为项目的顺利实施提供了坚强有力的组织保证。自治区扶贫办和县领导多次到项目村进行实地检查指导工作，及时召开现场办公会解决工作中存在的问题；县领导小组各成员单位密切配合，相互协作，为搞好项目工作奠定了坚实基础，有力地促进了互助资金项目工作的顺利实施。

（2）完善制度，确保项目实施规范运行

一是规范了项目资金管理。县项目领导小组研究制定了《TX 县贫困村村级发展互助资金管理章程》（以下简称《章程》）、《TX 县贫困村村级发展互助资金使用管理暂行办法》等五项管理规章制度，为项目资金管理提供了可靠依据。二是规范了贷款、还款程序。明确贷款限额和还款期限等程序，及时出台《TX 县村级发展互助资金项目实施步骤》，即贷款程序十二步骤，对社员借还款等环节进行明确要求，做到资金封闭运行，环环相扣，高效便捷。项目资金全部回收后，由互助社依据信用社提供的个人贷款还款证明，按照《章程》对占用费进行分配，并张榜公示，接受村民监督，并发放新一轮贷款。三是实行"两证一户一卡"管理。针对资金互助社审批开户办证等手续繁多的问题，县委、县政府分管领导及时召开部门协调会议，要求各主管部门尽量简化审批程序、降低办证费用。按规定，办理机构代码证和非企业营运证每村需花费 1200 元，但只收了 130 元的工本费。为此，项目村互助社成立时，必须办理机构代码证和非企业营运证，并在较近的信用社申请设立互助资金专户，互助社社员贷款还款必须办理"一卡通"。聘请专业人员对项目管理人员进行业务培训，并组织财务人员参加县财政局举办的期限 1 年的会计函授班，结业取得会计资格证后方能上岗，确保财务人员规范从业。

（3）落实责任，确保项目资金安全运行

村级发展互助资金项目是一项新的扶贫模式，为保证项目资金的运行安全有效，TX 县在项目实施过程中重点抓了"八个环节"的落实。一是抓项目村筛选。根据乡镇提供的项目村名单，由扶贫办会同乡镇进行实地调研、考察和筛选。选定的项目村，村级领导班子凝聚力强，能够带领和帮助本村群众发展生产，且村风民风淳朴，信用意识强，无积压贷款。二是抓"党员 + 五户联保机制"的落实。互助社社员申请贷款，必须由五户进行联保，并安排一名党员负责五户的指导、监督和协调，对接落实互助资金的发放和回收。三是抓"两会"成员包片包组和小组长包户责任制落实。实行项目村理事会和监事会成员包片、包片区内联保小组和联保小组长包小组内互助社社员责任制，"两会"成员及联保小组长负责责任片区及责任对象贷款的回收及资金运行情况的监督工作。四是抓联保户的相互监督。规定互助社联保小组的五个联保户中至少有两个外姓农户做担保，杜绝了家族成员相互联保，让互助社员自主、自愿相互担保，杜绝信用度差的农户进入联保小组取得贷款。五是抓贷款合同的签订。凡是需要贷款的互助社社员，都必须与互助社签订有五户联保的贷款合同，从而保证了互助资金的借贷有可靠的法律依据。六是抓资金监管检查。在项目实施过程中，始终按照"县管理、乡协调、村实施"的分级负责制对项目进行运行和管理；同时，扶贫办成立互助资金项目管理服务中心，配备专业人员，对项目资金的运行进行统一管理，并对项目的实施进行全过程监管检查。七是抓风险储备金管理。每年贷款周期期满后，扶贫部门从占用费公积金中提取 50% 作为风险储备金进行专户储存，为保证资金安全运行装上最后"一把锁"。八是建立项目绩效台账。项目实施后，项目农户建立了个人绩效台账，对项目资金的使用，项目产生的效益进行绩效评估。同时，TX 县扶贫办建立互助资金绩效台账，对项目资金的管理和项目效益进行跟踪分析和效益评估。

（4）健全机制，确保项目资金高效运行

一是制定了贷款限额和定期还款制度。即每户贷款额度按照农户生产经营状况及规模和辐射带动作用，一般为 3000 元，如遇特殊情况，经互助社研究同意可适当延期还贷，并要求各村互助社尽量加快资金周转，使更多的农户获得贷款。二是制定了还款负责制和资金使用公示制。各项目村互助社在贷款到期十五日前通知贷款农户做好还款准备。贷款到期后，农户凭村互助社开具的还款通知单，将资金及时归还"互助资金"专户。项目资金全部回收后，由村互助社依据信用社提供的个人贷款及剩余资金的对账单，按照《章程》对占用费进行分配，张榜公示，自觉接受村民监督，并发放新一轮贷款。

（5）加强领导，确保评估工作有序进行

为了确保互助资金评估工作顺利进行，落到实处，县委、县政府高度重视，及时召开会议，专题研究互助资金评估工作的意见、办法和措施。成立了由主管县长任组长，扶贫、财政、监察、审计、民政、质监和信用联社等部门主要负责人为成员的评估工作领导小组，并抽调专人对互助资金运行管理情况开展评估。制定出台了《TX 县贫困村扶贫互助社运行管理评估方案》，对评估的内容、工作程序、评估方式和评估步骤进行了详细的安排和部署，明确了工作重点和目标任务；各乡镇也成立了相应的领导机构，形成了上下协调、左右联动的工作格局，为评估工作的顺利开展提供了坚强有力的组织保证。县委、县政府主要领导、分管领导多次到评估现场对评估工作进行实地检查指导工作，及时召开现场办公会解决工作中存在的问题；县领导小组各成员单位密切配合，相互协作，为搞好评估工作奠定了坚实基础。

（6）查看互助社管理运行是否规范，评定互助社标准

按照《TX 县贫困村村级发展互助资金运行管理指导意见》要求设

定的评估内容和标准，评估工作领导小组对 TX 县 92 个中央及自治区试点互助资金项目村互助社管理运行情况评估。一是看是否按统一制定的管理章程进行实施管理。在项目实施过程中，92 个互助社全部严格遵照《TX 县贫困村村级发展互助资金管理章程》、《TX 县贫困村村级发展互助资金使用管理暂行办法》等五项管理规章和制度实施项目，为项目资金管理提供了可靠依据。二是看是否严格实行"两证一户一卡"进行运行管理。项目村互助社成立时，必须办理机构代码证和非企业营运证，并在较近的信用社申请设立互助资金专户，互助社社员贷款还款必须办理"一卡通"。三是看是否按操作程序进行规范管理。各互助社严格按照贷款限额和还款期限等程序运行，最高贷款额不得超过 1 万元，贷款期限不得超过一年；同时，各互助社严格按照贷款步骤，对社员借、还款等环节进行明确要求，做到资金封闭运行，环环相扣，高效便捷。项目资金全部回收后，由互助社依据信用社提供的个人贷款还款证明，按照《章程》对占用费进行分配，并张榜公示，接受村民监督，并发放新一轮贷款。

三、宁夏村级互助资金项目的绩效：案例县总体的情况

（一）大大提高了金融普惠程度

宁夏村级互助资金项目的推进，使大量农村居民（尤其是中低收入农户、贫困户）获得了金融服务，大大提升了金融普惠程度。2006—2015 年试点中，试点村总户数达 540529 户，其中常住农户总户数为 460710 户，贫困户 198224 户；入社农户 128317 户，其中贫困户 60260 户；累计贷款户次 389172 户，其中贫困户 175434 户；累计发放贷款

185889 万元，其中贫困户 89580 万元。

考虑到村庄（尤其是贫困村）缺乏金融设施的现实，村级互助资金的出现，切实改变了一些村庄金融机构零覆盖的状况，使农户（尤其是贫困户）获得了基本的金融服务，大大推进了金融普惠进程。如果考虑村级互助资金的总规模仅有 73531 万元，实际上的财政投入要更少一些，那么取得这样的成效就是相当显著的。这种资金投入，与普通金融机构的资本金相比，成本明显要低出很多。当然，由于村级互助资金不具备储蓄等功能，功能不够齐全，这也为下一步的普惠金融发展指出了方向。

（二）促进了产业结构调整，部分农户实现了脱贫增收

互助资金项目的实施，有效缓解了项目村贫困农户发展生产资金短缺困难，群众不出门，就能借用互助资金，安心生产，有效促进了 TX 县养殖业和特色种植业的发展。TX 县的调研表明，互助资金实施以来，共为项目村群众增加纯收入 2305 万元。其中，扶持带动项目村贫困群众养牛 2050 头，增加纯收入 205 万元；养羊 4 万只，增加纯收入 600 万元；种植红葱 1.5 万亩，增加纯收入 1500 万元。

SYJ 村群众经济基础条件较差，土地瘠薄，属全县最贫困村之一。TX 县积极引导群众把扩大红葱种植作为项目扶持发展重点。截至 2016 年底，全村红葱种植面积由 2007 年的不足 100 亩扩大到 5000 亩，增加纯收入 67 万元，使该村群众每户平均增收 2913 元，人均增收 592 元。HX 镇 SHW 村以合作社的形式，利用互助资金扩大饲养肉牛规模。2011 年底，全村肉牛存栏增加到 1970 头，每年出栏 1200 头，每头按 1500 元计算，可增加收入 180 万元，户均增加收入 4035 元，人均增加收入 591 元。

（三）提高了群众的信用意识

针对金融机构贷富不贷贫、贷款门槛高、手续繁杂、抵押担保条件多、审批时间长等一系列问题，村级互助资金在一定程度上缓解了贫困农户发展生产资金不足的问题。村级互助资金把国家和个人的钱合起来，大家共同管钱，共同用钱，不出村就能办理好全部的贷款手续，也不需预交还款保证金等有关费用，群众对此充满了浓厚兴趣，增强了按时还清贷款的责任心，树立了金融信用意识。TX 县调研发现，参与项目资金贷款的群众还款率接近 100%，有效净化了农村的金融环境，为银行培育了一大批诚实可靠的信贷客户。

（四）提高了农户的自我发展能力

互助资金"出自政府，归于百姓"，并以参与式的理念和方式运行，增强了农户使用项目资金的约束性，也激发了农民发展经济的积极性，转变了过去"等、靠、要"的思想观念，形成了"创业光荣、发展有责"的积极氛围。XMG 镇 WLD 村项目户 WL，养了 20 只滩羊，想扩大规模，只是手头没有多余资金。利用互助资金，他把养羊规模扩大到 60 只，人均增加收入 3000 元。他高兴地说："现在日子好过了，每年到羊只过'春乏关'时，再也不求人借钱买饲料了，老婆子也不骂我没本事了。"

（五）促进了村级民主管理与基层组织建设

互助社实行村民民主选举、民主决策、民主管理、民主监督的管理模式，大大增强了农民的互助意识和民主意识，也充分体现了农民在农村事务中的主体地位，有力地促进了村民自治和民主管理。项目区农民纷纷反映，互助资金很好，项目的安排、资金的管理、贷款的发放与回收、资金的监督都由自己做主，这是土地承包到户以来群众共同参与、集体讨论、共同决策人数最多、农户受益时间最长的一个好项目。

互助资金项目的实施，使农村干部有了"抓手"。"两委"班子作为项目的指导成员，通过项目实施，吸引了群众的广泛参与，改善了干部群众的关系；通过想方设法找市场、问信息、选项目，帮助农民发展生产、脱贫致富，得到了广大群众的拥护和爱戴，进一步增强了农村基层组织的向心力和战斗力。

（六）瞄准了贫困农户

项目一直将瞄准贫苦户作为工作重点，没有出现明显的目标偏移。如图 4.6 所示。

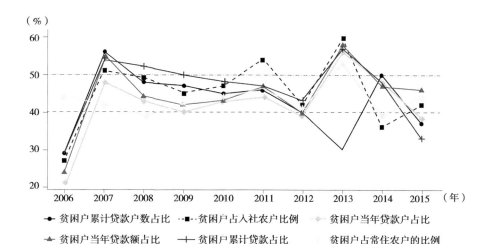

图 4.6　2006—2015 年村级互助资金的目标瞄准

从图 4.6 给出的数据来看，除去个别年度之外，贫困户占入社农户比例一直高于 40%，贫困户累计贷款占比、贫困户累计贷款户数占比一直高于 40%，高于贫困户占常住农户的比例。同样，除去个别年度之外，贫困户当年贷款户占比、贫困户当年贷款额占比一直高于 40%，高于贫困户占常住农户的比例。

四、宁夏村级互助资金项目的绩效：来自 227 家机构的调研

我们基于 227 家机构 2006—2015 年的数据资料，从扶贫增收、金融服务、财务绩效等方面对村级互助资金的绩效进行分析，对宏观、中观层面的绩效分析进行补充。

（一）服务具有普惠性，但是县际差异明显

考察村级互助资金机构层面的入社率，可以看出项目对普惠金融的推进效果。对 227 家机构的数据分析表明，样本机构所在村有近三成农户加入互助社（Mean=28%，Median=24%），贫困户入社的比例也接近三成（Mean=27%，Median=17%）。平均来看，样本机构服务的家庭数有 66—80 家（Mean=80，Median=66），其中，贫困家庭数为 27—34 家（Mean=34，Median=27）。考虑到试点的波动，在试点之初或者业务波动期，实际上的数字要小一些，而在试点发展得好的时期，数字要大一些。当然，样本机构之间的差距也比较突出，这与所处的村庄环境以及组织管理等方面有较大关系。

此外，由于项目组织由县级机构分别执行，样本机构的入社率存在较为明显的县际差异，如表 4.2 所示。

表4.2 样本机构入社率的县际差异

指标	缺省值（个）	最小值	中位数	最大值	均值	方差
JY						
入社户数（户）	0	50.000	83.357	170.000	88.181	31.541
贫困户入社户数（户）	0	11.000	25.000	63.000	27.560	10.751
入社率（%）	0	8.500	33.058	78.770	35.425	14.114
贫困户入社率（%）	0	3.750	10.469	75.000	12.029	9.230
LD						
入社户数（户）	1	3.000	50.833	173.000	54.999	36.501
贫困户入社户数（户）	5	2.000	26.000	116.000	32.453	27.110
入社率（%）	9	1.056	21.000	63.800	23.226	16.038
贫困户入社率（%）	12	2.000	22.750	100.000	32.945	29.445
PY						
入社户数（户）	0	13.000	61.000	410.000	87.922	78.714
贫困户入社户数（户）	0	0.000	30.000	180.000	38.052	37.099
入社率（%）	0	3.157	19.165	100.000	25.209	19.923
贫困户入社率（%）	0	0.000	26.801	100.000	35.393	30.154

注：JY 观察值 = 70；LD 观察值 = 53；PY 观察值 = 104。
数据来源：调研数据，作者进行了整理。

（二）为农户提供了一定数量的小额贷款

平均而言，样本机构为农户提供了 59—74 笔贷款（Mean=74，Median=59），其中，为贫困农户提供了 23—30 笔贷款（Mean=30，Median=23）；每年为所在村的农户提供贷款额 60 万—72 万元（Mean=72，Median=60），其中，为所在村的贫困农户提供贷款额 10 万—12 万元（Mean=12，Median=10）。如果考虑到大多数村级互助资金的互助金额度在 20 万—30 万元，那么资金周转率大致为 3.0—3.5，资金运营效率也是比较好的。

同样，县际之间的差异（见表 4.3）也是比较明显的，JY 的表现要好一些，PY 次之，LD 较差。

表 4.3　样本机构贷款率的县际差异

指标	缺省值（个）	最小值	中位数	最大值	均值	方差
JY						
贷款笔数（笔）	0	19.000	83.357	170.000	87.541	32.483
贫困户贷款笔数（笔）	0	0.000	25.0000	62.857	27.278	11.201
贷款金额（元）	0	25000.000	312250.000	1116250.000	340845.728	135183.406
贫困户贷款金额（元）	0	9000.000	79500.000	191428.571	84728.435	34779.412
还款率（%）	0	100.000	100.000	100.000	100.000	0.000
LD						
贷款笔数（笔）	1	3.000	38.917	147.000	44.217	32.350
贫困户贷款笔数（笔）	6	0.000	12.000	96.500	21.679	24.438
贷款金额（元）	1	9000.000	188916.667	510750	191401.273	114110.036
贫困户贷款金额（元）	9	0.000	60000	348500	105711.5	107769.027
还款率（%）	4	25.333	100.000	100.000	93.575	16.438
PY						
贷款笔数（笔）	0	15.000	45.000	400.000	75.514	74.078
贫困户贷款笔数（笔）	2	0.000	28.333	180.000	34.666	34.135
贷款金额（元）	6	100.000	268.350	2350000	342627.211	262673.162
贫困户贷款金额（元）	6	0.000	120000	500.000	155841.020	122774.563
还款率（%）	36	25.000	100.000	100.000	86.259	28.210

注：JY 观察值 = 70；LD 观察值 = 53；PY 观察值 = 104。

数据来源：调研数据，作者进行了整理。

（三）大大提高了农户的信用意识

从样本机构的数据来看，农户信贷的还款率平均高达 95% 以上。除去个别机构在特殊年份（如开业第一年）之外，大多数机构的还款率均可以达到 100%。与其他小额信贷机构相比较，如此高的还款率显示出参与式管理带来的农户信用意识的显著提高。

（四）运行成本较低，具备可持续条件

从上面的数据分析可以计算出，样本村平均贷款额度为 60 万—70 万元，按照年息 6% 计算，利息收入在 3.6 万—4.2 万元，工作人员以 3—4 人计算，每人 3000 元，再减去少量的办公费用支出，余下部分可以对社员进行分红。

（五）目标瞄准度好

为了对来自县级层面的数据进行验证，我们通过机构层面的指标进一步分析项目的目标瞄准度。

从入社率指标来看，LD 和 PY 两县的贫困户入社率均高于普通农户入社率，只有 JY 反之。同样，如果计算贫困户贷款率占比、累计贷款率占比，也会出现类似的特点。

五、宁夏村级互助资金项目存在的问题

（一）法律地位较为模糊

首先，社团法人资格"名不副实"。国务院《社会团体登记管理条例》

规定，社会团体不得从事营利性经营活动且收入不得在会员中分配。但是，以 YC 县为例，互助资金年平均占用费率为 6%，比金融机构的基准利率低 8.54 个百分点，截至 2010 年末，YC 县互助资金组织已累计收取占用费 82.23 万元，已向会员累计分红 32.87 万元。

其次，办理贷款业务法律依据不充分。按照《中国人民银行贷款通则》、《中华人民共和国银行业监督管理法》等规定，未经批准，任何单位或者个人不得从事银行业金融机构的业务活动。贫困村互助资金组织开展贷款业务，始终没有得到银行业监督管理部门的认可或批准，业务经营不能得到法律的支持。

（二）资金管理上存在若干问题

一是准备金问题。YC 县互助资金的管理是全部放出，基本上不留准备金，致使互助资金失去了贷放的灵活性。二是贷款利息问题。统一 6% 的费率是农户愿意接受的，但无差别费率却造成了资金供应上的矛盾，特别需要用款的农户得不到贷款或贷款大户相对而言多占优惠。

（三）管理水平有待提高

一是部分互助资金组织内部监督制约机制不健全，影响了互助资金使用的公平性和透明度，决策"内部人控制"、"一言堂"现象一定程度存在。二是部分成员及管理人员的金融知识欠缺，财务制度不健全不规范，不利于互助资金组织的健康持续发展。

由于村级互助资金项目专业性强，对管理者专业素质的要求较高，而村级组织人员文化程度普遍不高，业务水平与项目要求仍有较大差距。以 LD 村为例，该村互助社理事会成员 3 人，文化程度最高是初中；担任会计职务的管理人员缺乏资金管理知识，先后参加了扶贫办组织的

8 次业务培训，直到 2009 年，才基本能够独立完成手工记账工作。

（四）互助资金总量不能适应农户生产发展需求

YC 县 84 个试点村平均拥有资本金 23 万元，而贷款额度是每户最多三股不超过 3000 元，除去 40% 入股金，实际贷款只有 1800 元。贷款金额过低，基本上只能用于满足消费需求，不能很好地扶持发展。

GY 地区各互助社向贫困农户发放贷款最高额度为 3000 元，贷款期限一般为 6—12 个月。但是，诸如肉牛养殖、苗木种植等项目，从投资到获益一般都在 2—3 年左右。此外，村级互助资金到位往往较慢，给农户选择项目、发展生产造成了困难，既影响了资金使用效率，也影响了群众的经济效益。

（五）互助资金项目村较少，资金规模偏小

截至 2015 年末，GY 市辖四县一区共有 891 个行政村，但试点项目村为 350 个左右，仅占总村数的 40% 左右。同时，GY 市作为贫困地区，地方财政困难，互助资金项目的投入仅仅靠中央财政来维持，因此，政府财政支持力度相对较小，造成中央财政投入单个项目村的资金一般在 20 万—30 万元，即使配股吸纳了部分资金，但资金总规模还是不大，与农户生产对资金的实际需求还有一定差距。受财政资金规模限制，许多愿意入社的农户无法参与到项目中来，导致项目入户率偏低。如 GY 市 ZK 乡项目入户率仅为 40%，ZY 镇 MZ 村入社农户比例仅为 30%。

（六）存在资金使用不规范现象

由于互助资金利息为中国人民银行同期基准利息，低利率对农户吸引较大，但受最高贷款金额限制（最高贷款 3000 元），农户获得贷款又

难以满足其生产经营需要，这便导致采用多户贷款一户使用的方式，获得低利息而高额度互助资金的现象普遍存在，一般使用这种方式可获得贷款 1.5 万元左右。这种违规操作的方式，一方面使互助资金只集中于少数人手中，难以发挥其互助作用；另一方面也增加了资金使用风险和管理难度。

（七）项目启动初期管理经费不足

村级互助资金项目在正常运转前，约有一年的过渡期，其间费用比较高。由于该阶段属于谨慎放款期，占用费收入为零，互助社运行资金缺口较大。以 GY 市 ZK 乡 DS 村为例，2009 年项目启动，当年运行成本为 1720 元，其中：印章制作 130 元，规章制度印刷与装帧 200 元，办公室门牌 70 元，印制贷款申请表、借据、合同、花名册 500 元，购买支票、账簿、档案盒、笔墨纸张等 120 元，办理业务往返车费、住宿费 500 元，零星支出 200 元。

六、结论

通过对宁夏回族自治区村级互助资金的调研，我们发现，村级互助资金确实是一件民生工程，对解决农民贷款难确实起到了积极的作用。与既有文献不同的是，我们没有发现明显的扶贫目标偏移现象，项目的瞄准度较好。

此外，与既有文献强调社区自发推进项目的思路不同的是，我们对项目明显的政府供给特点进行了关注。由于独特的制度优势，如此大范围、广覆盖的村级互助资金，没有政府的强力推动，是无法实现的。政府不单单提供了资金与技术，扶贫办、乡村政府的公务人员还投入了大量的工作，这对宁夏村级互助资金项目的高质量推进，具有重要的作用。

事实上，在项目没有涉及的村庄，仅仅靠社区自己的力量，并没有取得进展。因此，政府的推动以及高效、规范地引导与监督，就是村级互助资金健康发展的必要条件。

第五章 印度自助小组—银行联结项目的经验及启示

一、印度自助小组—银行联结项目选择的合宜性

印度的自助小组—银行联结项目是全球范围内规模最大、影响最广泛的小额信贷项目之一。截至 2016 年 3 月，自助小组—银行联结项目覆盖了超过 1 亿个印度家庭，在银行有储蓄账户的自助小组超过了 770 万家，有接近 447 万家自助小组获得银行贷款支持（NABARD，2016a，2016b）[①]。如果进一步考虑该项目对其他国家的技术贡献，那么印度自助小组—银行联结项目的影响就更值得关注。

然而，长期以来，研究者们却将主要注意力放到了孟加拉国的乡村银行。在世界银行等国际机构的推动下，穆罕默德·尤努斯与乡村银行开创的乡村银行模式，一度成为小额信贷的代名词（Armendáriz and

---

[①] NABARD, "Status of Microfinance in India 2015-16", Mumbai, India: National Bank for Agriculture and Rural Development, 2016a, p. 8; NABARD, "Annual Report 2015-16", Mumbai, India: National Bank for Agriculture and Rural Development, 2016b, p. 83.

Morduch，2010）[1]。

毋庸置疑的是，孟加拉乡村银行开创的乡村银行模式——以连带责任小组为主要内部组织形式，由正规小额信贷机构直接向个人放贷，为孟加拉国削减贫困与妇女赋权乃至其他社会经济事业的发展，起到了推动作用（Yunus，2003；Yunus and Weber，2007）[2]。

值得肯定的是，2005 年以来，孟加拉乡村银行模式对推动全球小额信贷的迅猛发展，起到了积极的作用（Counts，2008）[3]。然而，小额信贷的发展过快乃至于过热，尤其是在商业化发展范式推动下，带来了一系列问题。其中，最为突出的一个问题是，在商业利润的驱动下，小额信贷偏离了为穷人服务的目标（Bateman，2010）[4]。虽然并没有确凿的证据证明财务可持续与扶贫、赋权之间存在显著的负相关关系（Mersland and Strøm，2010；Kar，2013）[5]，然而，非政府组织类型的小额信贷机构更倾向于向穷人服务，却得到了经验支持（Mader，2015；

① B. Armendáriz & J. Morduch, *The Economics of Microfinance,* Second Edition, Cambridge, Massachusetts; London, England: The MIT Press, 2010.

② M. Yunus & K. Weber, *Creating a World without Poverty: Social Business and the Future of Capitalism*, New York: Public Affairs, 2007; M. Yunus, *Banker to the Poor: Micro-Lending and the Battle against World Poverty*, New York: Public Affairs, 2003.

③ A. Counts, *Small Loans, Big Dreams: How Nobel Prize Winner Muhammad Yunus and Microfinance are Changing the World*, Hoboken, New Jersey: John Wiley & Sons, Inc., 2008.

④ M. Bateman, *Why doesn't Microfinance Work? The Destructive Rise of Local Neoliberalism*, London and New York: Zed Books, 2010.

⑤ R. Mersland & R. Ø. Strøm, "Microfinance Mission Drift?", *World Development*, 2010, 38 (1), pp. 28-36; A. K. Kar, "Mission Drift in Microfinance: Are the Concerns Really Worrying? Recent Cross-Country Results", *International Review of Applied Economics*, 2013, 27 (1), pp. 44-60.

Sherratt，2016）^①。

我们并不是说孟加拉乡村银行模式是造成诸多问题的直接原因——不像印度安得拉邦小额信贷危机中所流露出的部分观点那样，而只是试图寻找能真正"沉下去"的小额信贷"替代"模式。以孟加拉乡村银行模式为参照，结合近年来全球小额信贷发展中的问题，我们试图在全球范围内搜索多元化的小额信贷实践，试图寻找一种"更具免疫力"的模式。

首先进入我们视野的是印度的自助小组—银行联结项目。正像本书开始提到的那样，该模式的规模与影响在全球首屈一指，可以与孟加拉乡村银行相比较。其次，在印度的小额信贷发展中，自助小组—银行联结项目是本土化的制度创新，经历了20多年的演进，具有顽强的生命力，在印度小额信贷体系中占据了重要位置。再次，在印度的小额信贷实践中，孟加拉乡村银行的连带责任小组也被引入，并且受到了项目支持，为我们比较两种模式提供了试验场。最后，最重要的是，自助小组是机构类型的社区类基金，在性质上属于非政府组织，比正规小额信贷机构更容易服务贫困人口。

我们关注的主要问题包括：第一，与正规小额信贷机构相比较，作为非政府组织类的社区型机构小额信贷提供者，为什么更具有服务贫困人口的制度优势？第二，作为政府推动型的强制性制度变迁，自助小组—银行联结项目如何避免大多数类似项目带来的政府失灵问题？第三，自助小组—银行联结项目20多年来的发展，揭示出小额信贷可持续扶贫的关键要素有哪些？

① P. Mader, *The Political Economy of Microfinance: Financializing Poverty*, Basingstoke, Hampshire, England: Palgrave Macmillan, 2015; L. Sherratt, *Can Microfinance Work? How to Improve Its Ethical Balance and Effectiveness*, New York: Oxford University Press, 2016.

本书对印度自助小组—银行联结项目的分析，可能的创新之处在于：

第一，通过深入的文献分析与案例归纳，深化对印度自助小组—银行联结项目的认识。我国国内对印度自助小组—银行联结项目的介绍较少，仅有武翔宇、高凌云（2009）对此进行了初步分析[①]。而国外文献中有关印度自助小组—银行联结项目的文献（Fernandez，2006；Tankha，2012）[②]，有些观点也值得进一步探讨。本书通过大量的文献研究，可以深化对问题的认识，对既有研究的部分观点进行辨析。

第二，印度自助小组—银行联结项目的经验教训，对我国贫困村村级互助资金项目的推进可以起到借鉴作用。作为全球最大的两个发展中国家，印度发展社区型小额信贷的时间较长，积累了一定的经验教训。在充分考虑到国情差异的基础上，借鉴印度自助小组—银行联结项目的成功经验，避免相应的教训。

本书采用的主要方法是文献归纳法。围绕关注的主要问题，本文从理论逻辑与经验现实的碰撞中，总结印度自助小组—银行联结项目发展的经验教训。本书主要的数据以及资料来源是：第一，印度国家农业与农村发展银行（National Bank for Agriculture and Rural Development，NABARD）的各期年报以及印度小额信贷发展情况报告；第二，小额信贷数据交换中心数据中有关印度小额信贷的部分数据；第三，小额信贷

---

① 武翔宇、高凌云：《印度的小额信贷：自助小组—银行联结》，《农业经济问题》2009 年第 1 期。

② A. P. Fernandez, "History and Spread of the Self-Help Affinity Group Movement in India: The Role Played by IFAD", Washington D.C.: the International Fund for Agricultural Development（IFAD）, 2006; A. Tankha, *Banking on Self-Help Groups: Twenty Years On*, New Delhi: Sage Publications India Pvt Ltd., 2012. 作者根据文献内容进行了一定的修改。

峰会运动年报中有关印度自助小组小额信贷的有关报道；第四，公开发表的期刊论文中有关印度自助小组—银行联结项目的研究。

下文的结构安排如下：第二部分对印度自助小组—银行联结项目的发展历程进行了详细回顾，从中寻找制度试验的背景以及主要创造者、政策推动者以及技术设计者的作用。以此为背景，第三部分概括了自助小组的特征以及基本分类，总结了实践中的三种联结模式。随后，自助小组—银行联结项目在削减贫困与妇女赋权方面的绩效、主要经验与面临的挑战分别放在第四、五、六部分进行讨论。第七部分是结论与启示。

二、自助小组—银行联结项目的演化

（一）自助小组—银行联结项目发展历程

与孟家拉乡村银行类似，印度自助小组也起源于一场小规模试验项目，也在一段时期以非政府组织形式存在。同样，比较幸运的是，由于官方认可了这种制度试验的结果，政府大面积推广了该制度，最终使试验的成果在全国范围扩大。当然，由于国土面积更大，人口众多，参与方更多，印度自助小组—银行联结项目的制度形式远比孟家拉乡村银行更为复杂。

本部分从制度背景、制度实验、制度推广、制度创新来概括印度自助小组—银行联结项目的制度演进过程，归纳 30 多年来制度演进的轨迹。图 5.1 给出了印度自助小组—银行联结项目的发展历程（NABARD，2013）。

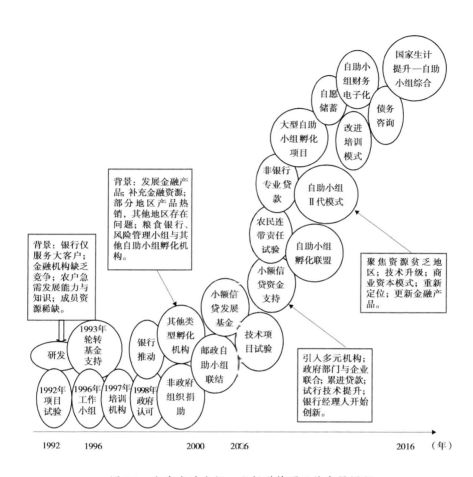

图 5.1　印度自助小组—银行联结项目的发展历程

从图 5.1 概述的发展历程中可以看出，印度自助小组—银行联结项目大致包括如下阶段（Fernandez，2006；Tankha，2012）[①]：

---

① A. P. Fernandez, "History and Spread of the Self-Help Affinity Group Movement in India: the Role Played by IFAD", Washington, D. C.: The International Fund for Agricultural Development（IFAD），2006; A. Tankha, *Banking on Self-Help Groups: Twenty Years On*, New Delhi: Sage Publications India Pvt Ltd., 2012.

1. 项目试验阶段（1992—1995 年）

该阶段主要是在印度储备银行、印度国家农业与农村发展银行的推动下，要求银行机构对自助小组开展存贷款金融服务，对自助小组—银行联结项目开展小范围试点。从 1992—1993 年度开始，620 家自助小组采取了银行联结模式，到 1996 年 3 月，有 2635 家自助小组进入到项目当中。

2. 项目推广阶段（1996 年至今）

该阶段开始确立将自助小组—银行联结项目在全国推广，发展成为全球最大的小额信贷项目。在大约 25 年的发展历程中，根据发展速度，大致又可以划分为三个小阶段。

第一阶段（1996—1999 年），平稳发展阶段。截至 1999 年 3 月，有 1.87 万家自助小组在银行有存款账户，累计接受贷款 5.7 亿卢比。

第二阶段（1999—2006 年），迅速扩大阶段。截至 2006 年 3 月，有 62 万家自组小组实现与银行联结，累计接受贷款 1139.8 亿卢比。

第三阶段（2006 年至今），在波动中扩大。到 2009 年 3 月，自助小组—银行联结项目出现第一个高峰，实现联结的小组数接近 161 万家，累计接受贷款 3907.1 亿卢比；随后的三年中（2010—2012 年）联结小组数出现下降，实现联结的小组数跌到接近 114.8 万家，然而，累计贷款数一直在增加。随后，从 2012 年开始，参与项目的自助小组数再次增加。截至 2016 年 3 月，与银行之间存在储蓄联结的自助小组数从一年前的 769.7 万家达到 790.3 万家（NABARD，2016a，2016b）。

（二）自助小组—银行联结项目创新的制度背景

开始于 1992 年的印度自助小组—银行联结项目，源于长期以来农业信贷与农村金融政策发展的困局以及非政府组织制度试验的初步成功。

1. 早期农业信贷与农村金融政策的困局

1947 年独立之后，为了发展农业，印度政府将工作重点放到满足农场主的信贷需求，通过发展信用合作社来实现农业信贷的供给。1969年，印度的主要商业银行实现了国有化之后，为了使更多贫困家庭获得金融服务，印度政府启动了全球最大规模的政府主导型金融机构扩张项目——社会银行项目，增加商业银行在农村地区或者城乡接合部的分支机构。截至 1990 年项目结束，社会银行项目在约 3 万个农村居民点开设了银行网点。社会银行项目将金融分支机构设置到金融服务的真空地带，通过吸收储蓄与发放贷款，有效地减少了农村贫困（Burgess and Pande，2005）[1]。

然而，这并非意味着社会银行项目完全解决了印度的农村信贷问题。1975 年，印度建立了地区农村银行，试图低成本地服务农村贫困地区。然而，与大多数发展中国家出现的情况一样，银行经理人对向穷人放款缺乏信心，经营难以维持。为此，印度政府通过信贷补贴的方式，试图调动银行的积极性，但是并没有取得效果。1979 年启动的农村发展综合项目（the Integrated Rural Development Programme，IRDP），1979—1980 年的补贴额度高达 60 亿美元。然而，项目的制度效果并不明显。由于农村发展综合项目设计的缺陷，项目的瞄准率较差，银行经理人缺乏对穷人放贷的积极性。此外，由于贷款清收政策的失误，导致贷款还款率极低——60%（1989 年），31%（2001 年）（Armendáriz and

---

[1]　R. Burgess & R, Pande, "Do Rural Banks Matter? Evidence from the Indian Social Banking Experiment", *American Economic Review*, 2005, 95（3），pp. 780-795.

Morduch，2010）[①]。很多银行在农村发展综合项目中留下了大量坏账，造成了大量损失（Fernandez，2006）[②]。

有鉴于此，印度政府成立了专门机构，开展了专项试验，试图解决扶贫信贷中的问题。1983 年，印度成立了农业与农村发展最高金融机构——印度国家农业与农村发展银行（National Bank for Agriculture and Rural Development，NABARD），旨在探索扶贫信贷发放办法，改善贷款偿还率。印度国家农业与农村发展银行开展了两项试验。第一项试验是在世界银行集团国际开发协会（the International Development Association of the World Bank group）的帮助下，增设农村银行分支机构，为广大农村地区客户提供服务。通过为农村银行的经理人配备摩托车，改善了银行的出行能力以及后勤保障。另外一项试验是称为 Vikas Volunteer Vahini（VVV）的小型项目，试图通过向农村贷款人传播信用意识，解决银行贷款还款率低的问题；通过银行之友俱乐部架起银行经理人与贫困客户之间的桥梁，促进信贷经理人提高贷款积极性。然而，试验结果表明，农村银行程序繁琐，借贷双方交易成本过高；标准化的信贷产品（如生产贷款）与实际需要不符；穷人难以提供银行认可的担保品，从而无法得到小额信贷服务。

由于上述试验没有取得预定效果，1987 年，印度国家农业与农村发展银行与加拿大国际开发署（Canadian International Development Agency，CIDA）开展合作，为曼索尔重建与开发署的信贷管理小组

① B. Armendáriz & J. Morduch, *The Economics of Microfinance,* Second Edition, Cambridge, Massachusetts; London, England: The MIT Press, 2010.

② A. P. Fernandez, "History and Spread of the Self-Help Affinity Group Movement in India: The Role Played by IFAD", Washington D. C.: the International Fund for Agricultural Development（IFAD）, 2006.

（Credit Management Groups，CMG）行动研究提供资金支持。

2. 自助小组的成立与信贷管理探索：1985—1991 年

1985 年，印度最早的自助小组出现在曼索尔重建与开发署（Mysore Resettlement and Development Agency，MYRADA）管辖下 [1]。到 1986—1987 年，曼索尔重建与开发署管辖大约 300 家自助小组。很多自助小组从大型合作社解体之后分离出来，另有部分自助小组起源于地旁修壕沟等公共活动需要。家庭情况接近的成员组织起来，形成了小组，成员相互信任，彼此支持；成员的收入或者职业也比较接近，但并非完全如此；种姓与信仰也是要考虑的因素，但是一些小组中，家庭关系亲近、经济条件相同更重要一些，包含了不同种姓与信仰的成员。

由于合作社已经解体，一些成员要求曼索尔重建与开发署重启信贷业务。成员愿意向曼索尔重建与开发署偿还原有的信用社贷款，认为合作社被少数人控制。开发署的工作人员建议他们将资金归还小组集体。经过考虑之后，成员决定继续以这种小型组织来运转。同时，工作人员意识到，要成功地开展金融活动，小组成员急需如何组织会议，确定议程，保存会议记录等培训。为此，曼索尔重建与开发署进行了一系列工作，系统地培训成员。

曼索尔重建与开发署发现，信贷管理小组最大的优点在于成员关系的亲密无间。在此基础上，曼索尔重建与开发署通过一系列的能力培训计划，帮助成员来管理和运作小组。然而，当小组试图贷款时，却发现银行不向未注册的小组提供信贷支持，而仅仅向小组中的个人放款。曼索尔重建与开发署在 1985—1986 年求助于印度国家农业与农村发展银

---

[1]　自助小组在全球范围都存在，使命非常多样。

行，获得了 100 万卢比研发基金，与小组的储蓄资金结合在一起，推动机构能力建设的训练，试验评估小组能否实现超越储蓄与信贷之外的功能。在印度国家农业与农村发展银行的建议下，信贷管理小组更名为自助小组。

3. 自助小组—银行联结试验：1992—1995 年

20 世纪 80 年代晚期，自助小组—银行联结策略最早在印度尼西亚试点。印度尼西亚中央银行授权公立银行与私立银行吸收非正式小组作客户，不必采用实物担保开展信贷业务。在整个试验阶段，印度尼西亚自助小组的还款率高达 100%。印度的自助小组—银行联结项目，受到这些项目的影响。

印度自助小组—银行联结项目，是 20 世纪 80 年代以来印度国家农业与农村发展银行与主要的非政府组织和德国技术合作公司顾问小组共同努力的结果。其中，有两位主要推动者——德国的汉斯·德尔特·赛贝尔和印度的阿泽伊修斯·普阿克阿斯·费尔南德兹，对该项目进展功不可没。

（1）德国技术合作公司顾问小组的设计与试验

德国技术合作公司顾问赛贝尔试图在合适的法律框架下，将自助小组与非正式金融机构整合到国家金融体系中。银行联结包含两个组成部分：非正式金融中介机构小组升级；为了服务新客户，银行简化手续与放贷办法，服务下沉。赛贝尔认为，自助小组—银行联结方法的关键要素是：①构建现行的正式与非正式金融设施，将自助小组纳入非正式金融中介；②以储蓄为基础，与银行建立信贷联结；③非正式小组在银行中开办储蓄与贷款账户；④非政府组织（自助提升机构）作为助推机构；⑤作为独立的业务伙伴，自助小组、非政府组织与银行之间合作方式灵活多样，利用自有金融资源、制度资源、利差来弥补交易成本（Seibel，

2005，2007）[①]。

（2）印度国家农业与农村发展银行的推进

1987年，印度国家农业与农村发展银行调研发现：①几乎所有的样本自助小组强调小组成员自我帮助，实现摆脱盘剥，改善经济状况的目标。②总体而言，样本自助小组由来自社会脆弱阶层的目标人群组成。种姓相同，经济活动类似，是组织穷人加入自助小组时值得关注的关键因素。③大多数小组民主管理流动资源与公共资源，方法灵活多样。④自助小组发展出多种多样的办法，鼓励成员储蓄。一些自助小组除了缴纳会费，还在会费与经济业务盈余的基础上，设立应急基金。⑤内部贷款通常都是信用贷款，无需借据与担保。贷款的还款率极高。⑥大部分自助小组凝聚力高，与正式机构非常类似。⑦比较而言，妇女小组在动员储蓄、管理信贷以及促进增收方面都更成功。

同时，研究发现，大多数自助小组均度过了资源缺乏的阶段。此外，大多数小组严重依赖非政府组织，非政府组织积极介入了自助小组—银行联结项目的众多计划。在发展自助小组—银行联结项目关系时，主要的约束是自助小组缺乏合法身份。另一个值得关注的问题是，如果非政府组织退出，自助小组能否继续运行？最后，由于自助小组特征具有多样性，应该因地制宜，发展出灵活多样的联结模式。因此，需要开展行动研究项目，发展恰当的联结模式。

在上述研究发现的基础上，经过与亚太农村与农业信贷协会协商，

① H. D. Seibel, "SHG Banking in India: The Evolution of a Rural Financial Innovation", University of Cologne, Development Research Center, Working Paper, No. 2005, 9; H. D. Seibel, "From Informal Microfinance to Linkage Banking: Putting Theory into Practice, and Practice into Theory", University of Cologne, Development Research Center, Working Paper, No. 2007, 1a.

并与印度储备银行进行政策讨论，印度国家农业与农村发展银行推出了非正式小组—银行联结试验项目。项目利用银行与社会组织的现有设施，强调储蓄驱动而不是信贷驱动，依靠银行而不是捐助机构来提供信贷。1992 年，印度国家农业与农村发展银行发起了试验项目，目标是将 500 家自助小组与银行联结起来，将处于最基层的自助小组与遍布全国的银行相联结，实现储蓄动员与信贷发放的业务目标，把自助小组变成金融中介，开展融资。印度储备银行与印度国家农业与农村发展银行采取了如下三个主要的政策决定：①银行向自助小组发放贷款，无需明确最终贷款人的贷款用途；②银行小组发放信用贷款；③银行可向没有注册的小组发放贷款。

1991 年 7 月，印度储备银行启动项目，由印度国家农业与农村发展银行项目选定的商业银行开始与 500 家自助小组开展业务联结。1992年 2 月 26 日，印度国家农业与农村发展银行发布项目试点通知，详细描述了自助小组—银行联结项目的目标。此外，通知允许银行向非政府组织或者志愿者组织发放贷款，再由这些机构发放给自助小组，形成了自助小组—银行联结的另一变种或者模式。然而，通知仅仅限于单一储蓄或者单一贷款产品。

同样，1992 年的通知设定银行向自助小组贷款的年化利率为 12%，银行可以通过补贴利率再融资。由于自助小组不能提供小组储蓄之外的任何担保品，印度储备银行采用了 1991 年 7 月通知精神，放松了试验项目的抵押标准。此外，在两年期试验阶段期满之后，试验延期到1995 年 3 月 31 日。

在随后的年份中，试验项目取得稳步进展。在 1992—1993 年，有255 家自助小组实现了与银行联结。到 1996 年 3 月 31 日，约有 4750家自助小组与银行实现联结，贷款金额达 6058 万卢比，印度国家农业与农村发展银行提供了 5661 万卢比的再贷款支持，涉及 16 个邦与 1 个联盟领地的 28 家商业银行、60 家区域农村银行、7 家合作银行。

4. 自助小组—银行联结项目的推广：1996 年至今

印度国家农业与农村发展银行评估表明，自助小组—银行联结项目产生的效果明显。项目增加了存贷款规模，促进了生产活动，提高了还款率，减少了借贷双方的交易成本，提高了妇女参与率，提高了自助小组成员的收入水平。试验表明，农村贫困客户需要储蓄，需要及时充足的信贷资金，并且不会过多考虑贷款成本。最重要的是，贫困客户可以准确进行信贷决策，可以通过自助小组，正确使用贷款并及时还款。

印度储备银行、印度国家农业与农村发展银行工作小组认为，自助小组—银行联结模式既节约成本，又透明、灵活，有助于信贷资金从正规银行体系流向农村穷人。项目通过个人贷款服务成本的外部化，降低了交易成本；通过横向压力机制，提高了还款率。从而，项目解决了银行面临的农村贷款还款率较低，小额贷款人交易成本高这两大难题。因此，工作小组决定推广自助小组—银行联结项目，从项目试点拓展为银行的常规业务，提高银行部门对农村贫困人口的覆盖率，将自助小组—银行联结项目作为银行策略的一部分。

在自助小组—银行联结项目推广中，非政府组织积极参与。它们助推了农村地区的非正式小组建设，为银行联结打下基础。针对与银行联结的需要，非政府组织开始组建较小规模的自助小组，开展存贷业务，推动自助小组与正规银行体系联结。在一些多边或者双边捐赠项目的帮助下，一些著名的非政府组织承担了大量的综合开发项目下的自助小组组建任务。与此同时，随着自助小组—银行联结项目从试点升格为银行的主流项目，需要在执行中强化不同层面的能力建设，这成为非政府组织发挥作用的重要领域。

自从 1992 年启动试验项目, 自助小组—银行联结一直关注机构的信贷覆盖面以及贫困人口的信贷可得性。自助小组—银行联结项目是向金字塔底端的穷人提供普惠金融服务的有力工具, 最初仅仅是在穷人中扩大银行服务覆盖面的平台, 后来逐渐成为改善生计与削减贫困的重要项目。随后, 由于自助小组策略纳入印度政府 2000—2001 年度计划, 最终, 自助小组策略成为印度政府致力于削减贫困的重要组成部分, 也从 2000 年开始被纳入每年的年度计划中 (Fernandez, 2006) [①]。印度国家农业与农村发展银行、印度储备银行、主要的非政府组织以及多边机构进行了大量的支持。2015 年, 印度国家农业与农村发展银行又推动了自助小组的电子化, 进一步降低项目的交易成本。

各方的努力使自助小组—银行联结项目发展迅速。最早的 1992—1994 年度, 有 620 家自助小组参与到该项目中。到 2006 年 3 月, 累计有 223 万个自助小组接受了银行贷款; 到 2011 年 3 月, 有超过 478 万家自助小组获得银行贷款支持, 在银行有储蓄账户的自助小组超过了746 万家; 自助小组—银行联结项目覆盖了 9700 万家庭 (NABARD, 2013)。因此, 自助小组—银行联结项目是世界上最大的小额信贷项目。尽管起步较慢, 但是从 1999 年以来, 项目飞速发展, 迅速实现了覆盖穷人的目标。

在过去 20 年中, 与银行存在储蓄联结的自助小组数、储蓄余额、当年银行贷款额与贷款余额等均出现增长。在 2015—2016 年, 参加自助小组—银行联结项目的自助小组数量增长尤为突出。截至 2016 年 3 月, 与银行之间存在储蓄联结的自助小组数从一年前的 769.7 万家达

---

① 　A. P. Fernandez, "History and Spread of the Self-Help Affinity Group Movement in India: The Role Played by IFAD", Washington D. C. : the International Fund for Agricultural Development (IFAD), 2006.

到 790.3 万家。自助小组中，妇女小组占比 85.6%，为农村贫困妇女赋权发挥了重要作用。在 2015—2016 年，印度国家农业与农村发展银行与国家 / 邦农村生计改善运动协调行动，确保越来越多的自助小组获得银行贷款。当年，共有 183.2 万家自助小组获得银行贷款，金额达到3728.7 亿卢比；获得银行信贷的自助小组中，有 44.5% 的小组被国家 /邦农村生计改善运动覆盖，获得了 45% 的项目资金（金额为 1678.6 亿卢比）。表 5.1 给出了印度自助小组—银行联结项目的进展。

表 5.1 印度自助小组—银行联结项目的进展

年度	当年联结小组数（家）	累计联结小组数（家）	当年银行贷款（10 亿卢比）	累计银行贷款（10 亿卢比）
1992—1994	620	620	0.01	0.01
1994—1995	1502	2122	0.01	0.02
1995—1996	2635	4757	0.04	0.06
1996—1997	3841	8598	0.06	0.12
1997—1998	5719	14317	0.12	0.24
1998—1999	18678	32995	0.33	0.57
1999—2000	81780	114775	1.36	1.93
2000—2001	149050	263825	2.88	4.81
2001—2002	197653	461478	5.45	10.26
2002—2003	255882	717360	10.22	20.49
2003—2004	361731	1079091	18.56	39.05
2004—2005	539365	1618456	29.94	68.99
2005—2006	620109	2238565	44.99	113.98
2006—2007	1105749	—	65.70	179.68
2007—2008	1227770	—	68.49	268.17
2008—2009	1609586	—	122.54	390.71
2009—2010	1586822	—	144.53	535.24
2010—2011	1196134	—	145.48	680.72
2011—2012	1148000	—	165.34	846.06
2012—2013	1220000	—	205.85	1051.91

年度	当年联结小组数（家）	累计联结小组数（家）	当年银行贷款（10 亿卢比）	累计银行贷款（10 亿卢比）
2013—2014	1366000	—	240.17	1292.08
2014—2015	1626000	—	275.82	1567.90
2015—2016	1832000	—	372.86	1940.76

注：从 2006—2007 年以后，银行贷款支持的自助小组数以及贷款金额包括获得重复贷款的现有小组。由于这一改变，印度国家农业与农村发展银行不再提供相应的资金支持自助小组数。

数据来源：印度国家农业与农村发展银行年报与出版物，《印度自助小组—银行联结进展》，《印度小额信贷现状报告》。

三、自助小组—银行联结项目的基本特征与运行模式

（一）自助小组的特征与分类

1.自助小组的特征

实际上，曼索尔重建与开发署的信贷管理小组乃至联结项目中的自助小组，是全球传统金融中介中的重要一族。直到今天，此类机构仍然是南亚、东南亚、非洲、拉美与加勒比地区的发展中国家重要的融资渠道。它可以是各种形式的自助小组，也包括互助储蓄协会——如轮转基金（the Rotating Savings and Credit Association，ROSCA）或储蓄信贷协会（the Accumulating Savings and Credit Association，ASCA）。此类非正式小组以种子基金（chit funds）的形式存在于印度各地，尤其以印度南部最为多见，主要分布于城市。印度南部的种子基金广泛存在，入会者主要都是不太贫困的群体。除此之外，还存在其他类型的自助小组，如村发展互助小组、用水互助小组、青年互助小组——此类小组有部分从事储蓄与信贷业务。

　　Harper et al.（1998）将印度的自助小组界定为贷款小组。该小组向所有者收取股权资本，吸收存款；小组的所有者既是小组成员，同时也是小组的客户；小组以一定利率向成员放贷，盈余要么向成员分红，要么用于增加小组基金。当然，自助小组也从外部融资，然后向成员放贷。①

　　从印度自助小组—银行联结项目的实践来看，自助小组的成员来自相同阶层，人数一般为10—20个。自助小组鼓励成员养成自愿储蓄的习惯，利用小组储蓄资金向成员发放低息小额贷款。经过训练，小组成员学会了金融管理，能对不同贷款需求进行排序，确定贷款期限与条件，做好会计记录。最终，管理实践为成员确立了财务准则。同样，小组成员开始认识到资金是稀缺的，具有成本，学会了管理远远超出自身能力的资金量。一旦自助小组财务管理行为趋于成熟，政府就会鼓励银行向自助小组放贷，额度按照自助小组累积存款的一定乘数放大。贷款无需担保，执行市场利率。如果成员已经具有信用记录，银行向自助小组放贷就更加容易，自助小组继续确定成员的贷款条件。小组不但为成员提供急需的金融帮助，还向成员提供社会保障。由于自助小组的自有存款包括在小组向成员发放的贷款中，横向压力（peer pressure）确保了贷款及时偿还，起到了替代担保品的作用。

　　总体而言，印度自助小组具有如下主要特征：组织构成方面：自助小组通常是非正式的同质化小组，成员根据关系亲疏，自主形成。小组资金归全体成员所有，在自助、团结与互利原则下运作。大多数自助小组由妇女组成，成员数量在10—20人之间。自助小组规则明确，条例

---

① M. Harper et al., *The New Middlewomen-Profitable Banking through On-Lending Groups*, New Delhi: Oxford & IBH Publishing Co. Pvt Ltd., 1998.

严明，定期举行例会，在自有资金与借入资金的金融中介中维护储蓄与信贷准则。自助小组自我管理，全员参与，集体决策，共享储蓄和其他资源。自助小组建立行为准则，约束所有成员。金融管理方面：所有成员定期储蓄，定期还款，定期例会。自助小组形成共同基金，每个成员定期缴纳等额储蓄资金。小组决定储蓄金额、期限以及贷款用途。所有交易在小组会议上执行。贷款对象由成员一致决定。贷款程序简单灵活。小组决定成员储蓄／贷款利率以及还款期。小组管理方面：小组实行民主决策，允许成员交换意见，参与决策。小组记录基本交易，财务账簿完整。小组以自助小组的名义在银行开立储蓄账户，由自助小组的2—3位领导成员共同管理。

2. 自助小组的类型

从 1992 年开始的自助小组—银行联结项目，在自助小组提升、联盟以及与银行和金融体系的联结等活动中，受到了推动者的不断塑造。自助小组推动者要解决小组的可持续性以及项目有关的系列复杂问题，推动自助小组不断发生变化与调整。长期演化的结果，使自助小组呈现多元化的类型。

根据小组起源以及资金来源，可以把在印度充当金融中介的自助小组分为如下类型：

①先前存在的小组，包括银行认定的轮转基金、累积储蓄与贷款协会，可以获得银行贷款。

②非政府组织或者非政府组织—小额信贷机构孵化的小组，受到国内外捐助机构的支持，或者从印度国家农业与农村发展银行和政府渠道获得捐助。

③银行孵化的小组，推动者可以是银行职员，农民俱乐部，或者农村志愿者（个人或者机构）。

④地区农村发展机构、政府部门或者机构、地方政府孵化的自助小组。具体包括：妇女发展部通过儿童综合发展服务开展支持，其他政府部门（如农牧业、林业、部族事务部）的支持，各邦的地区贫困专项支持，政府当前项目（受到/未受到多边机构支持）的项目管理支持，市政府和村务委员会的支持。

⑤现有自助小组及小组联盟孵化的小组，包括自助小组成员自己推动成立的自助小组，由小组支付报酬的个人代理人推动成立的自助小组。

（二）自助小组—银行联结项目的三种模式

从曼索尔重建与开发署的第一家自助小组接受印度国家农业与农村发展银行的支持算起（1987年），该模式发展了30年。如果从印度国家农业与农村发展银行发起自助小组—银行联结实验项目算起（1992年），该模式发展了25年。在长期的发展演化中，自助小组—银行联结项目衍生出了三种模式：

模式I：自助小组孵化机构创建小组，小组与银行直接联结

自助小组促进机构（非政府组织或政府部门等）创建自助小组，并推动自助小组发展，自助小组与银行直接联结，如图5.2所示。从印度自助小组—银行联结项目的发展过程来看，该模式是最早的模式，也是目前最为流行的模式，在项目中占比约达到72%（2006年数据）。该模式之所以如此流行，既与印度小额信贷发展模式中强调非政府组织作用有很大关系，也与印度政府机构将扶贫项目与自助小组捆绑密不可分。

模式II：银行创建自助小组，与自助小组直接联结

在该模式中，银行在自身业务发展需要，或者在政府政策推动下，推动自主小组创建，如图5.3所示。在条件成熟的情况下，为在银行开

设储蓄账户的自助小组发放贷款。约有 **20%** 的自助小组属于这种模式
（2006 年数据）。

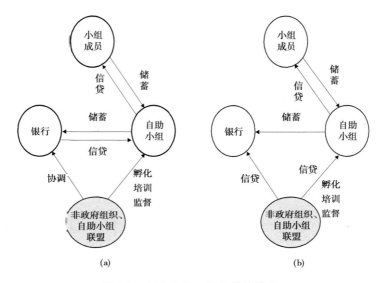

图 5.2　自助小组—银行联结模式 I

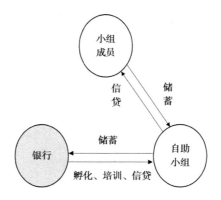

图 5.3　自助小组—银行联结模式 II

模式 III：间接银行联结，或者批发贷款模式

非政府组织或其他小额信贷机构充当金融中介，从银行贷入资金，
再直接放贷给自助小组，或者通过自助小组联盟放贷给自助小组，如

图 5.4 所示。约有 **8%** 的自助小组属于这种模式（**2006** 年数据）。该模式是后起的一种制度创新，在银行管理存在困难的部分地区效果较好。

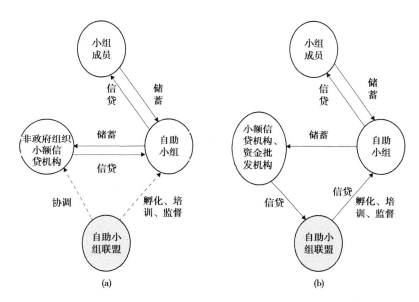

图 5.4　自助小组—银行联结模式 III

四、自助小组—银行联结项目的绩效

（一）减少贫困

从印度自助小组—银行联结项目多年的运行来看，项目对削减贫困确实起到了积极的作用。Sivachithappa（2013）通过对印度曼迪亚县案例研究，评估了小额信贷自助小组成员增加收入与改善生计的影响。经研究表明，参加自助小组有助于减少贫困；参加自助小组后，妇女赋权项目增加了妇女的经济收益，妇女客户的收入增加；自助小组覆盖了城乡，改善了穷人的生计[①]。Datta（2015）对印度比哈尔邦6个地区400个村庄4000户农户家庭调研表明，JEEViKA项目使农户收益，资产结构得以改善。参加自助小组的家庭债务负担成本较低，可以多次获得小额贷款，生产信贷更容易获批。参加自主小组的农户更多拥有奶牛、手机，更关注食品安全与卫生。[②]

然而，随着研究者对问题关注的深入，在一些问题上的分歧随之产生。基于5个邦1000户农户调研数据，Swain and Varghese（2009）评估了参加自助小组的长期影响。研究表明，成员加入自助小组时间越长的，越有可能摆脱单纯靠务农赚取收入的方式，收入方式越趋于多元化，越有可能增加资产。对不同类型的资产增收而言，该结论均是稳健的。非常重要的是，互助小组提供的训练有助于成员增加资产。但是，小组与外部联结的方式却没有明显影响，研究也没有发现参加自助小组对成员的短期收入出现影响。[③]

与Swain and Varghese（2009）的研究一致的是，K. Deininger and Y. Liu（2013）的研究却没有得出有关短期资产增收的积极结果。基于印度安得拉邦的5753位农户调研与601个村庄调研，K. Deininger and Y. Liu（2013）评估了自助小组—银行联结项目将小额信贷与瞄准穷人、解决特殊需要、增强经济潜力相结合的效果。研究结果表明，项目的益贫性特征非常明显，明显有助于妇女赋权与营养摄入。但是项目并没有

①　K. Sivachithappa, "Impact of Micro Finance on Income Generation and Livelihood of Members of Self-Help Groups-A Case Study of Mandya District, India", *Procedia-Social and Behavioral Sciences*, 2013, 91（2）, pp. 228-240.

②　U. Datta, "Socio-Economic Impacts of JEEVIKA: A Large-Scale Self-Help Group Project in Bihar, India", *World Development*, 2015, 68（1）, pp.1-18.

③　R. B. Swain ＆ A. Varghese, "Does Self Help Group Participation Lead to Asset Creation?", *World Development*, 2009, 37（10）, pp. 1674-1682.

促进项目参与者及其他村民增加资产或者收入。尽管有必要研究该项目的长期增收效果，但是即使在短期，项目平抑消费与促进收入多元化的效果非常显著①。同样，P. Sanyal（2014）采用质性研究方法，也不支持小额信贷有效扶贫的观点，而是强调了自助小组开展的集体行动造成了妇女赋权效果。②

（二）妇女赋权

通过自助小组促进妇女赋权，也是项目设定的目标之一。首要的是，单独从妇女参与率来看，自助小组—银行联结项目的确具有促进作用。而且，自助小组—银行联结项目实践中，也的确看到了不少妇女赋权的案例，佐证了项目妇女赋权的效应。与大多数分析从计量经济学的随机试验法出发来分析赋权问题不同，P. Sanyal（2014）采用质性研究方法，对自助小组以及参与者进行深入访谈。P. Sanyal（2014）的研究表明，借助小额信贷的渠道，妇女参与自助小组，参加社会网络，增加了社会资本；与大多数以金融为中心的分析不同，小组成员采取小组集体行动，通过小组来实施制裁，出人意料地增强了妇女的力量。Datta（2015）对印度比哈尔邦6个地区400个村庄4000户农户家庭调研表明，参加JEEViKA项目的自助小组，提高了妇女权利，妇女流动性增强，更多自主决策，可以参与集体行动。③

---

①　K. Deininger & Y. Liu, "Economic and Social Impacts of an Innovative Self-Help Group Model in India", *World Development*, 2013, 43 (1), pp.149-163.

②　P. Sanyal, *Credit to Capabilities: A Sociological Study of Microcredit Groups in India*, Cambridge and New York: Cambridge University Press, 2014.

③　U. Datta, "Socio-Economic Impacts of JEEVIKA: A Large-Scale Self-Help Group Project in Bihar, India", *World Development*, 2015, 68 (1), pp.1-18.

然而，当研究者试图深入地剖析赋权的不同方面，就会得出混杂的结果。从各项分指标或者角度来看，自助小组—银行联结项目对妇女赋权的促进作用仅限于某些方面。如 Husain et al.（2010）研究表明，自助小组—银行联结项目的妇女赋权效果受到社会环境的影响。家庭中性别关系的复杂性，社区内家长制的影响力，决定了自助小组改变成员生活的能力。① 此外，另一个近年来出现的问题是，为了迅速推进项目，完成一些量化目标，来自富裕家庭的妇女，或者那些活跃在公共生活领域的妇女，也加入到联结项目。尽管这样可以导致项目绩效数字的提高，然而，却虚夸了项目的效果。Husain et al.（2010）的研究表明，项目运行仅仅使妇女成员对家庭暴力不再逆来顺受，提高了成员的家庭社会地位。② 尽管此类进步不容忽视，但是项目未能挑战传统的社会结构，也不能脱离自助小组运行环境的发展演变，从而更广泛层面上的妇女赋权仍然面临重重阻力。

（三）总体评价

通过自助小组—银行联结项目的推进，印度成功地将银行信贷扩展到大量原本在金融机构无法获得金融服务的贫困人口，也使得金融机构的服务扩展到偏远地区。自助小组的迅速发展，扩大了金融的普惠性，也成为印度金融扶贫的重要渠道。

项目增加了存贷款规模，促进了生产活动，提高了还款率，减少了借贷双方的交易成本，提高了妇女参与率，逐渐提高了自助小组成员的

---

① Z. Husain et al., "Self Help Groups and Empowerment of Women: Self-Selection or Actual Benefits? ", MPRA Paper No. 20765, 2010.

② Z. Husain et al., "Self Help Groups and Empowerment of Women: Self-Selection or Actual Benefits? ", MPRA Paper No. 20765, 2010.

收入水平。因此，联结通过个人贷款服务成本的外部化，降低了交易成本；通过横向压力机制，提高了还款率。

总体而言，与国际上有关小额信贷的一般化研究类似，自助小组—银行联结项目对扶贫与赋权有促进作用。但是，自助小组—银行联结项目不能解决所有的问题，甚至也不能解决贫困和赋权问题的方方面面。由此，选择合适的项目环境，开展多样化的制度创新，就是项目进行中的应有之义。

五、自助小组—银行联结项目的主要经验

（一）作为社区型微型金融供给者的自助小组

在全球小额信贷发展中，孟加拉乡村银行所推行的连带责任小组取得了全球广泛认可，而印度的自助小组是与之相对应的另一种小额信贷发放模式。自助小组模式的特点集中于如下方面：基于集体优势的自助与互利原则，自助小组能够为成员管理、贷放储蓄金与外部融入的资金。在该方法中，自助小组事实上充当了金融中介或者"迷你银行"的角色，成员既是资金所有者又是资金使用者。自助小组通过社会担保而不是实物担保来有效地为成员提供更多的金融服务。自助小组源于当地人之间的亲和力与互助合作传统，有助于联结项目的运行。自助小组不但吸收社会资本，而且强化社会资本，从事除了存贷款之外一系列活动。

印度的自助小组—银行联结项目是本土化的制度创新，从而制度绩效较高。当然，在后续的小额信贷发展中，印度也引入了孟家拉乡村银行的连带责任小组模式，开展多元化的制度试验。

有必要将孟加拉国的连带责任小组与印度的自助小组相比较，来分析两种模式的异同。连带责任小组的基本做法是：潜在客户组成五人小组，依次得到小额信贷机构贷款支持。5—7 个小组组成小额信贷中心。小额信贷机构审查成员是否贫困，确保不存在亲属关系。成员定期在小额信贷机构贷款。小组和中心的任务包括：①在小额信贷机构工作人员的监督下，召开中心的每周例会。小额信贷机构工作人员记录储蓄缴纳以及贷款清收详情。②组织形成一个或者几个小组储蓄基金，在小额信贷机构同意后可以由小组使用。③为单个成员的贷款提供担保，承担连带责任或者其他责任，筹集小组应急基金，确保成员出现拖欠贷款时小组的其他成员无法获得贷款。④审核成员的贷款申请，确保成员定期储蓄，按时还款。

而印度的自助小组存在不同。小组包括 10—20 名成员，在非政府组织、政府、银行或者小额信贷机构推动下成立，也可由轮转基金或者其他当地小组转变而来。自助小组与小额信贷机构或者银行的正式联结通常经过如下阶段：①自助小组成员决定定期储蓄，储蓄基金由选出的头目以现金或者实物形式保管，也可以存放在银行。②成员开始从小组获得个人贷款，贷款条件和利率由小组自主决定。③自助小组以小组名义在小额信贷机构或者银行开设储蓄账户，储蓄账户用以存放成员暂时没有需要的资金，或者是为了获得银行贷款创造条件。④银行或者小额信贷机构向自助小组发放贷款，贷款对象为自助小组。小组用银行贷款来补充自有资金，向成员放款。

两者之间存在明显的差异。自助小组成员集体决策，讨论贷款对象、条件、期限与利率。同样，小组成员要负责记录账务。亲属或者家族以外的成员轮流负责记账，按照自助小组财务事务规则行事。而在连带责任小组中，小组更多地承担担保或者监督职责，成员财务方面的训练较少存在。

储蓄在两类小组运行中的地位也有不同。连带责任小组基本上是为了获得小额信贷而组建，小额补充基金也是为了应急而设立，随后的小组储蓄也是该办法的一部分。而自助小组原本设定为储蓄或者小组储蓄，形成最先运转的内部周转资金。通过自助小组储蓄的一定乘数从银行融入资金，小组基金得到一定的补充。因此，自助小组是储蓄优先、储蓄驱动，而不是贷款驱动小组。然而，银行越来越集中于利用自助小组来汇集穷人的贷款需求，而不是鼓励储蓄，使小组成员成功转型为个人贷款人。

（二）非政府组织作用的发挥

许多知名国际捐助机构与非政府组织——例如联合国开发计划署、牛津饥荒救济委员会、行动援助与国际计划，在"扶贫贷款"计划中支持非正式小组与社区组织，优先考虑项目的社会覆盖面而不是财务可持续性。此类小组专用的循环贷款基金补助金由非政府组织管理并以基金形式持有，直到社区自我管理能力得以完善。规模大一些的村级小组采取了包括健康、教育与自然资源管理等在内的整体开发模式。

20 世纪 80 年代，在一系列社会经济计划（尤其是开发与促进居民组织能力以及以社区为中心的行动计划）的推动下，印度的非政府组织获得大的发展。例如，安得拉邦的巴加万图拉慈善信托、古吉拉特邦的妇女自主创业协会、奥里萨邦的青年与社会发展中心和居民农村教育运动，通过推动组建非正式小组，鼓励村民家庭妇女以现金和实物方式进行储蓄，对推进妇女赋权起着非常重要的作用。

20 世纪 80 年代，许多非政府组织开展了村级发展小组试点，曼索尔重建与开发署尤为突出。这些小组通过协商达成一致，致力于为成员提供信贷。曼索尔重建与开发署让小组工作人员认识到每周储蓄形成基金，再利用储蓄基金相互贷款的重要性。这些小组被称为信贷管理小组。曼索尔重建与开发署的工作人员对信贷管理小组开展培训，内容包括如何组织会议、确定议程、保持详细记录等使一个企业能成功运营的有关方面。

与之类似的是，在马哈拉施特拉邦（以及其他邦）开展的综合儿童发展服务计划中，政府在柴塔尼亚等非政府组织的帮助下，成立了村级妇女组织（mahila mandals），寻求加强能力建设、促进小组成员金融可得性的新办法。1987 年，非政府组织发展行动职业援助致力于提高政府在拉贾斯坦邦扶贫项目效率，引入了小组储蓄，用以替代捐赠资金购买草料，应对旱灾。1989 年，国际农发基金在达摩布里地区泰米尔纳德邦推行妇女发展项目，主要创新之处是推行非正式小组存贷款办法。当妇女在社区账户储蓄后，她们就会从加入该计划的地方商业银行获得贷款支持。曼索尔重建与开发署和其他的非政府组织参与并促进了商业银行与自助小组正式联结。

直到 1992 年，作为印度农业与农村发展最高机构的印度国家农业与农村发展银行，正式试点探索自助小组与银行联结的模式。试点围绕银行向自助小组贷款的再融资支持，为自助小组的运行、各层次银行、非政府组织推动者与自助小组而开展培训与能力建设提供了框架，才出现了我们今天看到的自助小组—银行联结模式。

（三）政府组织的积极推进

印度国家农业与农村发展银行对确立自助小组在印度当前金融体系中的地位起到了主要作用。该银行率先推出了自助小组—银行联结模式，将自助小组作为金融中介，使银行贷款可以无需担保品就向贫困成员发放。印度发展出的自助小组—银行联结模式已经成为当前全球小额信贷的一种主流模式，没有政府组织的推进是不可想象的。

（四）制度创新的不断推进

在机构与政策层面，印度国家农业与农村发展银行作为印度的主导银行机构，亚太农村与农业信贷协会作为重要的地区网络沟通平台，德国技术合作公司作为德国技术支持机构，共同作用于联结银行的概念发展。其中，有两位主要推动者——德国的汉斯·德尔特·赛贝尔和印度的阿洛伊修斯·普阿克阿斯·费尔南德兹，对该项目进展功不可没。德国科隆大学汉斯·德尔特·赛贝尔是银行联结的主要设计者，也是印度自助小组—银行联结项目的早期见证者。阿洛伊修斯·普阿克阿斯·费尔南德兹是曼索尔重建与开发署中自助小组—银行联结项目的负责人，见证了从信贷管理小组到自助小组的全过程。

由印度国家农业与农村发展银行主导，联合亚太农村与农业信贷协会其他成员组成研究小组，开展了一项调研，对象是 46 家农村贫困人口组成的自助小组，遍布 11 个邦，涉及包括曼索尔重建与开发署在内的 20 个促进机构。案例研究涉及的自助小组类型广泛，包括储蓄信贷小组、联合耕作小组、灌溉小组、养蚕小组、社会林业小组、经商小组、非农活动小组。所有自助小组的成员数均超过 20 人，有些则达到 45—50 人。调研关注了小组对储蓄信贷进行自我管理的多样化做法。所有小组均自主开展储蓄，保有资金，管理资金，并常常得到非政府组织的帮助。

项目设定非正式的信贷小组向穷人放贷，穷人组成自助小组充当正规机构的理想业务伙伴。在联结项目下，银行得到的主要好处在于信贷环节的部分工作（评估、监督、收款）得以外部化，减少了环节，降低了交易成本。还款率提高，利差加大，能扩大目标小组覆盖范围。同时，也可以在较大范围内动员小额储蓄。对于自助小组而言，项目通过银行计划使小组可以得到更多的资金、更好的技术条件与业务技能。

同样，自助小组—银行联结项目的制度创新，也进入了研究者的视野。Greaney et al.（2015）的研究对自助小组小额信贷服务发放中的成本节约型创新进行了实验研究与理论评价。[1] 在该创新方法中，私人机构从会费中赚取收入，而不是常见的那样从捐赠机构那里获得收入。在随机控制实验中，创新型方法的成本逐渐降低，并且转向更善于经营的家庭，从而财务收益更高。会费没有牺牲成员利益，却通过降低逆向选择问题而改善了绩效，对该方法成功提供了解释。Srinivasan and Tankha（2010）对自助小组联盟的优点进行了分析，提出自助小组联盟可以降低发展的成本以及提高可持续性。[2]

六、自助小组—银行联结项目面临的挑战

（一）经营面临问题

尽管自助小组独具特色，成效显著，但在很多地区出现的如下问题也影响了自助小组的发展：①分布过度集中于南部，许多地区的覆盖面不足；②增长乏力，与银行联结的小组数量与服务金额较少，自助小组开设银行账户与贷款发放进展缓慢。③银行经营行为不当，如扣押储蓄

---

[1] B. Greaney et al., "Can Self-Help Groups Really be Self-Help?", St. Louis, USA: Research Division, Federal Reserve Bank of St. Louis, Working Paper, 2015.

[2] G. Srinivasan & A. Tankha, "SHG Federations: Development Costs and Sustainability", New Delhi: ACCESS Development Services, 2010.

作为担保；即使第一笔贷款及时偿还，也难以获得再次贷款。④自助小组成员具有多重成员身份，小组成员在小组内外多头举债。⑤银行工作人员参与过少，监督不力（NABARD，2012，2016a）。^①

（二）不良贷款稳步增长

自助小组—银行联结项目不良贷款的稳步增长，成为项目推进中的突出问题。印度国家农业与农村发展银行在北方邦与奥里萨邦进行了案例研究，其中，北方邦的不良资产率高达 18%。北方邦的调研由印度国家银行管理所负责，样本覆盖各地区，考虑到了不良贷款比例的差异。而奥里萨邦的研究由印度国家农业与农村发展银行地区办公室负责，研究样本仅限于加普地区（Jajpur）。

对北方邦的研究表明，不良资产的攀升主要有如下原因：①小组的成立目标仅仅是套取国家补贴，而不是自助或者小组获利；②大多数小组起不到作用，定期会议没有认真执行，交易记录不全，缺乏自助小组功能培训，不进行定期储蓄或贷款，成员甚至不懂得贷款违约的严重性。③自助小组促进机构没有提供必要的服务来孵化自助小组，而更多地将目标定位于实现小组与银行联结，以获得银行贷款与政府补贴。④银行大多将自助小组运行的监督任务交由自助小组促进机构，没有规范的贷后管理措施。⑤在放贷之前，银行未开展必要的贷款评估与小组评级工作。⑥在自助小组与银行实现联结之前，对银行工作人员、自助小组促进机构、自助小组成员均未开展必要的训练。⑦恶意违约与外部环境不利于按期还款。

---

① NABARD, "SHG2: Revisiting the SHG Bank Linkage Programme", Circular No. 65（A）/ MCID-04 / 2011-12, 27 March 2012; NABARD, "Status of Microfinance in India 2015-16", Mumbai, India: National Bank for Agriculture and Rural Development, 2016a, p. 8.

研究提出，要回到自助小组组建的基础环节，进一步为自助小组促进机构与银行工作人员提供必要的技能培训；要优化政策环境，自助小组的主要目标不是获得贷款、补贴发放以及后续的推进服务，自助小组成员应该定期储蓄、内部贷款、召开例会、开展互动，坚持自助小组—银行联结项目的基本信条（NABARD，2013）[1]。

对奥里萨邦的案例研究表明，不良资产的攀升主要有如下原因：①没有召开例会，没有定期储蓄，没有在小组内定期贷款。②银行贷款之前对自助小组的评价不足，没有小组评级，在没有达到小组形成亲和力的最低时限之前便投放贷款。③自助小组—银行联结项目普遍存在中间商或者代理人，甚至储蓄存款被非法侵占。④银行不监督贷款。⑤外部环境造成特定地区不能有效还款。

研究建议，取消自助小组—银行联结项目中的中间商制度，建立信贷咨询员制度，监督非政府组织定期帮扶自助小组，确保自助小组通过小组行动改善贫困成员的生活水平（NABARD，2013）[2]。

（三）最初设定的宗旨并没有得到很好的执行

自助小组—银行联结项目最初设定的宗旨并没有得到很好的执行（Srinivasan and Tankha, 2010）：①经过初期能力建设之后，自助小组要实现自我管理。自助小组孵化机构要推进小组能力建设，将自助小组与银行联结，自身则要逐渐退出。如果银行是自助小组孵化机构，则两者之间的关系更多属于借贷关系而不是能力建设关系。②一旦自助小组与银

---

[1] NABARD, "Status of Microfinance in India 2012-13", Mumbai, India: National Bank for Agriculture and Rural Development, 2013, p. 20.

[2] NABARD, "Status of Microfinance in India 2012-13", Mumbai, India: National Bank for Agriculture and Rural Development, 2013, p. 20.

行成功联结，自助小组就不需要外部支持，银行与自助小组之间将根据商业机会建立借贷关系。③自助小组中有大额贷款需求的贷款人，需要建立信用记录，与银行之间建立直接联系。[①]

（四）商业化发展模式造成小组涣散

随着项目的推进，互助小组不断成熟，一些问题（尤其是资金积累问题）出现了。尽管政策支持银行对自助小组贷款，然而政策对小组可持续性的影响并不明朗。用于自助小组组建、与银行联结两方面的配套资金极少，造成大量自助小组缺乏制度支持机制。一些研究发现，在自助小组层面账务记录不全，还款率下降。自助小组需要一些持续的服务，这些服务无法专门从市场获取。尽管印度国家农业与农村发展银行支持自助小组—银行联结项目，并将项目落实到产业层面，但却没有导向对自助小组持续的支持服务。同样，在自助小组—银行联结项目发展迅猛的一些邦，每家银行分支机构联结的自助小组数量激增，导致监管困难，造成还款率下降。

总而言之，银行家对自助小组贷款采取商业发展模式，造成了自助小组的涣散。在一些邦，自助小组成员只能从小额信贷机构等其他渠道获取金融服务。除了自助小组组建与培育的投资被浪费之外，成员也无法获得储蓄服务。Ballem and Kumar（2010）的研究发现，自助小组从储蓄起步，试图锻炼穷人的资金管理能力，但是却并没有成长为有效的储蓄型机构。此外，银行贷款审核过于迟缓，造成运行良好的自助小组的再贷款也要间隔3—6个月。如果分支机构出现人员轮换，那么贷款

[①]　G. Srinivasan & A. Tankha, "SHG Federations: Development Costs and Sustainability", New Delhi: ACCESS Development Services, 2010.

审批周期将会更长。①

政府认可某一项目，并把它主流化，常常被认为是成功的标志，但是这种认可也是双刃剑。一方面，它为项目迅速推进提供了动力；另一方面，项目对政府管理模式变得非常脆弱：以迅速组建小组为导向，没有考虑小组成员之间是否关系亲密就预先确定收益标准和形成小组，在组建小组尤其是在发放补贴中倾向于进一步区分每一种姓或者社区。利用自助小组渠道来执行邦项目的官僚主义做法，仅仅将自助小组视为政策链条的终端，而不是具有使命和自身项目的机构。

（五）社会目标的偏移

由于通过储蓄与信贷方式来推动自助小组发展，主要目标是改善穷人的金融服务，主要功能往往被视为财务提供与管理。这种看法，会淡化自助小组为穷人赋权、改善贫困与边缘化群体生计的主要作用。如何平衡自助小组的财务目标与赋权目标，面临着挑战。Suprabha（2014）进一步提出，自助小组的中长期目标是培养成员具有经营小微企业的能力，从自助小组的客户变成小微企业的投资者。由此，应该关注自助小组对成员的赋权能力。②

为了改变上述困难，印度尝试组建自助小组联盟，试图为自助小组提供能力建设方面的服务。然而，在运行中，自助小组联盟的身份问题、可持续性，资金动员能力以及贷款发放等方面均面临约束。而在较长时期来看，作为自助小组推动者的自助小组联盟仍然是不可或缺的，

---

① A.Ballem & T. R. Kumar, "Savings Mobilisation in SHGs: Opportunities and Challenges", MicroSave India Focus Note 44, 2010.

② K. R. Suprabha, "Empowerment of Self Help Groups (SHGs): Towards Microenterprise Development", *Procedia Economics and Finance*, 2014, 11 (2), pp. 410-422.

直接推动到间接引导需要很长的历程。

在过去的 25 年间，自助小组在印度南部的经济发展、妇女赋权与社会变迁中成效显著。自助小组运动为上千万贫困人口（尤其是妇女）提供了金融服务，更重要的是，创造了储蓄、内部贷款等健康的理财习惯，激发出企业家才能，改善了生计。然而在印度北部的一些邦，自助小组—银行联结项目却较少涉及。通过对哈里亚纳邦的调研，Kumar（2016）提出，不能用贫困发生率较低来解释该邦自助小组—银行联结运动发展迟缓的现象。[①] 缺乏社会认同、趋向个人主义是运动失败的主要原因，对妇女的社会歧视也造成贫困妇女缺乏信心。自助小组缺乏确定的小组经济活动目标，社会的父权特征，种姓差别，项目执行不当，缺乏必要的培训，储蓄动员不力，银行缺乏积极性，缺乏金融知识，缺乏冤屈纠错机制，缺乏企业家精神、政治动机，等等，均造成自助小组—银行联结运动的失败。

七、结论与启示

（一）结论

从 20 世纪 80 年代的自助小组信贷业务探索，到 1992 年开始的自助小组—银行联结项目，印度的自助小组—银行联结成为全球覆盖面最大、影响最为深远的小额信贷之一。作为全球范围制度试验的典型之一，印度的自助小组—银行联结项目所探索的自助小组自我发展，成熟

---

① S. N. Kumar, "Spread of Self Help Group (SHG) Movement in Haryana (an Indian State): Review of Developments and Way Forward", Chandigarh Regional Office, Department of Economic and Policy Research (DEPR), Reserve Bank of India, 2016.

化后与银行相联结的做法，为促进正规金融机构业务下沉以及解决贫困人口金融服务的可得性问题，提供了新的思路。印度的自助小组—银行联结项目实践，为金融扶贫提供了新的模式。

（二）启示

1. 注重能力建设

尽管自助小组最初的目标是互助互信，共同发展，然而在缺乏金融服务的背景下，实现脱贫、妇女赋权等目标面临诸多困难。而要将正规银行服务与自助小组有效联结，实现可持续的金融扶贫，一个核心的要素就是能力建设。能力建设不仅仅包括自助小组成员的理财能力建设，也包括自助小组的管理能力建设，还包括非政府组织等小额信贷孵化机构的孵化能力建设，银行的监管能力建设，以及政府主管部门的政策能力建设。印度实践表明，能力建设是银行联结的有效前提。这既是项目设计中设定的步骤，也在后期的实践中得到了证明。无论是商业化利益驱动的超速度发展，还是在政府官方项目推动下规模化扩张，能力建设的前期欠缺以及后期不足，都给自助小组—银行联结项目造成了发展困境。

要实现在农村地区发展普惠金融的目标，不能在政府推动下开展大跃进，要做好基础的能力建设工作，否则，银行的财务可持续、政府的补贴瞄准以及贫困人口的脱贫就难以兼顾。印度自助小组—银行联结项目在实验与发展中的经验教训，对能力建设的重要性给出了明显的解释。

2. 政府组织与非政府组织的有效合作

印度自助小组—银行联结项目的发展历程，也为我们提供了非政府组织积极参与，政府承认其工作并有效合作、大力推进的典型案例。小额信贷的发展，如果简单地按照城市金融的模式推进，或者采用政府行政命令的方法展开，往往容易陷入精英捕获、目标偏移等困境。实践证明，非政府组织的积极参与，有助于低收入群体自主发展，有助于探索符合实际的有效模式。印度的自助小组—银行联结项目，自开始就是非政府组织实践探索与理论设计的结果。而在印度国家农业与农村发展银行的推动下，非政府组织的制度创新迅速得以推广。随后的发展中，自助小组联盟、跨国捐助机构、多边国际组织的组织创新、技术援助都起到了积极的作用。能将非政府组织的作用发挥出来，政府组织适时推动，并有效合作，不能不说是项目成功的关键之一。

在政府推动的大规模小额信贷项目中，如何发挥非政府组织的作用，如何实现与非政府组织的有效结合，是项目成功的关键要素之一，也是需要解决的现实问题之一。

3. 不断开展制度创新

印度自助小组—银行联结项目也为我们展示了不断制度创新的经验。联结项目并非自一开始就给出了标准模板，而是在项目推进中不断完善。这可以从自助小组类型以及联结模式的多元化得到体现。

当然，在创新中，往往会存在多重制度的比较与选择，印度也为小额信贷发展提供了较为宽松的环境。例如，在开展自助小组—银行联结项目的同时，印度还开展连带责任小组—银行联结的试验，为检验不同模式绩效提供了试验场，这也成为印度小额信贷发展取得成绩的一个重要原因。

第六章　泰国村基金项目的经验及启示

一、泰国村基金项目研究的必要性

泰国百万泰铢村基金项目（Thailand's Million Baht Village Fund Program），或称泰国的城乡轮转基金项目（the Thailand Village and Urban Revolving Fund（VF）Program）（以下简称"村基金项目"）是近些年来全球范围内政府成功推进的大型信贷扶贫项目之一。[①]2001 年，泰国政府发起了泰国的村基金项目。时任总理他信·西那瓦拟为泰国每一个村庄与城市社区提供 100 万泰铢（约 2.25 万美元，按当期汇率折合），用作村基金委员会的流动资金。基金的目标是振兴农村经济，鼓励加工、包装等新业务的发展。2011 年 7 月，当选政府再为每个村基金增加 100 万泰铢资金。

从 2001 年启动，到 2002 年 10 月，泰国政府为村基金项目总计

---

① 　J. P. Kaboski & R. M. Townsend, "The Impact of Credit on Village Economies", *American Economic Journal: Applied Economics*, 2012, 4（2），p. 98.

投入资金 750 亿泰铢（约 18 亿美元），约占泰国 GDP 的 1.5%，成为全球小额信贷介入力度最大的项目之一（de la Huerta，2010）[1]。截至 2005 年 5 月，泰国约有 99.1% 的村庄开办了村基金，共计 775 亿泰铢（约占项目设计资金的 98.3%）被分配给村基金委员会（Boonperm，et al.，2013）[2]；村基金委员会共向 1780 万名客户发放贷款 259 亿泰铢（约 69 亿美元）（Haughton et al.，2014），成为当时全球最大的单项小额信贷项目[3]，也是推进速度最快的小额信贷项目之一（Chandoevwit and Ashakul，2008）[4]。直至今日，村基金项目对泰国中低收入者的金融服务可得性仍然起着重要作用，在全球小额信贷市场中也有重要影响。

我们之所以关注村基金项目，是因为它由中央政府自上而下推动、直接面向基层社区展开，项目推进速度快，规模在全球也处于前列，运行时间较长，效果也较为明显。就这一点而言，村基金项目为全球小额信贷尤其是社区管理型小额信贷提供了范例，在全球范围内具有典型意义与示范价值。

此外，村基金项目对我国开展金融扶贫也具有重要的借鉴价值。就运行模式而言，村基金项目与我国目前正在进行的贫困村村级互助资金

[1] A. de la Huerta，"Microfinance in Rural and Urban Thailand: Policies, Social Ties and Successful Performance", University of Chicago, December 2010.

[2] J. Boonperm et al., "Does the Village Fund Matter in Thailand? Evaluating the Impact on Incomes and Spending", *Journal of Asian Economics*, 2013, 25 (1), pp.3-16.

[3] 到 2009 年，越南社会政策银行（Vietnam Bank for Social Policy）超过泰国村基金，成为第一大项目，泰国村基金列第二位。见 J. Haughton et al., "Microcredit on a Large Scale: Appraising the Thailand Village Fund", *Asian Economic Journal*, 2014, 28 (4), 363-388。

[4] W. Chandoevwit & B. Ashakul, "The Impact of the Village Fund on Rural Households", *TDRI Quarterly Review*, 2008, 23 (2), pp. 9-16.

项目最为接近。借鉴泰国在村基金项目推进中的经验教训，对我国互助资金项目的发展具有启示意义。

然而，就目前有关泰国的村基金的研究来看，由于泰国有关村基金的数据资料较少，研究有赖于研究者的数据搜集，研究成本（尤其是持续研究的成本）相对较高，对深入研究村基金项目形成了一定的限制。就目前的情况来看，主要的数据来源有三类：①由泰国官方公布的泰国社会经济调查年度数据，为家庭调查数据。②汤森泰国数据收集项目的数据，也是家庭调查数据。目前比较常见的研究主要来自于这一数据，如 Kaboski and Townsend（2011）[1]、Kaboski and Townsend（2012）[2]、Howlader（2012）[3]的研究。③其他的零星调查数据，如 Boonperm et al.（2012）的村基金例行调查[4]、Schaaf（2010）对泰国班劳村的田野调查[5]。总体而言，只有第三类数据是专门的项目机构调查，在研究设计上考虑到了村基金项目的专门需要，其他数据则对该项目研究具有一定的外部性。

有鉴于此，本章对村基金项目的经验进行归纳分析与比较研究，主

---

① J. P. Kaboski & R. M. Townsend, "A Structural Evaluation of a Large-Scale Quasi-Experimental Microfinance Initiative", *Econometrica*, 2011, 79 (5), pp. 1357-1406.

② J. P. Kaboski, & R. M. Townsend, "The Impact of Credit on Village Economies", *American Economic Journal: Applied Economics*, 2012, 4 (2), pp. 98-133.

③ A. Howlader, "Short-run and Long-run Impact from 'the Million Baht Program' in Thai Villages", Master Dissertation of Simon Fraser University, 2012.

④ J. Boonperm et al., "Appraising the Thailand Village Fund", Washington D.C. : The World Bank, Development Research Group, Agriculture and Rural Development Team, Policy Research Working Paper 5998, 2012.

⑤ R. Schaaf, "Financial Efficiency or Relational Harmony? Microfinance through Community Groups in Northeast Thailand", *Progress in Development Studies*, 2010, 10 (2), pp. 115-129.

要采用文献归纳法，从中归纳出村基金项目运行的进展与主要经验。此外，可能的数据源还包括微型金融数据交换中心数据、汤森泰国数据收集项目的数据。

从文献进展来看，本章的可能创新之处包括：第一，对村基金项目进行了较为全面的梳理，为系统认识该项目提供了基础；第二，作为社区管理型小额信贷，村基金项目为该类项目提供了典型案例，有关结论深化了对该类项目特性的认识；第三，比较了泰国和中国项目的背景，提出了对中国贫困村村级互助资金项目的借鉴价值。

本章的结构安排如下：项目的背景、主要过程以及制度设计在第二部分进行了分析，重点分析了项目的管理结构与制度设计；随后，第三部分评述了项目绩效的有关研究，对项目的绩效进行了评价分析；在前述分析的基础上，第四部分归纳了村基金项目的经验与不足之处，第五部分则比较了村基金项目与中国贫困村村级互助资金项目的异同，给出了对中国项目的借鉴性建议。

二、村基金项目的制度安排

（一）目标与管理体系

村基金项目是泰国振兴草根经济、削减贫困的公共政策之一。项目向每个村/社区配备100万泰铢，成立轮转基金为居民提供信贷服务，增加农村地区或者城市社区的金融可得性。项目的主要目标包括：①为投资、职业培训、增加收入、创造就业提供资金，为紧急情况和公共设施提供支持；②在农村村庄与城市社区培养资本管理能力；③促进自力更生，不断学习，大胆创新，实现可持续经济发展（Chandoevwit and

Ashakul，2008）[1]。

为了顺利推进项目实施，泰国建立了从中央到地区再到基层的管理体系。中央政府任命农村村庄与城市社区基金全国委员会（以下简称全国委员会），在全国层面管理资金，主要职能包括制定策略计划、分配资金等。分委员会在地区层面管理基金，并协调地区委员会的工作。

全国委员会起草了村基金条例等一系列规则与指南，在程序上规范村基金委员会成立与运营。有关规定要求（Boonperm et al.，2012；Chandoevwit and Ashakul，2008）[2]：社区成员选举成立村基金委员会来管理资金[3]，并根据村基金条例（the Village Fund Act）起草利率、还款过程等规定；村基金委员会成立时，成人列席必须达到四分之三以上；村基金委员会由 15 人组成，其中半数为妇女；村基金委员会自主确定单笔贷款额度，但通常不能超过 2 万泰铢，最多也不能超过 5 万泰铢；贷款期限为 1 年，贷款利率必须为正；建议贷款至少有 2 名担保人。2003—2004 年，一些村基金引入外部资金——通常为 10 万泰铢以上，运行良好的村基金可向农村合作银行（或者政府储蓄银行）再借入 100 万泰铢。

中央政府拨发初始流动资金，全国委员会办公室颁布条例，指导村基金经营。村基金要开展运营，应当依次采取五个步骤：

①村庄选举成立村基金委员会来运行基金，确定贷款标准（利率、

---

[1] W. Chandoevwit & B. Ashakul, "The Impact of the Village Fund on Rural Households", *TDRI Quarterly Review*, 2008, 23（2），pp. 9-16.

[2] J. Boonperm et al., "Appraising the Thailand Village Fund", Washington D.C.: The World Bank, Development Research Group, Agriculture and Rural Development Team, Policy Research Working Paper 5998, 2012; W. Chandoevwit & B. Ashakul, "The Impact of the Village Fund on Rural Households", *TDRI Quarterly Review*, 2008, 23（2），pp. 9-16.

[3] 2010 年泰国村基金调查表明，2009 年运行的村基金，54% 是 2002 年开办的，2003—2004 年又增加了 36%。

期限、上限、目标）。

②村基金委员会在农业合作银行或者政府储蓄银行开户，政府向账户中划拨 100 万泰铢。

③村基金地方委员会审核贷款申请，确定贷款对象与贷款条件（利率、期限等）。

④借款人到农业合作银行或者政府储蓄银行提取贷款资金。

⑤借款人还本付息。

一般来说，村基金成立之后，村基金委员会在政府储蓄银行或者农业合作银行注册。通过能力评估之后，注册银行会在 30 天之内划拨 100 万泰铢到村基金账户。未通过评估的村基金，可向邻村寻求支持。在这种情况下，它往往从其他村复制管理规定，再次提交申请，最终直至通过（Chandoevwit and Ashakul, 2008）[1]。村民不会自动成为村基金的成员。20 岁以上的成人在入股或者存入一笔资金之后，方可申请加入。村基金成员数多为 113 人，男性占比略低于一半[2]。

（二）村基金委员会

村基金条例建议村基金委员会由 15 位成员构成。但是，Boonperm et al.（2012）调研表明，成员数平均为 11 人，男女约各占一半。村基金委员会规模略有变化，大多数成员数为奇数，常见的规模为 9、11、15 人。[3]

[1] W. Chandoevwit & B. Ashakul, "The Impact of the Village Fund on Rural Households", *TDRI Quarterly Review*, 2008, 23（2）, pp. 9-16.

[2] 2009 年，村家庭数约为 210 户，人口约 850 人（中位数）。

[3] J. Boonperm et al., "Appraising the Thailand Village Fund", Washington D.C.: The World Bank, Development Research Group, Agriculture and Rural Development Team, Policy Research Working Paper 5998, 2012.

村基金委员会通常由工作小组领导，包括主席、副主席、秘书与出纳。管理者一般由村基金成员直接选举，70%的村庄依此进行。另有14%的村庄由村基金委员会选举管理者，1%的村庄由村民选举，余下的15%结合了以上各种办法（Boonperm et al., 2012）[①]。

大多数村基金委员会成员文化程度最多到高中水平，但是平均而言，有一名成员具有大学文化程度，另一名成员文化程度超过高中水平。村基金委员会吸收学校教师或者退伍军人，也是非常常见的。然而，30%的委员会没有文化程度超过高中水平的成员。平均而言，村基金委员会有1.5名成员有会计从业背景，2.4名有管理经验，1.1名有银行业从业经验。这使得许多村基金委员会具备管理与记账的知识。值得一提的是，17%的村基金委员会没有上述技能的成员。

平均而言，村基金委员会每年开会5.8次，但是在不同村之间差异较大。有27%的委员会每年开会1—2次，而有18%的委员会每月开会。同样，会议长度也存在较大差异：一般长度为90分钟，有49%的会议持续时间不到1小时，而有38%的会议持续两小时以上。

大多数情况下，一些村基金委员会成员参加培训课程或者讨论。2009年，平均每个委员会有3名成员参加了培训课程，平均时间两天。除去训练与开会，管理村基金也要花费时间。总体来看，村基金委员会成员在调查之前的一周花费了4.6小时开展有关工作。加起来，每年基金管理时间约为239小时。大部分通过村基金委员会支付酬金，金额占到贷款额的1.1%。

---

① J. Boonperm et al., "Appraising the Thailand Village Fund", Washington D.C.: The World Bank, Development Research Group, Agriculture and Rural Development Team, Policy Research Working Paper 5998, 2012.

（三）村基金的运作

1.贷款模式

村基金提供非常标准化的贷款合同。在 2010 年依然运作的村基金中，有 96.8% 的贷款期限均为一年期，仅仅有 2% 的贷款期限较短（分别为 1 个月、2 个月、3 个月、6 个月）。尽管利率在不同村之间差异较大，然而在同一个村中，几乎所有的贷款利率都是相同的。一个例外情况就是应急贷款，占所有贷款比例的 5%，通常额度小、期限短，从而利率较高。有约一半 2009 年到期的贷款执行 6.0% 的年化利率，另有三分之一的贷款利率为 3%、5%、7% 或者 8%。

贷款额度也差异较大。2009 年贷款均值为 15790 泰铢，约等于收入额度的 8%；2009 年贷款中约有 78% 的额度在 1 万—2 万泰铢之间。在所有的村基金中，有 71% 的村基金最大贷款额为 2 万泰铢，有 10% 的村基金最大贷款额低于这一数字，少数情况下（3%）的最大贷款额高于 5 万泰铢——超出了村基金总部的指导规定（Boonperm et al.，2012）[①]。

就贷款而言，基金通常被分为两部分：90 万泰铢用于普通贷款，10 万泰铢用于紧急贷款——通常额度小、期限短。根据机构调查数据，村基金在第一年贷放出去 95 万泰铢，第二年的贷款金额增加了 22%（根据农户数据）。为确保资金公平使用，规定了最大贷款额为 2 万泰铢。超出 2 万泰铢的贷款，需要村基金委员会所有成员批准，但是不得超出 5 万泰铢（约 1100 美元）。不到 5% 的贷款超出了 2 万泰铢，但是确实有 4 户家庭贷款超出 5 万泰铢。还款期不得超过 1 年。此外，村基金要

[①]　J. Boonperm et al., "Appraising the Thailand Village Fund", Washington D.C.: The World Bank, Development Research Group, Agriculture and Rural Development Team, Policy Research Working Paper 5998, 2012.

求对贷款征收正利率。村基金对所有借款人征收同一利率，但是在不同基金之间利率从 2% 到 12% 不等，平均名义利率 7%。另一项经常采用的政策是，贷款需要两名担保人，但是事实上，在 64 个机构中担保人数从 1—8 名不等。仅有 11 个机构需要抵押品，仅有 3 个机构需要足额抵押的贷款。还款率相当高（Kaboski and Townsend，2012）[1]。

委员会成员通常决定是否贷出款项。贷款审核内容包括成员的还款能力、投资的恰当性、所需的金额。鉴于贷款额较小，村基金发放了大量贷款，大部分家庭获得贷款。

2. 储蓄服务

村基金也开办了储蓄业务。在农村地区，有大约 70% 的村基金在成立时为成员提供储蓄服务，在城市地区这一比例高达 98%。村基金仅接受现金存款，储蓄服务放入强制储蓄账户。此类储蓄要求成员在特定日期存放一定额度，通常一月一次。除此之外，一些基金要求成员在基金开户时一次性入股。没有基金为成员提供灵活的储蓄账户，因此，如果村基金提供储蓄服务，则储蓄人数与社员数相等（de la Huerta，2010）[2]。

70% 的村基金提供储蓄服务，大部分要求成员储蓄，并强制性在基金账户存款。成员的储蓄在农业合作银行的储蓄账户中联合持有。储蓄管理规定要求，所有成员必须支付申请费，持有 1 份基金股份，但是不得超过股份总额的 20%。另外一项强制储蓄基金政策是，储蓄在确定日期做出，额度从 10—500 泰铢不等，强制储蓄额度一年变更一次。储

① J. P. Kaboski & R. M. Townsend, "The Impact of Credit on Village Economies", *American Economic Journal*: *Applied Economics*, 2012, 4（2）, pp. 98-133.

② A. de la Huerta, "Microfinance in Rural and Urban Thailand: Policies, Social Ties and Successful Performance", University of Chicago, December 2010.

蓄的名义利率为 0.5%，实际利率为负值。初始储蓄总额平均为 4000 泰铢（Kaboski and Townsend, 2012）①。一些基金将成员储蓄贷放了出去，而其他基金则仅仅用初始政府资金放贷。

三、村基金项目的绩效

对于村基金项目的评价，要结合项目最初设定的宗旨，也要结合小额信贷项目评估中的常见做法来进行。就文献研究的焦点来看，主要围绕项目的社会绩效（中间目标：覆盖广度，包括客户数、村庄覆盖率等；覆盖深度，包括贫困客户占比、妇女客户占比、偏远地区可得性等。最终目标：短期影响，包括消费支出变化、增收效果等；长期影响，包括消费支出变化、增收效果等）、财务绩效（还款率、盈利率、成本收益率）、机构效率等。在对以上问题进行评估的基础上，部分研究还关注了外部联结、能力建设等对还款率、覆盖深度的影响。

（一）村基金的覆盖深度

与一般小额信贷项目（尤其是商业化小额信贷范式）不同，村基金项目直接定位于最基层的村庄 / 社区，由村基金委员会自主运作，预先确定标准化的贷款金额。如果村基金项目得到认真执行，那么，较之于其他的小额信贷项目，这些特征决定了村基金会更"沉下去"，更多向贫困群体和低收入人口服务。有关经验研究文献证实了村基金的覆

---

① J. P. Kaboski & R. M. Townsend, "The Impact of Credit on Village Economies", *American Economic Journal: Applied Economics*, 2012, 4（2）, pp. 98-133.

盖深度表现更好。**Menkhoff and Rungruxsirivorn**（2011）基于 220 个村庄 2186 户家庭 2007 年截面数据的研究发现：与正规金融机构相比，村基金项目更容易瞄准低收入家庭群体，更倾向于非正规金融机构的客户群，有助于减少贫困人口的信贷约束①。**Kislat and Menkhoff**（2011）基于泰国农户调查数据，研究发现村基金的借款人经济状况较差，因此，村基金贷款是贫困家庭重要的生命线②。**Boonperm et al.**（2013）基于泰国 2002 年与 2004 年度社会经济调查数据，采用 5755 户农户面板数据分析表明，与其他金融机构相比较，社区基金的客户更贫困，务农的更多③。

此外，研究表明，村基金确实对于面临信贷约束的农户具有吸引力。**Kaboski and Townsend**（2011）建模分析了面临信贷约束、收入不确定性以及高收入投资机会不可分割条件下的农户决策，利用村基金项目数据估计了有关参数。模拟分析表明，农户消费的增加要大于信贷的增加，证实了信贷约束的存在。对模型的成本收益分析表明，部分农户珍惜该项目，愿意接受相应的成本。但是，总体而言，村基金项目成本高达项目收益的 30%以上。④

（二）村基金的减贫效果

进一步，与一般小额信贷项目的目标一致的是，村基金也要提高借

---

① L. Menkhoff & O. Rungruxsirivorn, "The Impact of Credit on Village Economies", *American Economic Journal: Applied Economics*, 2012, 4（2）, pp. 98-133.

② C. Kislat & L. Menkhoff, "The Village Fund Loan: Who Gets It, Keeps It and Loses It?", Department of Economics, Leibniz Universität Hannover, September 2011.

③ J. Boonperm et al., "Does the Village Fund Matter in Thailand? Evaluating the Impact on Incomes and Spending", *Journal of Asian Economics*, 2013, 25（1）, pp. 3-16.

④ J. P. Kaboski & R. M. Townsend, "A Structural Evaluation of a Large-Scale Quasi-Experimental Microfinance Initiative", *Econometrica*, 2011, 79（5）, pp. 1357-1406.

款人的收入，增加资产，促进消费，达到削减贫困的目标。就这一方面的研究而言，结论存在一定的争议。部分研究表明，村基金具有明显的扶贫效果。Boonperm et al.（2013）基于泰国 2002 年与 2004 年度社会经济调查数据，采用 5755 户农户面板数据分析表明，相比于农业银行和农业信用社的客户，社区基金的客户现期消费以及收入均更高一些，更倾向于取得持久消费品。进一步，采用分位数回归分析表明，处于低分位的客户，消费效应与收入效应更明显[①]。Kaboski and Townsend（2011）基于不同村庄农户信贷数据以及项目开始前后的面板数据，对泰国村基金的绩效进行了评价。研究表明，村基金促进了短期信贷额、消费额、农业投资额与收入的增长，但是不利于总资产的增加；村基金对工资有促进作用，具有一般均衡效应。[②]

　　然而，关于村基金的扶贫效果，一些经验研究却给出了不同的结论。Chandoevwit and Ashakul（2008）基于泰国 2002 年与 2004 年度社会经济调查数据，选择了 5543 户农村家庭数据，采用倾向值匹配法与双倍差法，评估了泰国村基金项目的影响。评估结果表明，村基金项目对减少贫困没有起到作用。村基金项目仅仅增加了中部地区的农场收入以及南部、北部地区的非消费支出，这些均不足以提高家庭总收入。[③]Kislat and Menkhoff（2011）基于泰国农户调查数据，研究并未发现村基金贷款与其他贷款之间的替代关系，从而村基金项目的长期效

①　J. Boonperm et al., "Does the Village Fund Matter in Thailand? Evaluating the Impact on Incomes and Spending", *Journal of Asian Economics*, 2013, 25（1）, pp.3-16.

②　J. P. Kaboski & R. M. Townsend, "A Structural Evaluation of a Large-Scale Quasi-Experimental Microfinance Initiative", *Econometrica*, 2011, 79（5）, pp. 1357-1406.

③　W. Chandoevwit & B. Ashakul, "The Impact of the Village Fund on Rural Households", *TDRI Quarterly Review*, 2008, 23（2）, pp. 9-16.

果值得怀疑。[1]

（三）村基金的财务绩效与运行效率

与大多数公益性小额信贷机构面临的困境类似，村基金的财务状况堪忧。由于缺乏规模效率，缺乏创新能力与动力等原因，村基金的经营效率也值得忧虑。Boonperm et al.（2012）[2]、Haughton et al.（2014）[3] 基于对 2010 年 3000 多家村基金的例行调查，通过财务分析表明，村基金并没有实现盈亏平衡，往往用收入弥补现金成本。大多数村基金不像金融中介，而像社会中介，缺乏承担风险与创新的动力。由此，村基金贷款没有跟上泰国经济增长的步伐。Kunasri and Singkharat（2015）采用元前沿（meta-frontier）分析方法，比较了农业合作社、村基金与生产储蓄小组等小额信贷机构的技术效率与贷款效率。分析结果表明，农业合作社平均效率分值最高（0.6116），村基金次之（0.4370），生产储蓄小组最低（0.4119）；农业合作社的技术差异率分值最高（94.71%），而村基金最低（60.93%）。[4] 技术差异受最优小组规模与贷款办法的影响——农业合作社基于社员股本额度不同来确定放贷额度，而村基金放贷却在成员间平均分配。

---

[1] C. Kislat & L. Menkhoff, "The Village Fund Loan: Who Gets It, Keeps It and Loses It?", Department of Economics, Leibniz Universität Hannover, September 2011.

[2] J. Boonperm et al., "Appraising the Thailand Village Fund", Washington D.C.: The World Bank, Development Research Group, Agriculture and Rural Development Team, Policy Research Working Paper 5998, 2012.

[3] J. Haughton et al., "Microcredit on a Large Scale: Appraising the Thailand Village Fund", *Asian Economic Journal*, 2014, 28（4）, pp. 363-388.

[4] K. Kunasri & S. Singkharat, "Efficiency and Technology Gap Ratio of Lending Performance of Micro-Credit Institutions in Thailand: The Meta-Frontier Analysis", 18th International Academic Conference, London, 2015.

（四）村基金效率的影响因素

在小额信贷的研究中，影响机构效率的因素一直是关注的焦点。对于村基金的研究，也关注了这一点。从外部借入资金、扩大小组规模、社会关系、义务储蓄、社会习俗等要素，均对村基金的运行效率产生影响。Boonperm et al. (2012)[①]、Haughton et al. (2014)[②] 基于对 2010 年 3000 多家村基金的例行调查，发现有五分之一的村基金从正规银行借入额外资金，然后贷给村民。此类村基金的还款率、贫困客户贷款额和比例均高于其他村基金。参加村基金的收益超过了成本。Kunasri and Singkharat（2015）研究提出，需要扩大小组规模以提高效率，政府机构的职能也要从提供资金转向促进社区自力更生。[③] 基于泰国班劳村的田野调查，Schaaf（2010）的研究强调了理解社区小组与小额信贷服务的背景与现有关系的必要性，以便识别小组的重要特点与限制小组效率的过程。研究表明，小组经营导致了物质福利与关系福利之间的权衡，只有在确保关系和谐的基础上，才会重视财务效率。[④] de la Huerta（2010）基于汤森泰国数据收集项目数据，研究了村基金项目中社会联

---

① 　J. Boonperm et al., "Appraising the Thailand Village Fund", Washington D.C.: The World Bank, Development Research Group, Agriculture and Rural Development Team, Policy Research Working Paper 5998, 2012.

② 　J. Haughton et al., "Microcredit on a Large Scale: Appraising the Thailand Village Fund", *Asian Economic Journal*, 2014, 28 (4), pp. 363-388.

③ 　K. Kunasri & S. Singkharat, "Efficiency and Technology Gap Ratio of Lending Performance of Micro-Credit Institutions in Thailand: The Meta-Frontier Analysis", 18th International Academic Conference, London, 2015.

④ 　R. Schaaf, "Financial Efficiency or Relational Harmony? Microfinance through Community Groups in Northeast Thailand", *Progress in Development Studies*, 2010, 10(2), pp. 115-129.

系与义务储蓄及培训对城乡社区连带责任项目还款率的影响。研究发现，农村家庭了解地区人口与制度的习俗与特征，这些因素可预测小额信贷项目的成败。村基金中连带责任的程度与还款率负相关，而义务储蓄、为借款人提供培训与资讯等做法在城乡环境中均对还款率有正向影响。①

四、村基金项目运作的成功经验

从国际小额信贷市场的发展来看，同时结合类似社区管理型小额信贷的发展，泰国的村基金项目具有如下成功经验。

（一）分权管理发挥了地方的主动性

泰国村基金与众不同的是，它采取分权管理，由地方运作。村基金地方委员会在利率制定、贷款上限、贷款条件等方面具有一定的自主权。一些储蓄与贷款政策是照章执行的，通常是根据社区发展部办公人员提供的印刷材料给出的建议执行，另外一些则是村民自己制定的。地方委员会审核贷款申请，农户借入资金后还本付息，资金再次被贷出。每一个村基金均在农业合作银行（the Bank for Agriculture and Agricultural Cooperatives，BAAC）或者政府储蓄银行（the Government Savings Bank，GSB）开户。泰国村基金总部对每个村基金的资产负债、收支状况等均不详细过问。在项目设计中，这一点非常明确。乡村与城

---

① A. de la Huerta, "Microfinance in Rural and Urban Thailand: Policies, Social Ties and Successful Performance", University of Chicago, December 2010.

市街区能够且应该自主决策，与中央强势指导或者控制完全不同。

村基金委员会由村民召开会议民主选举，村民监督确保选举的公平性。尽管是联邦项目，但是村基金仅仅是半正式的，没有办公场所，没有设施，没有雇员。村基金在村层面由村民选举的委员会进行管理，有时也由全体村民临时会议管理。村基金委员会任命一位村民做会计／记账员，会计记录相当详细，包括了所有贷款、支付、储蓄与收款的流水账。

（二）培训服务提供的管理支持

大多数村基金在成立时会对工作人员进行一段时间的培训，仅有部分为成员提供培训。大多数情况下，由地区或者次地区的工作人员开展培训。更进一步，一些村基金在随后的运行过程中为工作人员或者成员提供其他培训。培训的目标是告知借款人有关贷款拖欠的政策，以及避免贷款拖欠的方法。培训期一般较短，持续1—3天，主要内容包括会计基础、贷款管理、储蓄与投资策略、机构放在社区的好处（de la Huerta，2010）[①]。

（三）配套政策提供的有效激励

村基金项目由泰国中央政府出资。尽管难以搞清楚项目如何资助，但是显然为了贯彻政府目标，曼谷向农村地区进行了大量的转移支付。为了鼓励基金的稳健管理与贷款的偿还，对村庄的转移支付设定了奖惩措施。如果基金被滥用，或者村基金制度失败，村庄就无法得到后续支

---

① A. de la Huerta, "Microfinance in Rural and Urban Thailand: Policies, Social Ties and Successful Performance", University of Chicago, December 2010.

持，甚至其他政府资金来源也会被切断。如果村基金经营良好，评级最优，就会得到追加贷款与追加捐助。2004 年，村基金仅可从农业合作银行获得贷款，但是获准率很低。2005 年，评级最高的一批村基金获得追加政府资金 100 万泰铢（Kaboski and Townsend，2012）[①]。因此，后续的资金注入，相对于初期投入而言较小，但是却激励村基金开展负责任的管理。

（四）联合管理与监督

村基金项目由几家政府机构联合管理。在农村与城乡接合部，泰国农业合作银行获得初始转移资金管理权，管理村基金的贷款与储蓄账户。社区发展部的工作人员开展监督与指导，对村基金也进行类似管理。地方教学型院校对村基金开展审计，也对基金和会员家庭进行评估。这些审计独立于泰国农业合作银行的评估活动（Adriana de la Huerta，2010）[②]。

（五）标准化的贷款产品

村基金提供的贷款简便而且非常标准化。这是小额贷款的常见特征，不同于非政府来源的贷款——为个人量体裁衣，也不同于正规银行贷款——贷款额与贷款期限差异很大。标准化贷款的优点在于易于管理，尤其适合非专业人员。

标准化的贷款条件不但显得稳健，较之于为借款人量身定做的贷

---

① J. P. Kaboski & R. M. Townsend, "The Impact of Credit on Village Economies", *American Economic Journal: Applied Economics*, 2012, 4（2），pp. 98-133.

② A. de la Huerta, "Microfinance in Rural and Urban Thailand: Policies, Social Ties and Successful Performance", University of Chicago, December 2010.

款，也显得更加公平。尤其是基金被视作公共物品时，公平性就显得更为重要。另外，标准化贷款也易于控制贷款额，使贷款更安全。

五、村基金项目运作面临的困难

（一）贷款审核中存在欠缺

尽管村基金试图提高草根阶层的生活质量，但是项目显然是提高政治声望的工具。因此，无论中央还是地方的基金管理者，均不否决没有投资项目的贷款申请，也不去监督贷款资金是否按照规定的用途使用。不考虑借款人的还款能力与需要，当债务到期时，会造成债务负担，危害借款人的财务状况（Chandoevwit and Ashakul，2008）[①]。

由于政治方面的考量，村基金项目非常成功地组建了基金，并向村民发放贷款。不足为奇的是，村民将100万泰铢视为意外惊喜。组建村基金委员会，遵守有关规定，对低收入农户而言成本不高。2001年的最初目标是为74881个社区提供贷款，其中农村村庄71508个，城市社区3373个。到2001年底，99%的目标社区设立了村基金，98%的社区得到了拨款支持。到2004年，目标是扩展到78829个社区，同样，目标迅速实现。

（二）基金委员会难以轮换

但是大多数村庄喜欢小型村基金委员会，要么是因为他们难以找

---

① W. Chandoevwit & B. Ashakul, "The Impact of the Village Fund on Rural Households", *TDRI Quarterly Review*, 2008, 23（2），pp. 9-16.

到足够的志愿者，要么是因为委员会过大就难以运营。委员会成员规定服务期为两年，81％的村庄依此运行。但实际上，许多成员的服务期或多或少不确定。平均来看，村基金委员会最初成员中有6.7位到2010年仍旧在位（Boonperm et al.，2012）[①]。不确定的原因是，有些村庄难以轮换委员会成员，一些长期服务的成员面临"志愿精神疲劳"（volunteerism fatigue）。

（三）创新能力与动力不足

Haughton et al.（2014）基于对2010年3000多家村基金的例行调查，通过财务分析表明，村基金并没有实现盈亏平衡，往往用收入弥补现金成本。大多数村基金不像金融中介，而像社会中介，缺乏承担风险与创新的动力。由此，村基金贷款没有跟上泰国经济增长的步伐。[②]

六、村基金项目对我国村级互助资金的启示

泰国的村基金项目与中国的贫困村村级互助资金项目是21世纪全球范围内政府推行的大规模的社区型小额信贷项目。就运行模式、相对规模、推进速度等方面而言，两者具有一定的相似性，因而，2001年开始推行的泰国村基金对我国贫困村村级互助资金项目具有一定的启示

---

① J. Boonperm et al. "Appraising the Thailand Village Fund", Washington D.C.: The World Bank, Development Research Group, Agriculture and Rural Development Team, Policy Research Working Paper 5998, 2012.

② J. Haughton et al., "Microcredit on a Large Scale: Appraising the Thailand Village Fund", *Asian Economic Journal*, 2014, 28（4），pp. 363-388.

作用。基于对两个项目的把握，泰国村基金对我国项目的启示有：

第一，对村基金开展管理培训，推动能力建设。与商业银行乃至一般小额信贷项目相比较，社区管理型小额信贷项目的优点在于目标瞄准率高。然而，受制于人力资本、规律效率等约束，社区管理型小额信贷的运行效率却是软肋。对泰国村基金的评估表明，村基金效率低的问题确实存在。但是，部分村基金对基金委员会开展管理培训，对成员开展技术培训的做法，却对村基金效率的提高起到了积极的作用。在我国村级互助资金发展中，部分地区也开展了类似的培训，并取得了较好的效果。可以借鉴泰国村基金的做法，开展更为扎实的管理与技能培训，推动项目的能力建设，继续提高我国村级互助资金项目的效率。

第二，配套后续政策，对村基金开展适度的激励。社区管理型小额信贷项目的典型特征是政府驱动，这往往为部分项目缺乏经营动力与创新能力埋下了伏笔。泰国村基金在后续配套政策中实行了激励，对于排位靠前的村基金进行奖励。我国村级互助资金项目在一些省份也进行了类似的配套措施，然而，这些受制于地方财政状况的好坏。因此，建议中央政府对村级互助资金项目继续出台激励性政策，保证项目的持续运行。

第三，多方参与联合管理，服务并监督项目运行。社区管理型小额信贷是一项创新型工作，如果考虑到政策性金融、合作金融等试验运行中的重重困难，那么，毋庸置疑的是，社区管理型小额信贷的监管与服务就绝非易事。我国村级互助资金项目归县扶贫办管理，由于人手有限，加之缺乏足够的管理经验，要在全县范围内做好管理，并有效服务，显然面临着能力上的约束。借鉴泰国村基金的经验，引入高校、研究机构、非政府组织介入，开展审计、帮扶等活动，无疑是破解监管能力不足的较好思路。

　　第四，严格贷款管理程序，防止贷款违约。由于社区管理型小额信贷受到政府的财政资助，在特殊的文化背景下，往往面临着被侵蚀的种种动机。如果考虑到管理能力的不足以及以基层管理为主，那么共谋、管理松散等造成的贷款违约就难以避免。泰国的村基金出台了一系列指导计划，实行联合管理，完善基层民主管理等做法，无疑解决了部分问题。然而，部分村基金依然存在类似问题。我国的村级互助资金在运行中，部分机构也存在类似问题。因此，借鉴泰国村基金项目的教训，严格贷款管理程序，防止贷款违约，对我国村级互助资金项目有现实意义。

第七章　结论与政策建议

一、结论

（一）村级发展互助资金是最有效的普惠型金融服务机构

在发展中国家的农村金融市场，低收入群体难以获得信贷服务，信贷配给严重不足，是长期存在的问题。而在人类经济社会发展不断推进的背景下，普惠金融成为发展中国家要面对的新问题，核心就是低收入群体难以享受全面的（甚至最基本的）金融服务。在我国农村金融问题的长期发展过程中，经历过多和探索，取得了一定的效果。但是，农村资金外流的现象始终没有得到根本改善，农民贷款难的现象始终存在。现阶段，更是面临农村信用合作社等机构撤出、服务上移等现实情况，农村地区难以享受金融服务，一些偏僻地区甚至出现金融服务真空状态。

贫困村资金互助社的试点，对于改变上述状况，提供了目前来看最好的解决办法。由于机构扎根村庄社区，直接服务最基层的农户——尤其是贫困农户，显著改善了低收入群体贷款难的问题。由于瞄准贫困村，因此，金融服务真空区域也可以通过该项目获得金融服务机会。尽管在现实中存在一些不足之处，但是，贫困村资金互助社的这些功能与作用，到目前为止，是其他项目或者机构难以替代的。从而，贫困村资金互助社是目前我国农村地区最有效的普惠型金融服务机构。

（二）村级发展互助资金是低成本、高效率的金融扶贫制度安排

从我国扶贫开发的历程来看，以政府推动、金融机构执行的金融扶贫制度安排，对特定时期的扶贫开发起到了重要的作用。但是，目标瞄准率差、运行成本高昂、群众参与主动性不强等问题始终存在。在分权、参与等成为扶贫开发基调的背景下，村级发展互助资金确实弥补了以往金融扶贫制度存在的欠缺。

从运行效果来看，村级发展互助资金确实是一种低成本、高效率的金融扶贫制度安排。由中央、地方财政提供的启动资金以及技术支持，带动民间闲置资金以及社会捐助等资金，开展金融扶贫，是一种低成本的制度安排。与以往的各种类型政策相比较，村级发展互助资金的成本是最低的，而且风险也可控。此外，由于群众参与程度高，村级发展互助资金在解决群众生产资金需求、平抑临时消费等方面的效果非常明显。项目区群众借助互助资金，实现脱贫致富的案例，大量存在。

（三）村级发展互助资金大大提高了群众的信用意识

在政府推动的金融扶贫项目中，恶意逃债等现象客观存在。由于长期缺乏市场经济的信用文化，政府的资金投入往往被视为一种"补贴"或者"赈济"，尤其是低收入群体，逃废债似乎具有了伦理上的"正当

性"。第二次世界大战之后，在发展中国家推行的政策性贷款，还款率普遍极低，造成这种现象的原因，除了政策性激励不当之外，缺乏信用意识是一个重要的原因。

通过村级发展互助资金项目，群众的信用意识得到了极大提高。从项目开始动员，就对群众进行了大量的信用宣传，使群众确立了"有借有还"的最基本的信用意识，为金融服务的开展奠定了很好的基础。从调研情况来看，大多数村级互助资金的还款率均高达 100%，这不能不说是一个极大的进步。在主要采用信用贷款的制度下，良好的还款率是银行信用得以存在的前提。村级互助资金的这一效果，为农村地区开展金融服务奠定了很好的信用基础。

（四）村级发展互助资金是国际上最有影响力的社区型小额信贷之一

经过 13 年的探索，我国的贫困村村级发展互助资金试点在全国 28 个省份有 1100 多个县 1.7 万多个贫困村开展，资金总规模达到 35 亿多元（2013 年末数据）（胡联等，2015）[1]。据《中国扶贫开发年鉴 2015》统计，全国互助资金数量已达 2 万个，进入规范发展阶段（陈清华等，2017）[2]。与其他小额信贷项目比较，互助资金已成为中国农村分布最广、影响最大的扶贫型小额信贷（李金亚、李秉龙，2013）[3]。进一步，

---

[1] 胡联等：《贫困村互助资金存在精英俘获吗——基于 5 省 30 个贫困村互助资金试点村的经验证据》，《经济学家》2015 年第 9 期。

[2] 陈清华等：《村级互助资金扶贫效果分析——基于宁夏地区的调查数据》，《农业技术经济》2017 年第 2 期。

[3] 李金亚、李秉龙：《贫困村互助资金瞄准贫困户了吗——来自全国互助资金试点的农户抽样调查证据》，《农业技术经济》2013 年第 6 期。

与泰国的百万泰铢村基金项目、印度自助小组—银行联结项目相比较，中国的村级发展互助资金是国际范围内规模最大、持续时间最长、效果最显著的社区型小额信贷项目之一。在我们扶贫取得巨大成绩，进入攻坚阶段的背景下，贫困村村级发展互助资金能在各省迅猛发展，并得到群众支持，进一步说明了项目组织有效、成效显著。

（五）村级发展互助资金为社区型小额信贷积累了特有的制度经验

作为社区型小额信贷项目，中国的贫困村村级发展互助资金与泰国的百万泰铢村基金项目、印度的自助小组—银行联结项目都具有共同的特征，如社区成员互助合作、实行参与式扶贫等。然而，由于中国存在特有的制度优越性，贫困村村级发展互助资金项目在各级组织的推动下迅猛发展，并且取得了丰硕成果。

我国贫困村村级发展互助资金由政府政策推动，在基层组织动员的基础上，财政局、扶贫办等地方机构进行了技术培训等支持，公务人员甚至在初期直接进行了大量的工作投入，扶贫办等机构开展监督。正是由于我国特有的制度优势，才保证了村级互助资金能迅速发展壮大，并没有出现泰国村基金面临的"志愿者疲劳"问题，也没有出现印度自助小组—银行联结项目面临的内部管理困境。

二、政策建议

我国 2006—2008 年出台政策文件，对贫困村村级发展互助资金进行了政策设计。时至今日，村级互助资金已经运行了 13 年，积累了大量的经验教训，需要在以后的实践中加以规范。值得注意的是，我国已经设定 2020 年全部脱贫的目标，因此，扶贫开发作为一个政策任务将告一段落。重要的是，我国 2017 年提出了国家乡村振兴战略规划（2018—2022 年），明确提出要"发展乡村普惠金融"、"引导农民合作金融健康有序发展"，这为村级互助资金的发展指出了方向。鉴于以上背景，本项目提出如下政策建议。

（一）提供村级互助资金运行的法律支持

作为一类新型的社区型小额信贷机构，村级互助资金开展业务面临着法律上的困境。首先，社团法人资格"名不副实"。国务院《社会团体登记管理条例》（1998 年 9 月 25 日）第四条规定，"社会团体不得从事营利性经营活动"；第二十六条规定，"社会团体的经费，以及开展章程规定的活动按照国家有关规定所取得的合法收入，必须用于章程规定的业务活动，不得在会员中分配"。在机构性质上，村级互助资金属于社会团体。但是，在从事金融扶贫业务的过程中，按照保本微利的原则，村级互助资金事实上产生了一定的盈利，并且按照章程约定，在社员之间进行分配。因此，村级互助资金从试点开始，尽管业务活动具有很强的公益性，但是与社会团体有关法律规定有所抵牾。

其次，办理借款业务法律依据不充分。中国人民银行 1996 年制定的《贷款通则》第二十一条规定，"贷款人必须经中国人民银行批准经营贷款业务，持有中国人民银行颁发的《金融机构法人许可证》或《金融机构营业许可证》，并经工商行政管理部门核准登记"。《银行业监督管理法》（2004 年 2 月 1 日实施）第十九条规定，"未经国务院银行业监督管理机构批准，任何单位或者个人不得设立银行业金融机构或者从事银行业金融机构的业务活动"。虽然贫困村互助资金组织试点依据政策开展借款业务，但是始终没有得到银行业监督管理部门的认可或批准，业务经营不能得到法律的支持。

建议有关部门在进一步深入调查研究的基础上，对有关法规进行修订，或者出台专门的法律法规，赋予村级互助资金特殊法人地位，并纳入正规金融机构监管体系。工商及金融监管部门可依法准予村级互助资金开展金融业务，发放金融业务经营许可证，明确规定性质、地位、名称、设立、经营地点、业务范围、享有权利、应尽义务、执法主体等，使村级互助资金能够依法经营。

（二）提高村级互助资金的内部管理水平

作为社区型小额信贷机构，内部管理水平一直是困扰众多机构发展的难题，我国的贫困村互助资金项目也不例外。来自村级行政组织的干预、志愿者业务能力低且服务意愿降低、社员"搭便车"现象严重等因素，阻碍了村级互助资金管理水平的提高。

要探索提高村级互助资金内部管理效率的有效方法，借鉴国内外有效的经验教训，着力提升管理水平。可以借鉴的方法包括：

第一，开展交流合作，加强有效管理技术的传播。要通过小额信贷交流平台（如中国小额信贷联盟等），实现管理经验的交流，增加从外部学习的机会。

第二，对村级互助资金管理人员开展有关培训。要加强财务管理等方面的技术培训，提高管理人员业务管理能力。结合业务特征的发展变化或者业务创新的需要，有针对性地对管理人员开展专项培训。

第三，加强外部监督，促进业务的规范化。要定期或不定期对业务管理进行各种形式的检查，避免"垒大户"、资金转移用途等现象，杜绝资金被非法侵占、非法集资等行为。

第四，推动高校、科研院所对村级互助资金项目村开展帮扶。利用科技成果转化、管理技术推广等考核要求，积极推动高校、科研院所对项目村开展定点帮扶，提供实用技术、管理创新方面的合作与帮扶。村级互助资金缺管理人才、项目村缺实用技术的状况，通过技术帮扶可以起到积极的作用。

（三）推动村级互助资金不断开展业务创新

贫困村中低收入群体的借贷业务，与传统银行业务存在较大差异，甚至与一般小额信贷业务有所不同。要结合客户群体的资金需求特点，在防范金融风险的前提下，不断开展业务创新。结合国内外社区型小额信贷发展，本研究认为，应该探索如下方面的创新：

第一，探索互助小组—银行联结的有效方式。对经营状况良好的社区型小额信贷机构，采取与银行联结的方式，不但可以扩大社区型小额信贷机构的业务，也为银行开展小额信贷业务，提高社会绩效提供了通道。目前，我国宁夏回族自治区及其他各省（直辖市、自治区）已经开展了村级互助资金—银行联结的有效探索，取得了一定效果。要在总结国内村级互助资金—银行联结经验教训的基础上，借鉴印度互助小组—银行联结项目的有效经验，进一步探索村级互助资金—银行联结的有效方式，实现银行、互助小组合作共赢，共同促进中低收入群体金融可得性的提高。

第二，逐渐推出多样化的金融产品与服务。在试点初期，村级互助资金仅仅限于贷款业务，并且贷款品种单一，尽管有助于简化业务管理，但是缺乏灵活性，也无法满足多样化的贷款需求。在步入稳健发展阶段后，可以探索多样化的贷款产品与服务。例如，可以开发额度更小、还款期更灵活的贷款产品，满足部分客户的资金需求；可以提高贷款利率水平，并尝试差异化贷款利率，在资金价格上对优质客户进行一定的倾斜；可以尝试与金融机构合作，代管自动存款机等业务，方便群众存款。

（四）引导村级互助资金多元化发展

互助资金运行十余年来，分化的特点非常明显。部分村级互助资金取得较好的绩效，呈现蓬勃发展的态势，群众从中受益多，管理部门也大力支持。同时，也有部分村级互助资金已经因为管理不善而退出，互助小组解散。可以认为，村级互助资金是村级互助能力的试金石，是社区互助效果的试验场，这为检验、培养、发展村民互助组织提供了很好的基础。

在群众基础好、社区互助发展好的村庄，可以进一步推动村民注册村级资金互助社，成立社区型的更高层次的金融服务机构；也可以继续维持目前的发展状况，积极探索社区型扶贫业务的发展模式；条件更好的地区，可以引导银行等机构联合设立分支机构，合作开展业务，或者推动转型成立社区银行。

（五）优化村级互助资金发展的配套环境

贫困人口的脱贫致富，尽管资金是一个制约因素，但并非是唯一的制约因素。由此，解决贫困人口的资金约束，也只是为脱贫提供了一个可能。贫困人口缺乏技术、项目、经营能力、发展机会等，都会使得脱贫困难重重。随之而来的是，缺乏资金需求，这与制度的设计大相径庭。

因此，金融扶贫应当围绕贫困群体的实际特点，开展多方面的工作，补足脱贫的短板。这些工作，实际上也构成了村级互助资金运行的配套环境。从村级互助资金运行来看，需要提供的配套环境包括：

第一，对低收入群体开展技术培训。政府有关部门应开展定期或不定期的技术培训，为贫困人口提供适应市场需要的技术培训，使他们能提供市场需要的劳动或产品。

第二，提供定向的务工信息与培训。劳动部门应定期为低收入群体提供外出务工信息，并提供适宜的技术培训，促进低收入群体外出务工，增加家庭收入。

第三，开展项目帮扶。在政府带领下，发展适合村庄的产业，为低收入群体提供项目支持。

第四，对低收入群体开展金融素养的培训。贫困人口的理财能力也是值得关注的问题。政府金融主管部门应定期开展金融素养培训，提高低收入群体理财能力，增强经营管理水平。

第五，移风易俗，培养文明理性的消费文化与制度。改变天价彩礼、豪华丧葬等不良陋习，培养文明理性的社会主义风俗；改变人情往来盲目攀比等不良陋习，培养健康文明的社会主义人际关系；加强金融基础设施建设，方便低收入群体存取款项。

附　录

A1　陕西省略阳县郭镇西沟村扶贫互助协会章程

2009 年 4 月 30 日

第一章　总则

第一条　根据省扶贫开发领导小组办公室和陕西省财政厅《关于做好 2009 年贫困村互助资金省级试点工作的通知》精神，结合本地实际，特制定本章程。

第二条　互助资金协会是由常年居住在略阳县郭镇西沟村的农村居民自愿结成的专业性、非营利性的社团组织，该社会团体的成立、变更、监督管理，按照《社会团体登记管理条例》的规定，建立健全组织机构，依法开展活动，独立承担民事责任。

第三条　互助资金协会遵守宪法、法律、法规和国家政策，遵守社会道德风尚，建立成员互相帮助和自我管理的组织，改善贫困农户获得生产性资金的机会，并由此提高当地居民，特别是贫困户和妇女收入和福利。

第四条　互助资金协会的业务主管部门是略阳县扶贫开发领导小组

办公室，负责业务指导和日常管理；互助资金协会的登记管理机构是略阳县民政局，负责监督管理。

第五条 互助资金协会的住所设置于陕西省略阳县郭镇西沟村委会内。互助资金协会必须达到"五有"，即有牌子、有固定的办公场所、有办公桌椅、有档案柜、有协会公章。

第二章 业务范围

第六条 互助资金协会业务范围：

（一）互助资金协会会员入会和退会；

（二）负责资金发放、回收和争议仲裁等管理工作；

（三）承担互助资金协会的日常管理工作；

（四）对资金的使用情况进行监督，按季度进行公示；

（五）按月向主管部门上报项目实施情况、财务、监测表格等；

（六）互助资金协会内部不能解决的问题，负责反映给主管部门；

（七）接受相关部门监管和指导。

第三章 会员

第七条 互助资金协会会员为代表家庭的个人会员。

第八条 申请加入互助资金协会的会员，必须具备下列条件：

（一）常年居住并且户口在本村，具有民事行为能力，能使用和管理资金，从事生产性创收活动的村民，鼓励妇女作为家庭代表入会；

（二）入会互助金标准为 500 元 / 份，每户可以全额入股最多 2 股；

（三）年龄 18 岁以上（每户最多 1 人），交纳"互助金"达到章程规定基准互助金起点；

（四）诚实守信，声誉良好。

第九条　会员入会程序：

（一）村民提出申请，提供有效身份证件，填写申请表和本人签名、盖章；

（二）互助资金协会理事会确认和同意，理事长在申请表上签名；

（三）会员交纳入会互助金，开出收据，理事长和交款人签名；

（四）理事会工作人员填写会员证，并发给会员证。

第十条　会员享有以下权利：

（一）本互助资金协会的选举权、被选举权和表决权；

（二）申请借款用于生产性创收项目，或用于紧急消费用途；

（三）对互助资金协会工作的批评建议和监督权；

（四）入会自愿，退会自由；

（五）入会 1 年后可自愿退会、退互助金，其退会书面申请被批准后，一年之内不得再申请入会。

第十一条　会员义务：

（一）执行互助资金协会的决议；

（二）维护互助资金协会合法权益；

（三）每月、每季度固定时间、地点偿还本金和占用费；

（四）互助会员申请借款时，采用五户联保制度，其他会员均为其签字担保；

（五）五户联保会员任一会员不能偿还借款时，其他会员有义务替其偿还，有权向其追讨债务；

（六）五户联保会员任一会员未能偿还借款或逾期偿还，其他会员不能获得借款；

（七）五户联保会员任一会员未偿还完借款，其他会员不能退互助金。

第四章 组织机构和负责人产生、罢免

第十二条 县扶贫开发领导办公室（简称县扶贫办）是互助资金协会的业务管理机构，负责互助资金协会资金的指导、协调、监督和检查，负责解决协会资金运行过程中出现的重大问题。

第十三条 互助资金协会的最高权力机构是会员大会，会员大会的职权是：

（一）制定和修改章程；

（二）选举和罢免管理机构人员；

（三）审议理事会的工作报告和财务报告；

（四）决定终止事宜；

（五）决定其他重大事宜。

第十四条 会员大会必须有 2/3 以上的会员出席方能召开，其决议须经到会半数以上表决通过方能生效。

第十五条 会员大会分为定期大会和临时大会。会员大会原则上每年一次，为 1 月中旬召开。因特殊情况需要临时召开，或提前及延期时，也可由理事会表决通过，报县扶贫办审查同意后进行，但延期不超过 3 个月。

第十六条 第一届互助资金协会理事会、监事会等组成人员，由互助协会全体会员大会选举产生。

理事会作为村互助资金协会的管理机构，通过会员大会选举产生，由理事长、会计、出纳、监督员等 5 人组成，在理事长领导下开展工作。闭会期间领导互助资金协会开展日常工作，对会员大会负责。协会管理机构人员每三年一选，但有特殊需要或 1/3 以上的会员提议时，也可随时增选或替换。

第一届互助资金协会理事会、监事会等组成人员，由村民大会（或村民代表大会）选举产生。以后换届时，由互助协会全体会员大会选举产生。

第十七条　理事会的职权是：

（一）执行会员大会的决议；

（二）实行定期会议制度和不定期的动议机制，研究和处理重大事项；

（三）分工负责资金的发放、回收，使用情况监督和争议仲裁等管理工作；

（四）筹备召开会员大会；

（五）根据章程规定决定会员的入会和退会；

（六）制定内部各项制度；

（七）组织会员开展不同类型的活动；

（八）决定其他重大事项。

第十八条　理事会每月至少召开 1 次会议，其决议须 2/3 以上理事会人员表决通过方能生效。

第十九条　监事会的构成及职权。监事会由主任、副主任和监管员等 5 人组成，监事会在理事会领导下，独立开展工作。

监事会成员选举办法：监事会人员由会员大会讨论通过，并经民主选举产生。监事会成员不得兼任理事会成员。

监事会职责：负责监督资金运行和协会规范管理工作。

（一）监督协会执行章程和规章制度情况；

（二）监督借款发放和回收过程；

（三）监督协会定期上报项目执行情况；

（四）监督公开公示的程序和内容；

（五）接受互助协会成员投诉，与理事会协商解决问题；

（六）向上级指导部门反映情况、意见和建议。

第二十条　互助资金协会的理事长、会计、出纳、监督员，监事会的主任、副主任和监管员等管理人员资格：

（一）必须是互助资金协会会员；

（二）长期在家，自愿担任管理工作；

（三）能阅读和会写字（财务人员必须有初中以上文化程度），并有良好声誉；

（四）管理人员要正直、无私；

（五）监事会中必须有一名女性监督员。

第五章　资产管理、使用原则

第二十一条　互助资金协会的资金来源包括：

（一）中央财政、省财政对每个试点村的定期投入资金（15万元）；

（二）会员自愿交纳的互助金；

（三）接纳无附加条件的社会捐赠资金；

（四）占用费。

第二十二条　互助资金坚持"十不准"原则。

（一）不准用于修房、婚嫁等非生产性借款和基础设施建设；

（二）不准接受外村村民入会；

（三）不准吸储；

（四）不准私分；

（五）不准向非贫困户配赠股；

（六）不准给非会员借款；

（七）不准变成地下钱庄；

（八）不准"垒大户"或让少数人占为己有；

（九）不准用于互助协会工作经费开支；

（十）不准从事赌博等非法活动。

第二十三条　互助资金协会设立一般借款。互助资金借款总额，总体应控制在60%—80%之间，最高不得超过90%。每户借款一般应掌握在3000元左右，最高不得超过5000元。互助资金协会会员通过五户联保的形式，向互助资金协会申请借款用于生产性创收项目，借款额度第一次为1000元，第二次最多为5000元，但最高借款额度不能超过5000元。借款占用费按银行一年定期贷款利率收取，借款期限最长不超过12个月，即从获得借款的第90天开始每月等额偿还本金和占用费，或在借款期限的最后30天偿还本金和占用费。

第二十四条　在互助资金协会运作正常以后，设立特困借款。特困借款为个人借款，严格限定于由每年度的会员大会选出的最贫困户名单（不超过总户数的2%）范围，必须用于生产性创收项目，借款额度最高不能超过1000元，需要临时担保人；借款周期、还款方式和占用费率与一般借款相同。

第二十五条　在互助资金协会运作正常以后，设立紧急消费借款。即互助资金协会会员家庭因遭遇特别严重的自然灾害等紧急情况时，可以申请紧急消费借款，借款额度最高为1000元，需要临时担保人；借款周期、还款方式和占用费率与一般借款相同。

第二十六条　在互助资金协会运作正常以后，设立配互助金和赠互助金机制。配互助金主要是对于贫困户入会，须经本人申请，会员大会讨论通过，可以采取一配一的办法。起点100元，入一配一，配互助金限额每户不超过200元，配互助金比例不超过全村入会会员的20%。非贫困户原则上不允许配互助金。赠互助金主要是对于特困户，须经本人申请，会员大会讨论通过，可以安每份 200 元标准，赠送 1 份入会，赠互助金比例，每村应控制在入会会员的 10%以内。配、赠互助金标准和比例，今后如有变化，以上级文件通知为准。

贫困户配互助金和特困户赠互助金，仅作为贫困户的特困户入户凭证，可以在省补财政扶贫资金中列支，他们在协会内享有民主选举、参与管理和借款分红等同等权益，但如其退会，配、赠互助金则不予退还本人，应在财政扶贫资金中作收账处理。配、赠互助金总额应控制在财政扶贫资金 15 万元以内，超过后不再配、赠互助金。

第二十七条　借款程序：

（一）互助资金协会会员需要组成 5 人的贷款担保小组，选举出小组长，得到理事会的认可；

（二）会员提出借款申请，填写统一印制的借款申请书并签名，盖章后，交给担保小组的小组长；

（三）担保小组内部讨论使用贷款的先后顺序，每个小组同时使用借款的会员不能超过 2/3，小组长首批不得申请借款。本组第一批借款开始正常还款后，才可以启动下一批借款申请；

（四）小组会员签订借款担保书，小组全体会员签名、盖章；

（五）由小组长将借款人的借款申请表和小组会员的担保书，交给理事会人员；

（六）理事会人员确认借款会员顺序，评估会员项目的可行性；

（七）理事会召开贷审会确定，理事长、出纳和借款人签订合同后，理事长和出纳发放借款，担保人有催收的责任和代办其还款的义务。

第二十八条　回收程序：

（一）借款本金和占用费的回收在每月的例会上完成，出纳和还款人签名；

（二）出纳在每月例会的当天完成放款和收款的合账，理事长和出纳签名。

第二十九条　收益分配：

（一）借款占用费收入的 35% 用于管理人员报酬和操作费用，严格控制操作费用支出，实际支出额必须在村内公示；

（二）占用费收入的 10% 转入互助资金协会公益金；

（三）借款占用费收入的 30% 用于扩大本金，以不断扩大互助资金协会的资本金；

（四）借款占用费收入的 30% 用于年终互助金分红，年终互助金分红应不低于银行活期存款利率水平（参照银行同期存、贷款利率变化调整）。

第三十条　资本充足率保持在 8% 以上，不良资产率和坏账率控制在 2% 以下，还款率达 100%。不良资产的使用或坏账注销须经会员大会讨论通过，批准业务主管单位（县扶贫办）审查和核准。

第三十一条　建立严格的财务管理制度，保证会计资料合法、真实、准确、完整。

第三十二条　配备具有专业知识的会计人员。会计不得兼任出纳。会计人员必须进行会计核算，实行会计监督。会计人员离职时，必须与接管人员办清交接手续。

第三十三条　资产管理必须执行国家规定的财务管理制度，接受会员大会和财政部门的监督，并按月将相关情况以适当方式向社会公布。

第三十四条　互助资金协会的资产，任何单位和个人不得侵占、私分和挪用。

第三十五条　互助资金的运行，确保多数人受益。以全村总户数为标准，通过政策宣传、思想发动、经济引导、行政推动等有效措施，确保 60% 以上农户入会，最终达到 80% 以上群众入会。

第六章 章程修改程序

第三十六条 对章程的修改，须经理事会表决后报会员大会审议。

第三十七条 修改的章程，须在会员大会通过后 15 日内，经业务主管机关审查同意，并报社会登记管理机关核准后生效。

第七章 终止程序及修改后的财产处理

第三十八条 互助资金协会分立、合并或解散，需要注销时，由理事会提出终止协议。

第三十九条 互助资金协会终止动议须经会员大会表决通过，并报业务主管单位审查同意。

第四十条 互助资金协会终止前，须在业务主管单位及有关机关指导下成立清算组织，清理债权债务，处理善后事宜。清算期间，不开展清算以外的业务。

第四十一条 互助资金协会经社会登记管理机关办理注销登记手续后即为终止。

第四十二条 互助资金协会终止后剩余财产，在业务主管单位和社团登记管理机关的监督下，按国家有关规定安排使用。

第八章 附则

第四十三条 本章程经 2009 年 4 月 8 日会员大会表决通过。

第四十四条 本章程的解释权属略阳县郭镇西沟村扶贫互助协会的理事会。

第四十五条 本章程自社团登记管理机关核准之日起生效。

A2　贫困村村级发展互助资金的可持续性 [①]

张颖慧 [②]　聂强 [③]

摘要：通过对国家级贫困县 A 县 66 家贫困村村级资金互助社 2011—2012 年数据进行计量经济分析，发现政府股金占比、互助基金总额、试点村贫困户占比与村级资金互助社的财务可持续率之间存在负相关关系，单笔贷款额度与村级资金互助社的财务可持续率之间存在正相关关系，并且在统计上均显著。提出了加强对村级资金互助社的财务可持续率监督、防止目标偏移、重视扶贫配套措施、引入外部机构业务扶持等措施，以期促进贫困村村级发展互助资金的可持续运作。

关键词：可持续；互助资金；资金互助社

---

① 基金项目：国家社会科学基金项目"贫困村资金互助社运行绩效评价与政策优化研究"（项目编号：14BJY217）。
② 张颖慧，女，吉林榆树人，管理学博士，副教授，任职于西安石油大学经济管理学院，研究方向为金融理论与农村金融发展。
③ 聂强，陕西周至人，管理学博士，副教授，西北农林科技大学经济管理学院，陕西杨凌，712100。

中图分类号：F830.589 文献标识码：A

Sustainability of Poverty-Stricken & Villages-based Development Mutual Funds: Analysis based on 66 Village-based Mutual Cooperatives in Some County in Northwestern China

Yinghui Zhang[1], Qiang Nie[2]

([1]School of Economics and Management, Xi'an Shiyou University, Xi'an, Shaanxi, 710065; [2]College of Economics & Management, Northwest A&F University, Yangling Demonstration Zone, Shaanxi, 712100)

Abstract: Empirical analysis is carried based on 2011-2012 data of 66 poverty-stricken & village-based development mutual cooperatives in A county, a poverty-stricken county in western China, in order to study the sustainability of poverty-stricken & village-based development mutual funds. The results show that negative relationship between financial sustainability ratio and ratio of governmental funds, mutual funds amount, ratio of poor households in plot village exists, and that positive relationship between financial sustainability ratio and average loan amount exists, and all relationships are significant statically. Policy recommendations are suggested, such as enhancement of supervision of financial sustainability ratio, prevention of mission drift, coordination of other measures, business help from external organizations, et al., in the hopes that the sustainability of poverty-stricken & village-based development mutual funds should be improved.

Key words: sustainability; mutual funds; mutual cooperatives

一、导言

贫困村村级发展互助资金的可持续性，是试点过程中各方关注的焦点问题之一。国务院扶贫办、财政部在一系列政策文件中，对试点进行了设计与规范，力图以财政资金为基础，整合农户资金，滚动使用，实现长期可持续发展。试点县扶贫办与财政局结合中央政策规定与地区特点，建立一系列的规章制度与组织措施，对互助资金试点的组织与运行进行了诸多规范与监督，以保证财政资金与农户入社资金的安全，促进试点的平稳持续运行。而在村级层面，管理层更关心资金互助社的可持续经营，以便为社员长期提供扶贫资金，促进贫困社区的可持续发展；社员也关注资金互助社的可持续性，从而保证入社资金的安全、生产资金短缺的满足以及可能的盈利分配。

关注贫困村村级发展互助资金的可持续性，与国际小额信贷发展实践不谋而合。20世纪80年代末以来，通过商业化经营实现可持续地扶贫成为小额信贷的主流思路，可持续地扶贫成为小额信贷的发展实践中重要的理念变革（Ledgerwood，1998；Robinson，2001）。只有实现小额信贷机构的财务可持续性，才能保证机构更好地为客户服务，才能更好地吸引外部资金扩大扶贫规模。而在不同类型的小额信贷机构中，社区管理型小额信贷机构的可持续性更值得关注。作为社区自发的本土化的组织，社区管理型小额信贷机构为贫困社区的扶贫与发展起到了重要作用。但是，管理能力、人员业务素质等方面的约束，对社区管理型小额信贷机构的可持续性造成重要约束。

由此，研究贫困村村级发展互助资金的可持续性，对提高财政资金扶贫效率、完善既有制度设计、加强试点管理有重要的现实意义，对国际范围内社区管理型小额信贷可持续性的认识，也会起到补充作用。

但是，我国贫困村村级发展互助资金试点范围广泛，各地区经济社会发展差异较大，影响因素迥异，因此，要全面反映试点的可持续性，需要长期的深入研究。本文对贫困村村级发展互助资金可持续性的研究，主要针对西北地区贫困县的特点。本文选择西北地区某国家级贫困县——A 县作为研究对象，主要基于如下考虑：第一，较早开展试点。2006 年开始，中央就在 A 县的 3 个村开展试点。第二，试点进展较为连续。从 2006 年开始，A 县在中央和省扶贫资金的推动下，累计在 8 个乡镇、94 个村开展互助资金试点。第三，财务数据比较健全。A 县扶贫办引入了财务系统，对各村财务数据进行汇总与监督。由此，选择 A 县贫困村资金互助社展开研究，有助于较为全面地把握西北地区县域范围的发展动态以及村际差异，深化对该问题研究的既有认识。

与既有文献相比较，本研究的可能创新之处在于：第一，选择西北地区某贫困县多家村级资金互助社展开计量经济研究，对国内既有研究基于农户层面的经验研究或者个别村级资金互助社案例研究进行了补充；第二，以国际化视角来分析中国社区管理型小额信贷机构的可持续性问题，为该问题提供了中国的经验支撑。由于我国贫困村村级发展互助资金的可持续性问题有不同的制度背景，本文的分析也会丰富有关社区管理型贷款基金问题的研究。

下文的结构安排如下：第二部分是文献述评，评述了国际上有关社区管理型小额信贷机构可持续性的研究，分析了我国有关贫困村村级发展互助资金可持续性的研究结论；第三部分是数据与方法，介绍本研究的数据来源，对数据进行了描述性统计分析，给出本文的研究方法；第四部分是结果与讨论，分析了计量研究的结果，并进行了讨论；第五部分是结论与政策建议，简要介绍本文的研究结论，并给出相应的政策建议。

二、文献述评

在国际上的社区管理型小额信贷机构中，我国的贫困村村级发展互助资金属于社区管理型贷款基金①。有关贫困村村级发展互助资金的可持续性问题，相关文献包括三类：第一类是小额信贷可持续性问题的专题研究中涉及联保贷款、村银行贷款方式的影响［如 Cull et al.（2007）、Ben（2012）等］，第二类是社区管理型贷款基金的专题研究中涉及可持续性问题［如 Murray and Rosenberg（2006）、杜晓山（2009）等］，第三类是小额信贷市场的分析中涉及社区管理型贷款基金的可持续性问题［如 Karmakar（2008）、Berger et al.（2006）等］。

就相关文献关注的问题而言，大致分为两类：第一类是对小额信贷机构、社区管理型贷款基金可持续性的度量，第二类是对影响社区管理型贷款基金或者贫困村村级发展互助资金可持续性因素的分析。

尽管小额信贷机构经营不可持续有诸多的表现，如高度依赖补贴、还款率低、客户大量退出、机构倒闭等，但是衡量小额信贷机构的可持续性一般通过经营自给比率或者财务自给比率等财务指标来进行

---

① 国际范围的社区管理型小额信贷机构一般包括社区管理型贷款基金、轮转基金、村银行、储蓄与贷款协会四类。

（Ledgerwood，1998）。该指标较好地综合反映了小额信贷机构的补贴依赖、管理效率、创新能力等，也适应贫困村村级资金互助社可持续性的度量。此外，反映贫困村村级资金互助社可持续性的指标还包括还款率、客户是否稳定等（杜晓山，2009）。

以此为基础，相关文献对影响小额信贷机构、社区管理型贷款基金、贫困村村级发展互助资金可持续性的因素进行了分析，目标客户群、资金来源、外部支持、精英控制、社区环境、内部治理等均有一定影响。

"可持续地扶贫"范式隐含的矛盾，成为小额信贷机构可持续的第一个制约因素。贫困人口的单笔贷款额度较小，贷款的单位固定成本较高，造成可持续经营受到约束。由此，对小额信贷机构的可持续性形成逆向影响的一个突出因素是客户的贫困程度，指标化为单笔贷款额度。社区管理型小额信贷机构的客户更趋于底端，实现可持续经营的难度更大。林万龙等（2009）对四川仪陇试点情况的定量分析表明，即使排除掉极端贫困户，拥有劳动力的贫困农户仍然处于一种难以获得信贷支持的状态，互助资金在实际运行中存在贫困瞄准目标农户上移的现象。

政府扶持或者捐赠机构的支持，是很多社区管理型小额信贷机构的重要支撑。但是，世界银行扶贫顾问小组的专题研究表明，政府出资的社区管理型小额信贷项目往往是难以持续的（Murray and Rosenberg，2006）。以政府或者捐助机构外援为主的村基金，如无抵押担保，则村民不会认真还贷。村民们从过去的经验中认为，外来资金还不还并不重要，甚至认为还了钱的是"傻子"（杜晓山、孙同全，2010）。

高效的外部支持也是社区管理型贷款基金成功的重要支撑。Murray and Rosenberg（2006）通过对 60 家社区管理型贷款基金的研究发现，社区组织接受的外部支持的质量也对基金的成功有重要影响。杜晓山、孙同全（2010）研究发现，贫困村村级发展互助资金的外部监管体系严重缺失。外部机构（比如县扶贫办、财政局等）由于人手紧张、缺乏专业知识、缺少工作经费等原因，往往注重项目前期的启动，在项目运行期间难以监管到位，导致难以及时发现问题，或者发现了问题也难以及时解决。

熟人社会会降低社区管理型贷款基金的成本，但是来自乡村精英的控制也可能会加大基金可持续运行的风险。互助资金可能被少数管理人员控制，并沉淀到少数富裕户的手中（杜晓山、孙同全，2010）。此外，影响到贫困村村级发展互助资金可持续性的因素还包括：社区环境的约束——自然村交通不便，以老人、妇女、儿童为主的人员结构；专业管理人才的缺失——缺乏合格的财务、信贷人员；内部治理机制的不健全——财务监督、业务审核可能流于形式；等等。

综上分析，就贫困村村级发展互助资金的可持续性问题而言，既有文献研究进行了卓有成效的研究。这些分析，对贫困村村级发展互助资金的可持续性问题形成了基本的判断，构成了本文研究的基础。但是，就研究方法而言，国内对该问题的研究大多限于规范论述，少量的经验研究或者基于农户调研、或者基于少数村级互助社的案例研究，由此形成的研究结论需要进一步验证。基于农户调研的分析，可以显示对村级资金互助社的满意度等内容，可以从农户需求方面反映贫困村村级发展互助资金的可持续性。但是，毋庸置疑的是，供给层面的分析对贫困村村级发展互助资金的可持续性也是非常重要的，单纯地从农户需求角度而言难免会留下一定的盲区。一些研究基于几家村级互助资金社从供给层面进行了案例分析，从另一个角度补充了对该问题的认识。但是，样本量过少，使得研究结论的一般性有待进一步商榷。这些缺陷，为本文的分析留下了空间。

本文从贫困村村级资金互助社入手，试图揭示影响村级发展互助基金可持续性的因素。与既有研究大多基于调研数据不同，本研究利用的是村级资金互助社的财务数据。这些数据经过县扶贫办的监督，数据质量有一定保障。对财务指标的分析，与监管机构的监管内容一致，符合政策研究的需要。进一步，本文选择村级资金互助社的财务可持续率指标来测量贫困村村级发展资金的可持续性，对既有分析单纯关注农户满意度进行了另一个角度的补充研究。通过面板数据的检验，对影响贫困村村级发展互助资金财务可持续率的因素进行了验证，这也为监管机构下一步的工作提供了支撑。

三、数据与方法

（一）数 据

本研究基于贫困村村级发展互助资金可持续性问题研究的需要，选择西部国家级贫困县 A 县进行调查。A 县自 2006 年开始就作为村级发展互助资金试点。截至 2012 年底，在中央财政扶贫资金和省级财政扶贫资金的推动下，已经在全县各乡镇 91 个村设立了村级资金互助社试点。本文共搜集到 83 家村级资金互助社 2010—2012 年的数据，通过数据清理，剔除其中不合格的样本。同时，还要考虑到关键指标的完备性。在此基础上，共得到有效样本 132 个（66 家村级资金互助社）。样本数据涵盖 A 县各乡镇，样本村贫困程度、互助资金规模等具有多样性，基本上可以代表贫困县互助资金的整体情况。

（二）方 法

考虑到贫困村村级发展互助资金可持续性问题研究的需要，我们选择面板数据固定效应模型和随机效应模型，对影响村级资金互助社财务可持续率的因素进行计量检验。

本文选择财务可持续率作为贫困村村级发展互助资金可持续性的度量。该指标的计算方法是

$$财务可持续率 = \frac{贷款占用费收入 + 其他收入}{互助资金总额} - 补贴率$$

式中，补贴率采用人民银行公布的该年度一年期贷款基准利率。本文中，2011 年的补贴率选定为 6.06%，2012 年选定为 6.31%。

本研究基于有关村级发展互助资金的可持续性的研究，试图检验有关影响因素的作用。通过分析有关因素对村级发展互助资金的可持续性的影响，形成基本假设，如表 1 所示：

表 1　村级发展互助资金的可持续性影响因素假设

序号	影响因素	作用	序号	影响因素	作用
1	政府股金占比	−	6	农户入社率	+
2	单笔贷款额度	+	7	贫困户入社率	+/−
3	贫困户借款额占比	+	8	试点村贫困户占比	−
4	农户借款总笔数	+	9	互助资金总额	+/−
5	还款率	−			

计量经济模型如下：

$$SR_{it} = \beta' X_{it} + u_i + \varepsilon_{it}$$

其中，SR_{it} 表示村级资金互助社 i 在 t 年的盈利率；X_{it} 是随村级资金互助社和年度变化的向量；β 是 X 的系数（$k \times 1$）向量；u_i 表示村级资金互助社的个体效立，是不可观察的、不随年度变化的随机变量，在不同村级资金互助社独立分布，方差为 σ_u^2；ε_{it} 是残差项，假定与列向量 (X, U) 不相关，具有 X_{it} 条件不变方差 σ_ε^2。进一步，在组合残差项 $u_{it} = u_i + \varepsilon_{it}$ 中，

u_i 表示个体效应，不随年度变化，不可观察；ε_{it} 表示其他扰动项。

进一步，X_{it} 包括的自变量有：单笔贷款额度、贫困户借款占比——用以测量村级资金互助社的目标客户；政府股金占比——用以测量外来资金的比重；资金周转率、逾期贷款、还款率——用以测量村级资金互助社的管理效率；农户入社率、贫困户入社率——用以测量互助资金试点动员以及组织的效率；试点村贫困户占比——用以测量试点村的经济环境；互助资金总额——用以测量村级互助资金的规模。

根据个体效应 u_i 是否与 x_i 相关，可以选择固定效应模型与随机效应模型[①]。如果 u_i 与 x_i 不相关，则选择随机效应模型；反之，则选择固定效应模型。通过豪斯曼检验，对不同模型进行检验，由于 x^2 值比较显著，最终选择了固定效应模型。基于调研以及我们对问题的把握，不存在同时影响自变量和因变量的因素，从而内生性偏差可以忽略。此外，考虑到数据指标的约束，一些常用的变量，如滞后变量作为工具变量也难以采用。因此，本文采用固定效应模型进行分析，适应了研究需要。

四、结果与讨论

（一）描述性统计

表2给出了 A 县 66 个贫困村村级资金互助社 2011—2012 年财务指标的描述性统计。从盈利率指标以及对数据的分析可以看出，村级

---

① 在此之前，对混合效应模型和固定效应模型进行了检验。结果显示，在 5% 的水平上，选择固定效应模型。

资金互助社在 2011—2012 年度总体实现了财务的可持续率，均值达到 8.06%。这说明，贫困村村级发展资金互助社具有实现财务可持续率的可能[①]。但是，我们需要认识到，这种财务可持续率处于较低水平，盈利能力处于相对较低的区间。对数据进一步挖掘，可以发现有 29 个观察值为负值，约有 22% 的观察值尚未实现财务可持续。如果考虑到目前人员费用处于非常低的水平，甚至有些村级资金互助社的管理工作是义务的，那么村级资金互助社的财务持续性水平就可能进一步降低。

表 2　变量描述性统计

变量	最小值	中位值	均值	最大值	标准差
财务可持续率（%）	−6.28	6.46	8.06	38.94	9.48
政府股金占比（%）	52.21	89.18	87.28	100.00	13.61
单笔贷款额度（元）	2672.50	3653.27	3956.90	17142.86	1753.29
贫困户借款占借款总额的比例（%）	0.00	24.09	34.50	100.00	37.15
农户借款总笔数（笔）	35.00	217.50	284.73	1064.00	206.12
还款率（%）	0.00	112.50	127.92	850.00	141.91
农户入社率（%）	3.00	18.50	22.72	100.00	15.07
贫困户入社率（%）	0.00	14.43	22.20	95.00	24.34
试点村贫困户占比（%）	10.16	38.22	38.98	100.00	16.83
互助资金总额（元）	200000.00	283271.31	323361.65	982708.30	145667.66
村庄农户数（户）	46.00	373.00	401.86	1 423.00	208.10

注：样本数 = 132；表中还款率数据包括提前还款数，因此均值与最大值大于 100。

通过对其他变量的分析进一步可以得出 A 县贫困村村级资金互助社的概况。A 县 66 家机构政府股金占比均值高达 87.28%，这与 A 县

[①]　贫困村村级发展资金互助社包含了财政资金的大量补贴，并且有许多服务是没有计入费用的，从而上述净盈利率数据有"夸大"的成分。但是，考虑到贷款利率没有市场化，事实上也形成了政策的成本。

作为国家级贫困县的特点不无关系——试点村贫困户占比均值达到约39%。与其他地区情况比较类似的是，互助资金的单笔贷款额度较小，样本均值为 3956.90 元；贫困户借款占借款总额的比例均值为 34.50%，反映了非贫困户的资金需求要更高一些；农户借款总笔数均值约为 285笔，大致等于村庄农户数均值的 70% 多；由于将提前还款考虑在内，还款率均值达到 127.92%；相比而言，A 县农户入社率与贫困户入社率不算太高，均值均在 22% 左右；村级互助资金总额大致在 30 万元，规模适度。

上述描述性分析基本上是基于均值进行描述，不能忽视各村级资金互助社之间的差异。除去政府股金占比等个别指标，其余指标的标准差均比较大，达到均值的 970% 以上。这说明，A 县村级资金互助社之间的差异性是比较显著的。这从另一个角度反映出，本研究的抽样基本可以反映出总体的情况。

（二）回归结果

表 3 以村级资金互助社的财务可持续率为被解释变量，给出了固定效应模型的估计结果。从表 3 可以看出，政府股金占比、单笔贷款额度、互助资金总额、试点村贫困户占比通过统计检验，对村级互助资金的财务可持续性具有显著的相关关系。

表 3 贫困村村级发展互助资金可持续性的固定效应模型估计结果

变量	模型 1	模型 2	模型 3	模型 4
政府股金占比	−0.3291	−0.3437	−0.4069*	−0.2634
	[0.2053]	[0.2134]	[0.2144]	[0.1955]
单笔贷款额度	0.0039**			0.0041**
	[0.0017]			[0.0017]

续表

变量	模型 1	模型 2	模型 3	模型 4
贫困户借款占借款总额的比例		0.1095		
		[0.092]		
农户借款总笔数			0.0112	
			[0.0154]	
还款率	0.0049	0.0039	0.0036	0.0046
	[0.0076]	[0.0078]	[0.0079]	[0.0076]
村庄贫困户占比	−7.7061*	−7.9739*	−9.2509**	−6.0605
	[4.0045]	[4.1645]	[4.185]	[3.7908]
农户入社率	0.1637	0.1997	0.1938	
	[0.1951]	[0.2009]	[0.2059]	
贫困户入社率				0.0566
				[0.0867]
互助资金总额（对数值）	−37.6635**	−37.4533**	−43.5411**	−32.4502**
	[16.9239]	[17.5815]	[18.2078]	[16.0563]
观察值（组）	132（66）	132（66）	132（66）	132（66）
F 统计值	4.3932	3.4977	3.3037	4.3275
P 值	0.0009	0.0049	0.0071	0.0011
豪斯曼值	21.9914	11.4235	11.8476	21.1858
P 值	0.0012	0.0076	0.0065	0.0017

注：表中方括号内为解释变量的标准误。* 表示在 10% 水平上显著，** 表示在 5% 水平上显著，*** 表示在 1% 水平上显著。

与小额信贷商业化范式所内含的矛盾一致的是，单笔贷款额度与村级资金互助社的盈利率呈正相关关系，并且统计上显著。这一结果，为林万龙等（2009）有关目标客户上移的发现提供了证据，也与国际上小额信贷机构商业化经营带来部分机构目标偏移的现象一致。

研究结果也验证了扶贫顾问小组对社区管理型贷款基金成功运行影响因素的分析。政府股金占比与村级资金互助社盈利率呈负相关关系，并且在统计上弱显著（P 值在 11% 左右）。Murray and Rosenberg（2006）

的研究强调了贷款基金的自我发展能力，外部资金推动型的机构往往难以成功。与国际上社区管理型贷款基金情况不同的是，我国村级资金互助社是政府推动的，以财政扶贫资金为主体，倡导政府与农户结合的发展机制。就目前的情况来看，我国村级资金互助社的运营基本上是成功的。但是，回归结果也显示，政府股金占比越高的村级互助资金社，盈利能力反而要低一些。在一定程度上，这再次凸显出社区自我发展能力的重要性，也验证了依赖财政资金背后的效率缺失，这实际上对 **Murray and Rosenberg**（**2006**）的研究结论是一种扩展。

试点村贫困户占比从另一个侧面反映出发展环境对村级互助资金社可持续发展的影响。贫困不仅仅是收入水平低的一维状态，能力的欠缺、机会的缺乏等均是贫困的其他侧面，而这些均会影响到村级互助资金的可持续发展。试点村贫困户占比与村级互助资金社的盈利率呈负相关关系，而且通过统计检验。吴忠等（**2008**）对村级发展互助资金发展环境的担忧，在本文中得到了经验验证。

与国际上追求小额信贷机构规模化的趋势一致的是，理论研究一般认为只有发挥规模效率，小额信贷机构才可以实现可持续的扶贫。然而，社区管理型机构却往往难以符合这一认识。表 3 中的回归结果表明，互助资金总额与村级资金互助社的盈利率呈负相关关系，并且在统计上显著。由于经营范围受到限制，以及管理效率较低、缺乏具有较高收益的投资机会等原因，互助资金在试点村范围内往往难以得到充分应用。由此，一个小而强、运行高效的互助资金才应该是进一步试点的方向，而有关部门追求政府投入最大化、股金最大化的做法也需要纠正。

作为测量村级发展互助资金社会绩效额外两个指标，贫困户借款占借款总额的比例、农户借款总笔数与村级资金互助社的盈利率成呈相关关系，但是在统计上均不显著，类似的是，还款率、农户入社率、贫困户入社率与村级资金互助社的盈利率呈正相关关系，但是在统计上均不显著。

五、结论与政策建议

本文通过对西北地区国家级贫困县 A 县 66 个贫困村村级资金互助社 2011—2012 年数据进行计量经济分析，发现政府股金占比、互助资金总额、试点村贫困户占比与村级资金互助社的财务可持续率之间存在负相关关系，并且在统计上显著；单笔贷款额度与村级资金互助社的财务可持续率之间存在正相关关系，并且在统计上显著。上述研究结论基于村级资金互助社的财务数据而得出，对西北地区贫困县的贫困村发展互助资金试点可持续性问题具有一定的代表性，为扶贫办、财政局等机构对贫困村村级资金实施非现场监管以及财务监督提供了可操作的思路。

结合研究结论以及调研发现，本文提出如下政策建议：

第一，对于政府扶贫资金投入比例较高的贫困村资金互助社，需要关注这些机构的财务可持续率变动，防止由于贷款拖欠、违约等造成的财务费用增加以及资金损失。

第二，需要关注为追求盈利率而加大单笔贷款额度的倾向，这会导致贫困户借款的比例下降或者过度负债，使贫困村资金互助社偏移原有的目标。

第三，对于贫困户占比较高的试点村，需要技能培训、项目扶持、技术指导等配套措施，增加贫困村自我发展的能力。这些与资金支持相配套的措施，对扶贫目标的实现是非常重要的。

第四，通过外部扶持或者帮助，增强村级资金互助社的资金运营能力。可以借鉴国外经验，由有经验的小额信贷机构、非政府组织加强业务指导以及帮扶，提升村级资金互助社的资金运用、风险管理、内部控制、产品创新等能力。

参考文献

国务院扶贫办、财政部：《关于开展建立"贫困村村级发展互助资金"试点工作的通知》（国开办发〔2006〕35 号）。

国务院扶贫办、财政部：《关于 2007 年贫困村村级发展互助资金试点工作的通知》（国开办发〔2007〕9 号）。

国务院扶贫办、财政部：《关于做好 2008 年贫困村互助资金试点工作的通知》（国开办发〔2008〕37 号）。

Ledgerwood, J., "Microfinance Handbook: An Institutional and Financial Perspective", Washington D. C.: The World Bank, 1998.

Robinson, M. S., "The Microfinance Revolution: Sustainable Finance for the Poor", Washington D. C.: World Bank, 2001.

Robinson, M. S., "The Microfinance Revolution Volume 2: Lessons from Indonesia", Washington D.C.: The World Bank; New York: Open Society Institute, 2002.

Karmakar, K. G. ed., *Microfinance in India*, New Delhi: SAGE Publications India Pvt Ltd., 2008.

Berger, M., et al., eds., "An Insider View of Latin American Microfinance", Washington D. C.: Inter-American Development Bank, 2006.

Murray, J., Rosenberg, R., "Community-Managed Loan Funds: Which Ones Work? ", Washington, D.C.: CGAP, 2006.

杜晓山：《国外村基金项目的经验教训是什么》，《农村金融研究》2009 年第 8 期。

Bassem, B. S., "Social and Financial Performance of Microfinance Institutions: Is There a Trade-Off?", *Journal of Economics and International Finance*, 2012, 4（4）, pp. 92-100.

Cull, R., et al., "Financial Performance and Outreach: A Global Analysis of Leading Microbanks", *The Economic Journal*, 2007, 117（517）, pp. F107–F133.

孙天琦：《制度竞争、制度均衡与制度的本土化创新——商洛小额信贷扶贫模式变迁研究》，《经济研究》2001 年第 6 期。

黄承伟等：《贫困村村级发展互助资金的研究进展》，《农业经济问题》2009 年第 7 期。

林万龙、杨丛丛：《扶贫互助资金组织贷款服务的贫困瞄准状况评估》，中国农村微型金融扶贫模式培训与研讨会会议论文，2009 年。

林万龙等：《合作型反贫困理论与仪陇的实践》，《农业经济问题》2008 年第 11 期。

杜晓山、孙同全：《村级资金互助组织可持续发展面临挑战》，《农村经营管理》2010 年第 8 期。

吴忠等：《扶贫互助资金仪陇模式与新时期农村反贫困》，中国农业出版社 2008 年版。

A3　贫困村村级发展互助资金的目标偏移

张颖慧①　聂　强②

摘要：基于西部某国家级贫困县 66 个村 2011—2012 年数据，对村级互助资金试点的目标瞄准/偏移状况进行了评估，采用面板数据固定效应模型分析了主要影响因素。研究表明，从政府资金的杠杆效应以及贷款资金的投放分布来看，村级互助资金试点存在明显的目标偏移问题；村级互助资金的盈利水平可以正向促进政府资金的杠杆效应；尽管有助于减小单笔贷款额度，但是政府出资却导致贷款资金投放更偏向非贫困户；有关绩效指标对村级互助资金的目标瞄准/偏移的影响是多元化的。提出了强化目标偏移监管、提升盈利水平、采取差异性的财政扶持政策、强化能力建设等措施，以期促进贫困村村级发展互助资金的目标瞄准。

---

① 张颖慧，女，吉林榆树人，管理学博士，副教授，西安石油大学经济管理学院教师，研究方向为金融理论与农村金融发展。陕西师范大学国际商学院，陕西西安，710062。

② 聂强，西北农林科技大学经济管理学院，陕西杨凌，712100。

关键词：目标偏移；互助资金；资金互助社

Mission Drift of Poverty-Stricken & Villages-based Development Mutual Funds: Analysis based on 66 Village-based Mutual Cooperatives in Some County in Northwestern China

Yinghui Zhang[1,2], Qiang Nie[3]

([1]International Business School, Shaanxi Normal University, Xi'an, Shaanxi, 710062; [2] School of Economics and Management, Xi'an Shiyou University, Xi'an, Shaanxi, 710065; [3]College of Economics & Management, Northwest A&F University, Yangling Demonstration Zone, Shaanxi, 712100)

Abstract: Empirical analysis is carried based on 2011-2012 data of 66 poverty-stricken villages in a county, a poverty-stricken county in western China, in order to study the sustainability of poverty-stricken & village-based development mutual funds (PSVDMF). The results show that there are evidences of mission drift in PSVDMF based on leverage effect of governmental funds or distributions of lending portfolios, that surplus rate of PSVDMF contribute positively to leverage effect, that governmental funds ratios has negative effect to distributions of lending portfolios although a negative relation with loan amount per borrower, that diversified effects from some performance index exist. Policy recommendations are suggested, such as enhancement of supervision of mission drift, strengthening surplus rates, incentive induced fiscal policy, and improvement of ability for PSVDMF, in the hopes that the mission targeting of PSVDMF should be improved.

Key words: mission drift; mutual funds; mutual cooperatives

一、导言

在贫困村村级发展互助资金试点过程中（以下简称"村级互助资金"），目标偏移问题引起了学术界的关注。按照政策设计的初衷，村级互助资金以财政扶贫资金启动，形成周转性的互助资金，借此探索金融扶贫的新途径。既然村级互助资金以扶贫为初衷，就应该重点瞄准贫困户。但是，在试点实施几年之后，对一些试点村的调研发现，村级互助资金试点主要惠及了村庄中较为富裕的农户，而贫困户往往较少受到贷款支持（刘西川，2012；李金亚、李秉龙，2013）。

事实上，金融扶贫中的目标偏移问题由来已久。在实施村级互助资金试点之前，我国推行过财政支农周转金和扶贫贴息贷款政策，瞄准性差的问题长期存在。同样，接受捐助、国外资金、技术援助的非政府组织小额信贷项目，也出现了目标客户群的上移（刘西川，2012）。此外，在农村信用社、小额贷款公司等附带扶贫任务的商业性小额信贷中，贷款额度偏大，主要为中小企业和富裕农户服务，已经非常普遍（He et al.，2008；杜晓山、聂强，2012；焦瑾璞、刘勇，2012）。

进一步，从国际范围来看，金融扶贫中的目标偏移问题也长期存在。发展中国家推行的一系列政策性信贷项目，并没有使设计中的贫困人口受益，主要的受益者仍是较为富裕的人群（Armendáriz and Morduch，2010）。而在国际小额信贷的发展中，新一代模式（以"可持续扶贫"为核心理念）的推出，也造成目标偏移问题成为关注的热点（Sundaresan，2008；Bateman，2010）。

由此，本文关注村级互助资金的目标瞄准／偏移问题，具有现实意义。具体而言，本文关注的核心问题是村级互助资金目标瞄准的测量以及目标偏移的诱因。本文试图讨论如下问题：村级互助资金目标瞄准状况如何？村级互助资金试点能否实现可持续的扶贫？政府出资有助于目标瞄准吗？提高互助资金的运行效率有助于目标瞄准吗？

下文的结构安排如下：第二部分是文献述评，回顾村级互助资金目标瞄准／偏移的文献，归纳出既有研究的贡献以及需要研究的问题；第三部分介绍了本文采用的数据与方法；第四部分是结果与讨论；第五部分给出了本文的结论以及政策建议。

二、文献述评

针对村级互助资金的目标偏移问题，出现了一些研究文献。相关文献主要关注三个方面的问题：村级互助资金目标瞄准／偏移的测量，目标偏移的诱因，解决目标偏移的政策。由于机构性质的类似性，我们将有关社区管理型贷款基金、互助储金会、社会基金研究中涉及目标偏移的研究也包含在内。考虑到问题的类似性，我们也关注政府出资支持的政府性贷款项目、接受外界资金支持的非政府组织小额信贷项目乃至一般小额信贷机构的目标偏移问题的研究文献。

村级互助资金目标瞄准或者目标偏移的测量，是研究文献中的基础性工作。第一种测算方法从村级互助资金的客户入手，采用农户调查方法来确定瞄准度。最常见的做法是，对项目村农户按照收入状况进行分等，将所有村农户分成五等（高收入户、中等偏上户、中等户、中等偏下户、低收入户），分析不同类型农户申请贷款和得到贷款的比例。然后，计算出中等偏下户和低收入户申请贷款和得到贷款的比例，以此测算村级互助资金目标瞄准率。采用此类测算方法的文献，以刘西川（2012），李金亚、李秉龙（2013），林万龙、杨丛丛（2012）为代表。第二种测算方法从村级互助资金实施机构的财务数据入手，对村级互助资金的瞄准度给出了计算公式：用村级互助资金贷款总额中面向贫困户贷款额所占比例，除以总资本金中财政扶贫资金投入所占比例，利用该比值测量村级互助资金的瞄准度。该方法以宁夏、何家伟（2010）为代表。此外，在对小额信贷目标偏移的研究中，采用的指标还包括单笔贷款额度 [如 Mersland and Strøm（2010）]、覆盖深度 [如 Kar（2013）]、妇女客户占比 [如 Kar（2013）]。

在此基础上，对村级互助资金组织以及类似小额信贷的研究得出了多元化的结果。大量研究表明，村级互助资金组织和类似的小额信贷机构在机构层面的表现是不同的，部分村级互助资金组织和类似的小额信贷机构出现了目标偏移，而另外一些机构则没有出现问题。刘西川（2012），李金亚、李秉龙（2013），林万龙、杨丛丛（2012），宁夏、何家伟（2010）在对村级互助资金组织的研究中，均发现样本村中贷款资金更多地投向中等和中等收入水平以上的农户，贫困户和中等收入水平以下的农户较少受益；Martin and Hulme（2003）对孟加拉国 IGVGD 项目的研究，Mosley（2001）对玻利维亚小额信贷的研究，Coleman（2006）对泰国东北部小额信贷项目的研究，汪三贵（2001）对贵州草海项目的研究，孙若梅（2006）对河北省易县和河南省南召县扶贫社的调查分析，刘西川等（2007）对内蒙古、河南、山西三个非政府组织小额信贷项目的研究，张世春（2010）对广东、江西两省农村信用社小额信贷的研究，均表明被研究的小额信贷机构更倾向于向相对富裕的穷人放贷，最贫困的人较少从中受益。另外一些研究却发现了相反的事实。宁夏、何家伟（2010）的经验研究中，有1个样本村实现了很好的目标瞄准。Park and Ren（2001）对中国三个小额信贷项目的评估表明：非政府组织项目有效地排除了较为富裕的客户，符合贷款条件的客户在参与项目中不受贫困程度的影响；在政府与非政府组织混合管理的项目中，较为富裕的客户会通过自我选择机制不进入项目。孙天琦（2001）对陕西省商洛地区小额信贷扶贫的研究表明，小额信贷机构确实面向最贫困的人放贷，取得了扶贫的良好绩效。此外，Mersland and Strøm（2010）、Kar（2013）对多国小额信贷机构的研究表明，在小额信贷产业层面，没有出现明显的目标偏移。

　　随之而来的问题是，为什么村级互助资金组织或者其他小额信贷机构会出现目标偏移？或者说，哪些因素导致了村级互助资金组织或者其他小额信贷机构出现目标偏移？文献研究从供需两个方面进行了分析，主要的观点包括：第一，贫困户缺乏大额资金的生产性投资机会，需求不足导致了村级互助资金组织的目标偏移。刘西川（2012），李金亚、李秉龙（2013），林万龙、杨丛丛（2012）对村级互助资金试点的经验研究，支持了"需求不足论"。此外，汪三贵（2001）、孙若梅（2006）、刘西川等（2007）在对公益性小额信贷机构的研究中，也发现了贫困户的贷款有效需求不足。第二，村级互助资金组织强烈地依靠严格的甄别机制，确保贷款能够偿还，导致贫困农户被挤出。林万龙、杨丛丛（2012）的研究，发现了上述原因。第三，精英控制导致了管理章程（以及贷款条件）对贫困户的排斥。刘西川（2012）研究表明，四个样本村的管理章程（尤其是贷款条件）基本上是围绕非贫困户的需求特征设计的。贫困户没有前来申请村级发展互助资金贷款，深层次原因是对社区民主商议出来的贷款合约并不满意，即使他们事实上有资金需求。

　　基于目标偏移诱因的解释，针对村级互助资金目标偏移问题的解决，文献研究提出的建议包括：培养贫困人口的发展能力，完善村级互助资金的信贷合同，加强有关部门的监管与服务等。

　　进一步放开视角，我们关注有关小额信贷目标偏移诱发因素的一般研究，如下因素也值得关注：第一，交易成本约束。一般而言，较之于富裕户，贫困户借款额度较小，造成交易费用相对偏高。在财务可持续率的约束下，小额信贷机构倾向于优先选择富裕户。换言之，小额信贷机构的可持续性或者财务可持续率与目标偏移之间存在正向关系。第二，累进贷款制度。出于对信贷风险的防范，小额信贷机构一般设计出了累进贷款制度。相比较而言，富裕户更容易成为优质客户或者老客户，进而继续获得贷款支持。第三，小额信贷机构的社会绩效缺失。如果社会目标导向有所缺失，或者出于评级机构的逆向激励，小额信贷机构就不会对贫困户给予较多的关注（Armendáriz and Morduch，2010）。

　　既有研究中有关村级互助资金试点目标瞄准／偏移的测算以及诱因的分析，为我们分析村级互助资金提供了重要的基础与启示。在借鉴既有研究的基础上，基于对村级互助资金目标瞄准／偏移问题的实践把握以及理论理解，有如下问题需要进一步商榷：

　　第一，通过农户分等来测算目标瞄准，是最接近目标瞄准定义的方法。但是，无论是通过农户自己汇报，还是村干部、村级互助资金组织管理人员的判断，均难免会出现偏差。文献研究中，只有林万龙和杨丛丛（2012）对测算结果进行了检验。此外，不同收入水平农户贷款申请的比例以及获批的比例，尽管可以看出不同阶层的金融消费需求以及满足，但是却忽略掉了很多对信贷关系来说非常关键的要素，比如试点村不同收入水平农户的分布状况、贫困户的经营能力、还款能力、信用程度等。由此，简单地要求贫困户的信贷需求都得到满足，或者贫困户的信贷需求以及获批的比例越高越好，是不切实际的。就国际小额信贷的实践而言，小额信贷也不是可以解决所有的问题，而只是针对在经济上持续的穷人。因此，村级互助资金试点的目标瞄准问题，如果要通过农户分等方法来测算，就需要进一步的深入。

限于关注的中心，本文不进行这方面的探讨。本文关注的是，有必要针对村级互助资金组织进一步展开深入研究，尤其是对财务系统数据指标要深入分析。尽管农户调研具有不可替代的优点，但是扶贫办、财政局等机构的非现场监管还是要通过报表数据来进行。因此，有必要在既有财务指标的基础上，探讨目标瞄准/偏移的诱发因素，为村级互助资金组织的日常监管提供支持。

第二，基于村级互助资金组织角度的测量，有必要采用单笔贷款平均额度，宁夏、何家伟（2010）提出的目标瞄准率，贫困户贷款额度占比这三个指标来测算村级互助资金试点的目标瞄准/偏移。第一个指标，我们称之为目标瞄准率1，采用单笔贷款平均额度来测算村级互助资金的目标偏移，主要是基于贫困户的单笔资金额度需求相对小于富裕户，这一假设也得到了理论论证与经验支持（Caserta and Reito，2013；Mersland and Strøm，2010）。单笔贷款平均额度越小，村级互助资金越瞄准贫困户。第二个指标，我们称之为目标瞄准率2，用贫困户贷款额度占比除以互助资金总资本金中政府出资的比例来计算。该指标可以反映出政府资金的杠杆效应，反映出政府外部支持对内生性互助资金的推动。第三个指标，我们称之为目标瞄准率3，用贫困户贷款额度占比除以试点村贫困户占比来计算——可以视为贫困户贷款额度占比的标准化。贫困户贷款额度占比可以反映出村级互助资金贷款在不同阶层客户之间分布，用试点村贫困户占比加以标准化，可以对贫困状况不同的村庄开展的村级互助资金的目标瞄准率进行比较。该指标值越大，说明互助资金试点的贷款资金越偏向贫困户，目标瞄准率越好。采用这三个指标，从机构角度对村级互助资金的目标瞄准／偏移进行了度量，是本文关注的第一个问题。

第三，有必要探讨财务可持续与扶贫之间的张力，能否诱发村级互助资金的目标偏移。互助资金的运行可持续，是试点设计中的重要内容，可持续的扶贫包含的内在冲突，难免会在村级互助资金试点中反映出来。此外，对盈利能力的追求，会与扶贫目标发生冲突。屈志敏（2011）调研发现，互助资金的收益通过分红，已经使农户得到了实惠，事实上构成了对农户的一种补贴。对这个问题的关注，构成了本文的第二个关注点。

第四，本文关注的第三个核心问题——政府出资有助于目标瞄准吗？在试点实践中，县级政府部门争取中央或者省级财政支持，总是试图提高政府资金投入的比例。我们关注的是，政府出资比例的提高，是否会影响互助资金瞄准贫困户。

第五，有必要关注村级互助资金组织其他一些重要特征对目标瞄准／偏移的影响，这些因素包括反映运行效率的资金周转率，反映信用安全性的还款率，反映村庄组织效率的入社率，反映运行成本的费用率等。这些指标，对村级互助资金的日常监管以及下一步试点中资金支持政策的调整，有一定的现实意义。

三、数据与方法

（一）数据

本研究基于村级发展互助资金目标问题研究的需要，选择西部国家级贫困县 A 县进行调查。A 县自 2006 年就开始村级发展互助资金试点。截至 2012 年底，在中央财政扶贫资金和省级财政扶贫资金的推动下，已经在全县各乡镇 91 个村设立了村级资金互助社试点。A 县扶贫办引入了财务系统，对各村财务数据进行汇总与监督。由此，选择 A 县村级互助资金开展研究，有助于较为全面地把握西北地区县域范围内的村级互助资金试点的目标偏移问题，探讨村级互助资金目标瞄准/偏移的村际差异，探寻村级互助资金目标瞄准/偏移的实际状况与诱发因素。

本研究共搜集到 83 家村级资金互助社 2011—2012 年的数据。通过数据清理，本文首先剔除其中不合格的样本。此外，还要考虑到关键指标（如入社农户数、借款小组数）的完备性。在此基础上，共得到有效样本 132 个（66 家村级资金互助社），构成一个包含 2011—2012 年的平衡面板数据。样本数据涵盖 A 县各乡镇，样本村贫困程度、互助资金规模等具有多样性，基本上可以代表 A 县互助资金的整体情况。

（二）方法

1. 模型

考虑到村级发展互助资金目标偏移问题研究的需要，我们选择面板数据固定效应模型和随机效应模型，对影响村级资金互助社目标偏移的因素进行计量检验。

鉴于对问题的分析以及对既有文献的把握，本文提出如下计量经济模型：

$$MD_{it} = \beta'X_{it} + u_i + \varepsilon_{it}$$

其中，MD_{it} 表示村级资金互助社 i 在 t 年的目标瞄准/偏移率；X_{it} 是随村级资金互助社和年度变化的 $(1 \times k)$ 向量；β 是 X 系数的 $(k \times 1)$ 向量；u_i 表示村级资金互助社的个体效应，是不可观察的、不随年度变化的随机变量，在不同村级资金互助社独立分布，方差为 σ_u^2；ε_{it} 是残差项，假定与列向量 (X, u) 不相关，具有 X_{it} 条件不变方差 σ_ε^2。进一步，在组合残差项 $U_{it} = u_i + \varepsilon_{it}$ 中，u_i 表示个体效应，不随年度变化，不可观察；ε_{it} 表示其他扰动项。

2. 变量

进一步，MD_{it} 选用三个指标来测量村级互助资金的目标瞄准/偏移：目标瞄准指数1，目标瞄准指数2，目标瞄准指数3。通过三个不同的测算指标，可以从不同角度反映出村级资金互助社目标瞄准的不同方面，有关结论也可以进行比较与印证。

X_{it} 包括的自变量包括：盈利率——反映村级资金互助社的盈利水平；政府股金占比——用以测量外来资金的比重；非精英控制——反映村级资金互助社不受精英群体控制的程度；资金周转率、逾期贷款、还款率——用以测量村级资金互助社的管理效率；单笔贷款额度、贫困户借款占比——用以测量村级资金互助社的目标客户；贫困户入社率、借款小组数——用以测量互助资金试点动员以及组织的效率；互助资金总额——用以测量村级互助资金的规模；试点村农户总户数——用以测量试点村的社会环境。表1给出了有关变量的定义以及计算公式。

表1　变量的定义以及计算公式

变量	定义	计算公式
被解释变量		
目标瞄准指数1	资金互助社单笔贷款平均额度	农户借款总额（元）/农户借款总笔数（笔）
目标瞄准指数2	政府资金撬动贫困户借款资金的杠杆效应	贫困户借款占借款总额的比例（%）/政府股金占比（%）
目标瞄准指数3	不同村庄贫困户借款占比与贫困率的匹配程度	贫困户借款占借款总额的比例（%）/村庄贫困户占比（%）

续表

变量	定义	计算公式
解释变量		
盈利率	不同资金互助社的盈利水平	[借款占用费收入（元）+其他收入（元）—费用支出（元）] / 互助资金总额（元）×100%
政府股金占比	不同村庄的政府提供的股金占互助资金总额的比例	政府提供的股金（元）/ 互助资金总额（元）×100%
非精英控制	贫困户入社率与农户入社率的对比关系	贫困户入社率（%）/ 农户入社率（%）×100%
资金周转率	不同资金互助社的资金利用效率	农户借款总额（元）/ 互助资金总额（元）
贫困户入社率	试点村入社贫困户户数占贫困户总户数的比例	入社贫困户户数（户）/ 贫困户总户数（户）
借款小组数	试点村组建的借款小组数	原始指标
还款率	资金互助社当年还款金额与应还款金额的比例	[当年应还款金额中实际还款金额（元）+当年提前还款金额（元）] / 当年应还款金额（元）×100%
贷款逾期（哑变量）	资金互助社是否存在逾期贷款	如果存在逾期贷款，取值为 1；否则，取值为 0
互助资金总额	试点村互助资金规模	政府安排互助资金（元）+农户交纳互助金（元）+风险补助金（元）+捐赠资金（元）+公积金（元）
村庄农户总户数	试点村村庄规模	试点村农户总户数

四、结果与讨论

（一）描述性统计

表 2 给出了有关变量的描述性统计结果。从村庄农户总户数与互助资金总额来看，试点村农户总户数均值为 402 户，互助资金总额均值为

323361.65 元，这种情况与其他研究中反映的情况基本一致，基本上反映了村级互助资金试点的一般概况。此外，村庄农户总户数与互助资金总额的其他统计指标表明，样本选择中村庄大小、互助资金规模具有多样性，这也坚定了我们对样本选择代表性的信心。

表2　变量描述性统计

变量	最小值	中位数	均值	最大值	标准差
被解释变量					
目标瞄准指数1	2 672.50	3 653.27	3 956.90	17 142.86	1 753.29
目标瞄准指数2	0.00	0.29	0.40	1.42	0.44
目标瞄准指数3	0.00	0.91	1.03	4.29	1.08
解释变量					
盈利率（%）	0.00	12.71	14.24	45.00	9.48
政府股金占比（%）	52.21	89.18	87.28	100.00	13.61
非精英控制	0.00	0.98	1.06	3.97	1.09
资金周转率（%）	0.61	3.05	3.13	6.62	1.38
贫困户入社率（%）	0.00	14.43	22.20	95.00	24.34
借款小组数（户）	7.00	25.00	28.24	81.00	13.13
还款率（%）	0.00	112.50	127.92	850.00	141.91
借款逾期（哑变量）	0.00	0.00	0.12	1.00	0.33
互助资金总额（元）	200 000.00	283 271.31	323 361.65	982 708.30	145 667.65
村庄农户总户数（户）	46.00	373.00	401.86	1 423.00	208.10

注：样本数（组）= 132（66）；表中还款率数据包括提前还款数，因此均值与最大值大于100。

首先需要关注的是三个目标瞄准指数的情况。目标瞄准指数1反映村级资金互助社单笔贷款的平均额度。从统计数据来看，A县66家村级资金互助社单笔贷款平均额度为3956.90元，中位值为3653.27元，反映出村级资金互助社确实最能瞄准底端客户。相比于农村信用社农户贷款中单笔贷款均值 5 万—6 万元，小额贷款公司单笔贷款平均额度 10 万元左右，村级资金互助社确实实现了"沉下去"。

单纯考虑单笔贷款额度存在一定的争议，目标瞄准指数 2 试图从另一个角度来反映目标瞄准问题。目标瞄准指数 2 反映了政府资金撬动互助资金向贫困户贷款的能力。从数据分析可以看出，平均而言，政府投入 1 万元财政资金，可以撬动 0.40 万元资金投向贫困户。这说明，政府财政投入对 A 县村级互助资金试点的扶贫瞄准率有限。如果考虑样本数中位值 0.29 的水平，那么政府财政投入对 A 县村级互助资金试点的扶贫瞄准率就进一步降低。此外，需要关注的是，132 个样本值中，有 33 个取值为 0，刚好有 25% 的样本完全没有瞄准贫困户。这 33 个样本值涉及 17 个试点村，其中 16 个村 2011—2012 年均没有向贫困户发放贷款，1 个村在 2011 年没有向贫困户发放贷款。进一步的数据分析表明，这些村均存在贫困户，由此扶贫目标瞄准差的问题就需要有针对性地关注。

与目标瞄准指数 2 类似的是，目标瞄准指数 3 用贫困户贷款金额占贷款总金额的比例除以贫困户占总户数的比例。相对而言，在衡量扶贫目标瞄准方面，目标瞄准指数 3 是较目标瞄准指数 2 弱一些的指标。目标瞄准指数 3 测量了按照人口贫富分布规律来看，村级互助资金贷款资金的分布情况。从该指标的均值与中位数来看，村级互助资金贷款资金的分布接近于试点村农户贫富状况的分布情况，并没有显示出向贫困户倾斜的特点。这说明，就 A 县村级互助资金试点而言，并没有明显体现出政策设计中扶贫的宗旨。由于分子部分与目标瞄准指数 2 相同，因此 25% 的样本（33 个样本）、17 个试点村完全没有瞄准贫困户的论断，完全适应对目标瞄准指数 3 的分析。

表 2 的变量描述性统计也给我们了解 A 县 66 家村级资金互助社的概况提供了帮助。

（1）盈利率。样本盈利率均值为 14.24%，反映出村级资金互助社盈利状况较好。即便扣除政府资金的补贴成本，从总体来看，村级资金互助社仍然是可以财务持续的。

（2）政府股金占比。政府股金占比较高，均值达到 87.28%，这与 A 县是国家级贫困县不无关系。

（3）非精英控制。作为精英控制的一个替代指标，非精英控制的均值达到 1.06，表明 A 县的贫困户入社率与总体入社率基本相等。进一步数据分析，有 36 个样本（18 个村）贫困户入社率为 0，超过 1/4 的样本出现完全的精英控制。

（4）还款率与借款逾期。平均来看，试点村形成 28 个借款小组。由于考虑了提前还款，还款率均值达到 127.92%。作为一个哑变量，出现借款逾期的样本只有 16 个，而且分布非常不均，有 6 个样本的贷款逾期率达到 100%。

（二）回归结果

根据个体效应 U_i 是否与 X_i 相关，可以选择固定效应模型与随机效应模型[①]。如果 U_i 与 X_i 不相关，则选择随机效应模型；反之，则选择固定效应模型。通过豪斯曼检验，对不同模型进行检验，由于 X^2 值比较显著，最终选择了固定效应模型。表 3 给出了 A 县贫困村村级发展互助资金目标瞄准/偏移的固定效应模型估计结果。

---

① 在此之前，对混合效应模型和固定效应模型进行了检验。结果显示，在 5% 的水平上，选择固定效应模型。

表3 A县贫困村村级发展互助资金目标瞄准/偏移的固定效应模型估计结果

模型	模型 1		模型 2		模型 3	
变量	参数	标准误	参数	标准误	参数	标准误
盈利率	2.9561	10.7395	0.0085**	0.0040	0.0005	0.0012
政府股金占比	−7.6608***	2.8686			−0.0006**	0.0003
非精英控制	−224.1103	232.1041	0.3070***	0.0835	0.6921***	0.0251
资金周转率	282.0081***	104.0920	−0.1168***	0.0280	0.0089	0.0100
贫困户入社率	2.9911	8.4728	0.0031	0.0032	0.0041***	0.0009
借款小组数	−5.0255	9.6721	0.0173***	0.0029	−0.0021**	0.0009
还款率					0.0000	0.0001
借款逾期（哑变量）	10.3670	242.1139	0.0115	0.0911		
互助资金总额	0.0013**	0.0006				
村庄农户总户数			−0.0019***	0.0006		
观察值（组）	132（66）		132（66）		132（66）	
F 统计值	4.3102		14.1391		357.1170	
P 值	0.0004		0.0000		0.0000	
豪斯曼卡方检验值	65.3564		14.5679		250.3664	
P 值	0.0000		0.0420		0.0000	

注：模型1—3的被解释变量相应为目标瞄准指数1—3。* 表示在10%水平上显著，** 表示在5%水平上显著，*** 表示在1%水平上显著。

我们首先来看模型1，它估计了目标瞄准指数1——单笔贷款额度的影响因素。模型分析结果表明，政府股金占比、资金周转率与互助资金总额对单笔贷款额度有影响，在统计上是显著的。其次，模型2估计结果表明，在统计上显著的、目标瞄准指数2的影响因素包括盈利率、非精英控制、资金周转率、借款小组数以及村庄农户总户数。而在模型3的估计结果中，影响目标瞄准指数3，且在统计上显著的因素包括政府股金占比、非精英控制、贫困户入社率与借款小组数。这些分析结果，为我们从不同角度关注村级互助资金试点的目标瞄准 / 偏移以及影响因素，提供了依据。

进一步，我们需要分析不同因素对三个目标瞄准指数的影响。从表3可以看出，村级资金互助社的盈利率与3个目标瞄准率均呈正相关关系。我们感兴趣的是，盈利率与目标瞄准指数2在5%水平上是统计显著的。这意味着，村级资金互助社盈利水平的提高，有助于政府资金撬动社会资金进行扶贫。

政府股金占比与村级资金互助社的目标瞄准率呈负相关关系，并且均可以通过统计检验。由于指标含义的不同，我们需要分开进行解释。政府股金占比与单笔贷款平均额度负相关——在其他情况不变的情况下，提高政府股金占比1个百分点，单笔贷款平均额度会降低7.66元。与这一正面的信息相比，政府股金占比与目标瞄准指数3负相关，这意味着提高政府股金占比1个百分点，与村庄贫富状况分布相对应的贫困户贷款会出现面向非贫困户的位移0.06个百分点。这一"矛盾"的状态，可以用贫困户资金需求单笔额度较小、需求能力有限来解释。政府股金占比与试点村的贫困状况正相关，贫困状况越严重的试点村，政府股金占比越高；对应的是，单笔贷款平均额度越小，但是需求能力有限——尤其是短期大额资金的需求能力有限，从而在资金运用约束的情况下，越是贫困的试点村，越是要通过非贫困户来完成资金运用的任务。从另一个角度，这验证了林万龙、杨丛丛（2012）的结论。

非精英控制是本研究为了解决数据处理的约束而找到的替代"精英控制"指标，它与目标瞄准指数1呈负相关关系，而与其他两个指数呈正相关关系且在统计上显著。非精英控制，有助于降低单笔贷款额度，这与我们的预期一致。非精英控制的程度越高，越有助于政府资金撬动社会资金扶贫，越有利于贷款金额的分布向贫困户偏移（相对应于试点村农户的贫困率）。这从另一个角度对既有的结论进行了再次验证。

资金周转率是本研究关注的一个重要指标。资金周转率与单笔贷款额度呈正相关关系，且在统计上显著。提高资金周转率 1 个单位，会导致单笔贷款额度扩大 282 个单位，是对单笔贷款额度影响最大的因素。但是，提高资金周转率会对政府资金的撬动作用产生负面影响——提高资金周转率 1 个百分点，会导致政府资金的撬动作用减少 0.12 个百分点。我们通过调研发现，导致资金周转率提高的，主要是非贫困户的短期大额资金需要，从而使得资金周转率与政府资金撬动作用出现负相关关系。

贫困户入社率与三个指数均呈正相关关系，但是仅有第三组关系在统计上是显著的。在贫困率不变的情况下，贫困户入社率越高，越有利于贷款金额的分布向贫困户偏移（相对应于试点村农户的贫困率）。

借款小组数与两个目标瞄准指数之间的关系是统计上显著的。试点村的借款小组数与政府资金的撬动效应正相关，但是贷款金额的分布会向非贫困户偏移（相对应于试点村农户的贫困率）。

还款率及借款逾期率与目标瞄准指数之间均呈正相关关系，但是在统计上均不显著。互助资金总额与单笔贷款平均额度呈正相关关系，这与资金使用的压力有关。而试点村农户总户数对政府资金的撬动作用产生负面影响，这与组织能力的影响不无关系。

五、结论与政策建议

本研究采用西部某国家级贫困县 66 个村级资金互助社 2011—2012 年数据，对村级互助资金试点的目标瞄准/偏移状况进行了评估，并用面板数据固定效应模型分析了主要的影响因素。

论文研究表明，从政府资金撬动社会资金的杠杆效应以及贷款资金在不同收入水平的农户之间的分布（经过试点村贫困户占比进行标准化）来看，村级互助资金试点的目标瞄准较差，存在明显的目标偏移问题。尤其是，尽管存在贫困户，并且贫困户也参加了试点，但个别试点村完全不向贫困户放贷，需要重点加以关注。

本文的研究同样表明，村级互助资金试点有可能实现可持续地扶贫。在实现盈利的情况下，还可以正向促进政府资金带动社会资金扶贫的水平。但是，政府出资并不一定会导致目标瞄准的增加，尽管有助于减小单笔贷款额度，但是却导致贷款资金在不同收入水平的农户之间的分布更偏向于非贫困户。

此外，有关绩效指标对村级互助资金的目标瞄准/偏移的影响是多元化的：提高资金周转率会对政府资金的撬动作用产生负面影响；贫困户入社率越高，越有利于贷款金额的分布向贫困户偏移。

由此，从加强村级互助资金瞄准的角度出发，本文的政策建议包括：

第一，关注村级互助资金的目标偏移问题，从单笔贷款额度、政府资金撬动社会资金的水平、贷款资金投向贫困户的比例多角度进行评估与动态监管。对个别试点村完全未向贫困户放款，或者贫困户未入社的问题，需要给予特别的关注。

第二，考虑到盈利能力对提高农户收入的作用，以及盈利能力对政府资金撬动能力的正向影响，关注村级互助资金试点的盈利能力，将互助资金试点的盈利能力考核作为一项指标，是可取的。

第三，不应无限制地提高政府资金在互助资金中的比例，在对特困村的财政投入中，不能简单地将加大财政投入比例作为扶贫的唯一办法。事实上，贫困户具有借入资金的需要，具备运用资金的能力，拥有还款的信用保障等，都是不可或缺的。

第四，适度降低互助资金使用比例的限制，而将互助资金投向贫困人口的比例与资金周转率结合起来考察。投向贫困人口的资金比例较高，导致资金运用的比例较低，应该适度加以支持。

第五，加强村级互助资金试点的能力建设，包括对贫困人口的技术培训与文化教育、将互助资金试点与经济合作社结合、加强外界对互助资金的技术支持等措施，应该引起关注。

参考文献

刘西川：《村级发展互助资金的目标瞄准、还款机制及供给成本——以四川省小金县四个样本村为例》，《农业经济问题》2012 年第 8 期。

李金亚、李秉龙：《贫困村互助资金瞄准贫困户了吗——来自全国互助资金试点的农户抽样调查证据》，《农业技术经济》2013 年第 6 期。

He，Guangwen, et al., "China Microfinance Industry Assessment Report. China Association of Microfinance", Feb. 17, 2009.

杜晓山、聂强：《小额贷款公司发展中的问题研究》，《农村金融研究》2012 年第 6 期。

焦瑾璞、刘勇主编：《2011 中国小额信贷机构竞争力发展报告》，中国人民银行研究生部、国培机构，2012 年。

Armendáriz, B. & J. Morduch, *The Economics of Microfinance*, Second Edition, The MIT Press, 2010.

Sundaresan, S., *Microfinance: Emerging Trends and Challenges,* Edward Elgar, 2008.

Bateman, M., *Why Doesn't Microfinance Work? The Destructive Rise of Local Neoliberalism*, Zed Books, 2010.

林万龙、杨丛丛:《贫困农户能有效利用扶贫型小额信贷服务吗?——对四川省仪陇县贫困村互助资金试点的案例分析》,《中国农村经济》2012年第2期。

宁夏、何家伟:《扶贫互助资金"仪陇模式"异地复制的效果——基于比较的分析》,《中国农村观察》2010年第4期。

Mersland, R., Øystein R. Strøm, "Microfinance Mission Drift?", *World Development*, 2010, 38 (1), pp.28-36.

Kar, A.K., "Mission Drift In Microfinance: Are the Concerns Really Worrying? Recent Cross-Country Results", *International Review of Applied Economics*, 2013, 27 (1), pp.44-60.

Matin, I., & D. Hulme, "Programs for the Poorest: Learning from the IGVGD Program in Bangladesh", *World Development*, 2003, 31 (3), pp. 647-665.

Mosley, P., "Microfinance and Poverty in Bolivia", *Journal of Development Studies*, 2001, 37 (4), pp.101-132.

Coleman, B.E., "Microfinance in Northeast Thailand: Who Benefit and How Much?", *World Development,* 2006, 34 (9), pp.1612-1638.

孙若梅:《小额信贷与农民收入——理论与来自扶贫合作社的经验数据》,中国经济出版社2006年版。

汪三贵:《草海小额信贷案例报告》。

吴国宝主编:《扶贫模式研究:中国小额信贷扶贫研究》,中国经济出版社 2001 年版。

刘西川等：《小额信贷的目标上移：现象描述与理论解释——基于三省（区）小额信贷项目区的农户调查》，《中国农村经济》2007 年第 8 期。

张世春：《小额信贷目标偏离解构：粤赣两省证据》，《改革》2010年第 9 期。

Park, A., & R. Changqing, "Microfinance with Chinese Characteristics", *World Development*, 2001, 29（1）, pp. 39-62.

孙天琦：《小额信贷扶贫成功的商洛模式及对农村金融发展的启示》，《农业经济问题》2001 年第 4 期。

Caserta, M., & F. Reito, "Outreach and Mission Drift in Microfinance: An Interpretation of the New Trend", *Economics Bulletin*, 2013, 33（1），pp.167-178.

屈志敏：《陕西商南县全国首批贫困村互助资金试点调查》，《西部金融》2011 年第 10 期。

A4　贫困地区小额信贷的运行绩效

张颖慧^①　聂　强^②

摘要：基于西北 5 省 33 县的宏观经济金融数据以及 127 家小额信贷机构 2010—2013 年财务数据，评价了贫困县的小额信贷运行绩效。既有研究缺乏对欠发达省份贫困县小额信贷机构运行绩效的评价，本文的经验研究结果表明：半数以上的农村金融机构存在明显的目标客户偏移，而贫困县农户（尤其是特困户）面临的金融排斥最为严重；贫困县小额信贷服务机构的营利性受到影响，但是存在提升的空间，并且盈利能力也在增强；小额信贷服务机构的营利性与扶贫目标之间不存在权衡关系，而仅与机构类型、省份存在显著相关关系。由此，开展金融创新，提高扶贫业务的目标瞄准率，是贫困地区小额信贷扶贫政策调整的方向。

关键词：金融扶贫；目标偏移；小额信贷

---

①　西安石油大学经济管理学院，陕西西安，710065。
②　西北农林科技大学经济管理学院，陕西杨凌，712100。

中图分类号：F830.589 文献标识码：A

Operation Performance of Microfinance Organizations in Poverty-Stricken Areas: Empirical Research based on 127 Microfinance Organizations from 33 Counties, 5 Provinces, in Northwest China

ZHANG Ying-hui[1], NIE Qiang [2]

([1]School of Economics and Management, Xi'an Shiyou University, Xi'an, Shaanxi, 710065; [2]College of Economics & Management, Northwest A&F University, Yangling Demonstration Zone, Shaanxi, 712100)

Abstract:Performance and mission drift of microfinance in poverty-stricken counties are evaluated, based on datum of macro financial & economic and 127 microfinance organizations through 2010-2013, from 33 counties, 5 provinces in northwest China. Because social performance evaluation of microfinance organizations in poverty-stricken counties in less-developed areas are scared, we comprise it and the results show that: i. mission drift exist in more than half microfinance organizations, and serious financial exclusion is encountered by farmer households, especially the special poor; ii. Profitability of microfinance organizations are depressed in poverty-stricken counties, whereas open space exist and profitability is enhanced; iii. Mission and profitability are not traded off by microfinance organizations, but significantly correlated with types of organization and provinces. Policy recommendations are suggested that financial innovation should be advocated in order to enhance the targeting rate of microfinance in poverty-stricken areas.

Key words: poverty reduction by finance; mission drift; microfinance

引　言

2006 年以来，随着新一轮农村金融改革的推进，国家投入了大量的资金与政策支持金融扶贫工作，试图增加中低收入者金融服务供给，帮助贫困人口脱贫致富。以此为契机，各地在金融扶贫工作中，采取了一系列措施，如鼓励农村信用社、中国农业银行等机构开办小额信贷业务，设立专门为贫困户、小微企业服务的地方性金融机构，创新抵押担保方式等。金融扶贫工作的推进，积累了一批小额信贷扶贫的成功经验，在一些地区部分实现了贫困户脱贫致富的目标。

然而，在金融扶贫实践中，也出现了一些质疑。一些研究发现，以扶贫为目标的小额信贷机构，出于财务利润的考虑，并没有实现目标瞄准：非政府组织小额信贷机构出现了目标客户上移，贫困村资金互助社未能有效服务贫困户，小额贷款公司明显地"贷大不贷小，扶强不扶弱"。无独有偶，在国际上，以商业化经营为特征的小额信贷实践，也同样面临着目标偏移的指责。这些研究结论，质疑了小额信贷的扶贫绩效，为金融扶贫工作蒙上了阴影。因此，评价我国贫困地区小额信贷的运行绩效，验证小额信贷机构是否因为商业化运作而偏移扶贫目标，就成为有待解决的理论问题。

本文以调研数据为支撑，试图对贫困地区小额信贷运行绩效进行经验研究。调研于 2014 年 10 月开展，包括西北 5 省（自治区）17 个地市 33 个县(市、州)①。每个调研县对县级基本金融经济指标进行统计，并选择 4—5 家代表性小额信贷机构填写调查问卷与表格，包括农村信用社、邮储银行、小额贷款公司、中国农业银行等县域主要机构类型，保证了样本的代表性。调研最终获得 128 家小额信贷机构 2010—2013 年数据，共 480 个观察值。经过数据清理，得到 127 家农村小额信贷机构 476 个观察值，形成一个涵盖 2010—2013 年数据的非平衡面板数据。总体而言，本文在对样本县以及小额信贷服务机构的选择中，基本上反映了西北地区贫困县分布以及贫困县小额信贷扶贫业务的实际②。

与既有研究相比较，本文可能的贡献在于：

第一，搜集了西北 5 省 33 县（市、州）127 家小额信贷机构 2010—2013 年数据，为评价贫困地区小额信贷业务运行绩效提供了

① 调研县（市、州）包括：陕西 8 县（市），即**陇县**、**太白**、**富平**、韩城、高陵、户县、长武、乾县；甘肃 8 县（市），即**临洮**、**岷县**、庆城、**镇原**、**古浪**、**天祝**、高台、山丹；宁夏 6 县（市），即**泾源**、**彭阳**、惠农、平罗、青铜峡、**同心**；青海 5 县(市、州)，即海晏、门源、**乐都**、**民和**、乌兰；新疆 6 县（市、州），即北屯、**青河**、和静、轮台、博乐、精河。县（市、州）名中，2012 年度公布的国家级贫困县进行了加黑。结合 2012 年我国公布的国家级贫困县目录，可以看出，除去新疆贫困县选择较少外，样本基本上可以代表我国西北地区贫困县分布的总体状况。同时，在贫困县选择中，既有国家集中连片扶贫重点县，也有集中连片扶贫重点县以外的样本县；既有一个地市只选择两家贫困县的情况，也有一个地市仅在一家贫困县的情况，也有完全是非贫困县的情况。由于本文关注的焦点是贫困地区，调研县选择中涉及了 14 个国家级贫困县，其余 19 个非贫困县作为比照组。
② 如果进一步分析样本县的经济发展水平，可以看出在我国整体经济格局中，样本县的经济发展水平处于较靠后的位置，因此，整体样本也可以作为欠发达地区的一个代表。

基础。由于我国小额信贷机构通过国际小额贷款数据采集分析机构（MIX）等网络机构披露信息的并不多见，因此，搜集小额信贷机构的有关财务信息，就是解析金融扶贫的基础性环节。进一步，本文搜集到的 127 家小额信贷机构数据中，包括了 14 个国家级贫困县 60 家小额信贷机构数据。由于样本县选择兼顾了经济发展水平、地理分布的多样性，样本小额信贷机构选择兼顾了机构类型的多样性，因此，可以认为总体样本、贫困县子样本与非贫困县子样本均是相应总体的无偏样本。从而，本文分析中，对于贫困县小额信贷机构运行绩效的评价，以及与非贫困县的比较，可以满足基本的统计分析条件。

第二，研究尺度落实到县域层面，对既有研究集中于全球、国家以及个别机构尺度的状况进行了补充。小额信贷机构目标偏移问题的既有研究中，以国际小额信贷机构数据的分析，或者针对国家范围的研究，在空间尺度上过于宽泛；而以个别或者少数机构为研究对象的文献，研究结论的代表性又有待商榷。在实践中，县域是小额信贷机构经营的基本单元，我国大多数小额信贷机构均在县域范围内开展业务。因此，本文在县域尺度的研究，既符合业界经营的实际，也在理论上对机构研究进行了补充。

第三，对西北地区贫困县的小额信贷机构运行绩效进行了总体评价，并检验了小额信贷机构商业化运行是否会导致扶贫目标偏移。评价结果表明，贫困县小额信贷机构存在明显的目标偏移，但是目标偏移与机构利润没有直接联系。该结论既佐证了国际研究的结论，也为我国金融扶贫中的商业化运作提供了理论支撑。

下文的结构安排如下：第一部分对贫困地区小额信贷机构运行绩效进行理论分析，给出了全文的理论逻辑；第二部分总结了样本贫困县小额信贷机构运行的经济金融环境，描述了金融扶贫的背景；第三、第四部分分别讨论贫困县小额信贷机构的扶贫绩效与财务绩效，从不同角度分析小额信贷机构的运行绩效；第五部分采用计量经济模型，检验了小额信贷机构商业化经营背景下，财务营利性目标与扶贫目标之间是否存在权衡关系；第六部分是简短的结论。

一、贫困地区小额信贷机构运行绩效的理论探讨

一般而言，小额信贷机构的运行绩效从财务绩效与社会绩效两个方面进行界定。看待我国小额信贷机构的扶贫业务以及目标偏移问题，既要有国际化的观角，还要兼顾我国农村小额信贷发展特殊的背景以及语境①。与国际上同行的做法类似，本文选择单笔农户贷款平均额度除以所在县的人均国民总收入（GNI），作为小额信贷机构覆盖深度的度量指标，以此来反映小额信贷机构的社会绩效。此外，在我国小额信贷实践中，一般将单笔贷款额度在3万—5万元的业务称为小额信贷。在县域信贷市场中，国有银行仅附带办理单笔贷款额度较小的农户贷款以及个体工商户贷款；农村信用社、小额贷款公司等地方中小金融机构均开展全面的信贷市场业务，小额信贷业务只是其中一部分。因此，可以对有关小额贷款业务的单笔额度、农户贷款额以及小额信贷业务占比进行分析，评价小额信贷机构的覆盖深度。此外，调研中还设计了不同农户分层的贷款额度、贷款笔数等选项，从其他侧面反映小额信贷机构的

---

① 如杜晓山、聂强（2012）提出，我国小额贷款公司的主体不是学理意义上的小额贷款机构。

覆盖面以及覆盖深度 ①，显示小额信贷机构的社会绩效侧面。对于小额信贷机构的财务绩效，本文采用税后利润率、资产收益率、股权收益指标来反映。

进一步需要明确的是，关于小额信贷机构为什么会出现目标偏移，在国际上一般解释为在商业化转型过程中，小额信贷机构为了追求财务的可持续性，导致了目标客户群由特困户与贫困户转向较为富裕的中等户乃至富裕户。

首先，要考虑的是财务绩效对覆盖深度的影响。由于邮政储蓄、中国农业银行等金融机构均在地市一级核算，因此县级机构往往没有相应的财务数据。村级互助资金往往在财务统计中缺乏相应指标，并且在调研中设计的样本较少，因此此类机构也难以作为关注的焦点。考虑上述背景，能进行财务指标影响分析的只有农村信用社、小额贷款公司以及部分新型金融机构。可以预期的是，财务绩效对除农村信用社以外的两大类农村金融机构的单笔贷款额度会造成正向影响。但是，就农村信用社而言，由于长期经营的历史，可能存在较多惯性的影响，并且由于历史包袱的存在，财务绩效可能也会受到影响。由此，财务绩效并非当期经营的结果，而是多因素叠加的结果，从而对覆盖深度的影响方向具有不确定性。

其次，机构类型是影响机构覆盖深度的重要因素。由于农村信用社在部分地区还享受人民银行有关政策的支持，因此农户贷款业务存在一定的激励效应。在县域范围内，目前发放农户贷款和个体工商户贷款的主要金融机构是农村信用社与邮政储蓄，小额贷款公司、新型地方金融

---

① 当然，有关文献中提到的目标偏移的表现仍有很多，例如妇女客户占比的下降，业务区域更多地转向城市地区，放弃联保责任贷款技术等，但是这些表现在我国不是突出的问题，因而本文并未关注。

机构主要集中于中小企业贷款，而中国农业银行等国有商业银行基本上仅涉足大中型企业贷款。就村级互助资金而言，往往更集中于中等户乃至部分贫困户。

最后，需要考虑县域金融竞争的影响，机构规模的因素也不可忽视。可以预计的是，由于县域经济金融环境的影响，竞争强度对单笔贷款额度的影响肯定是存在的。此外，金融机构的资产规模或者人员规模越大，则面临起强烈的利润倒逼机制，会导致单笔贷款额度更大一些。

当然，除云上述因素，地区、是否贫困县等控制变量也要进行考虑。从既有文献研究以及小额信贷业务实践来看，本文选择的指标，基本上可以反映小额信贷金融扶贫的经济理论逻辑。

二、贫困县小额信贷机构运行的经济金融环境

从表1可以看出，样本贫困县的经济金融环境与非贫困县存在较大区别，主要表现在如下几个方面。

表1 小额信贷机构运行环境

变量	观察值	最小值	中位值	平均值	最大值	标准差
贫困人口（单位 万人）						
全部样本	115	0.000	4.180	6.581	32.390	7.904
贫困县	56	0.670	9.775	11.698	32.390	8.401
非贫困县	59	0.000	0.998	1.724	9.500	2.564
国内生产总值（单位：亿元）						
全部样本	132	1.523	39.461	58.545	282.059	53.759
贫困县	60	6.995	33.289	35.247	120.120	21.605
非贫困县	72	1.523	58.878	77.959	282.059	64.058

续表

变量	观察值	最小值	中位值	平均值	最大值	标准差
人均国内生产总值（单位：万元/人）						
全部样本	132	0.330	2.035	2.725	10.890	2.188
贫困县	60	0.330	1.095	1.298	3.110	0.680
非贫困县	72	1.041	3.122	3.914	10.890	2.301
金融服务机构数（单位：家）						
全部样本	132	3	7	12.212	133	18.972
贫困县	60	3	6	16.817	133	27.149
非贫困县	72	3	6	16.817	133	27.149
金融服务机构分支机构数（单位：家）						
全部样本	132	6	31	36.227	93	19.479
贫困县	60	16	31	32.75	57	12.658
非贫困县	72	6	30	39.125	93	23.413
金融服务机构从业人员（单位：人）						
全部样本	132	64	330.5	433.758	1116	277.737
贫困县	60	122	320.5	369.783	1027	214.8
非贫困县	72	64	377	487.069	1116	312.478
储蓄余额（单位：亿元）						
全部样本	132	3.867	45.900	58.573	216.767	41.688
贫困县	60	9.679	40.763	43.347	136.118	23.774
非贫困县	72	3.867	57.187	71.261	216.767	48.762
贷款余额（单位：亿元）						
全部样本	132	1.808	20.697	39.441	1300.029	114.231
贫困县	60	4.513	15.091	17.761	48.893	11.308
非贫困县	72	1.808	23.862	57.506	1300.029	152.452
金融相关比率						
全部样本	132	0.620	1.625	2.009	15.110	1.623
贫困县	60	1.080	1.770	1.855	3.800	0.559
非贫困县	72	0.620	1.525	2.137	15.110	2.137

数据来源：调研数据，作者进行了整理。

(一) 贫困现象较为严重，经济发展滞后

从 14 个贫困县样本 2010—2013 年数据来看，贫困县的贫困发生率较高，经济发展较为落后。就平均值指标来分析，贫困县贫困人口为 11.698 万人，国内生产总值为 35.247 亿元，人均国内生产总值为 1.298 万元。而非贫困县的贫困发生率较低，经济发展水平相对较好。同样，从平均值指标来看，19 个非贫困县样本的贫困人口为 1.724 万人，国内生产总值为 77.959 亿元，人均国内生产总值为 3.914 万元。

(二) 金融设施与从业人员较少

从金融服务机构数、分支机构数以及金融服务机构从业人员数三个指标，可以反映出贫困县的金融服务设施较少。就平均值来看，样本贫困县的金融服务机构为 17 家，分支机构为 33 家，金融机构从业人员为 370 人；相应地，非贫困县的金融服务机构为 17 家，分支机构为 39 家，金融机构从业人员为 487 人。

(三) 信贷服务规模较小，金融深化程度不够

从储蓄余额、贷款余额以及金融相关比率可以看出，样本贫困县的信贷服务规模较小，金融深化程度不够。就平均值指标来看，样本贫困县储蓄余额为 43.347 亿元，贷款余额为 17.761 亿元，金融相关比率为 1.855；相应的，非贫困县的储蓄余额为 71.261 亿元，贷款余额为 57.506 亿元，金融相关比率为 2.137。

(四) 消费与投资乏力，资金外流严重

从存贷款余额的总量以及结构进行分析，同样可以看出，样本贫困

县的贷款总量较小，贷款余额与储蓄余额之比更小，这反映出贫困陷阱的存在。"经济贫困—金融落后—经济贫困"恶性循环，在贫困县具有一定程度的现实性。

从以上分析可以看出，贫困县小额信贷机构运行的经济金融环境较差，这也凸显出金融扶贫的必要性以及可能的经营困境。从而，本文将贫困县小额信贷机构运行绩效作为研究主题，就是试图分析在经济金融环境较差的背景下，小额信贷机构是否实现了金融扶贫的社会目标；要实现金融扶贫的社会目标，小额信贷机构是否会面临财务上的困境。

三、贫困县小额信贷业务的覆盖广度以及覆盖深度

在贫困县开展小额信贷机构运行绩效评价，扶贫的社会绩效是关注的核心问题，本文首先从社会绩效展开分析。结合有关国际研究的做法，本文选择小额信贷业务的覆盖广度与覆盖深度来反映小额信贷机构的社会绩效。从调研数据来看（见表2），贫困县小额信贷业务的覆盖广度与覆盖深度存在如下问题。

表2 贫困县小额信贷业务的覆盖广度与覆盖深度

变量	观察值	最小值	中位值	平均值	最大值	标准差
农户贷款笔数（单位：笔）						
全部样本	430	0.000	675.000	3 593.543	52 096.000	7 475.683
贫困县	197	0.000	597.000	3 406.503	47 671.000	6 812.643
非贫困县	233	0.000	723.000	3 751.684	52 096.000	8 004.722
单笔贷款平均额度（单位：万元）						

续表

变量	观察值	最小值	中位值	平均值	最大值	标准差
全部样本	373	0.300	4.720	10.196	169.000	17.499
贫困县	170	0.500	4.550	9.072	169.000	17.955
非贫困县	203	0.300	5.000	11.138	83.780	17.095
最常见单笔贷款额度（单位：万元）						
全部样本	320	0.300	5.000	8.649	200.000	18.452
贫困县	145	0.500	5.000	9.958	200.000	25.137
非贫困县	175	0.300	5.000	7.565	70.000	9.934
农户贷款覆盖深度						
全部样本	373	0.042	2.430	5.837	115.123	11.090
贫困县	170	0.324	3.949	8.706	115.123	14.738
非贫困县	203	0.042	1.719	3.435	44.116	5.661
平均贷款利率（单位：%）						
全部样本	392	0.720	9.945	10.981	26.120	4.007
贫困县	178	5.000	9.600	10.911	26.120	4.221
非贫困县	214	0.720	10.080	11.040	22.200	3.829
最高贷款利率（单位：%）						
全部样本	303	0.720	11.152	11.487	30.000	4.011
贫困县	145	5.000	10.800	11.668	26.240	4.263
非贫困县	158	0.720	11.160	11.321	30.000	3.771
最低贷款利率（单位：%）						
全部样本	300	0.720	9.000	9.835	26.000	4.124
贫困县	137	4.670	9.000	10.091	26.000	4.391
非贫困县	163	0.720	9.184	9.620	21.600	3.887
最常见贷款利率（单位：%）						
全部样本	283	0.720	10.080	10.887	26.000	3.956
贫困县	133	5.000	9.600	10.981	26.000	4.041
非贫困县	150	0.720	10.080	10.804	24.000	3.890

数据来源：作者根据调研数据整理计算。

（一）农户面临的金融排斥比较严重

从提供了数据的小额信贷机构2010—2013年197个观察值来看，贫困县小额信贷机构平均发放农户贷款3407笔，而贷款笔数的中位值只有597笔。尤其需要注意的是，部分小额信贷机构根本不开办农户贷款业务。对于农业人口众多的西部地区（尤其是贫困县）而言，农业人口平均达到20万人，农户贷款的现状显然是难以适应需要的。这从另一个角度可以反映出，农户面临的金融排斥比较严重。进一步，与非贫困县相比较，可以看出，贫困县的金融排斥问题明显更严重一些。

（二）超过半数小额信贷机构存在明显的目标客户偏移

与农户面临的金融排斥相对应的是，贫困县小额信贷机构的业务覆盖深度也不理想。从单笔贷款平均额度以及最常见单笔贷款额度可以看出，贫困县的农村金融机构主要服务对象是较为富裕的客户。就中位值来看，单笔贷款平均额度为4.55万元，最常见单笔贷款额度为5万元。按照3万—5万元的上限标准，这一指标说明，约有一半的观察值符合标准。但是，有一半观察值超出标准，存在明显的目标客户偏移问题。

如果按照MIX给出的单笔贷款额度不高于人均GNI2.5倍的标准，贫困县的单笔贷款额度上限约为3万元，则农村金融机构小额信贷业务目标客户偏移的问题则会更加严重。此外，从单笔贷款额度最小值指标也可以看出，贫困县的单笔贷款最小值甚至大于非贫困县，而贫困县的单笔贷款最大值也大于非贫困县。由此可以看出，在贫困县，小额信贷业务的目标客户偏移问题表现得甚至比非贫困县更为严重。

（三）贫医县贫困户（尤其是特困户）面临的金融排斥最为严重

调研表明，贫困户尤其是特困户面临的金融排斥问题最为严重。通过对贫困县小额信贷机构贷款服务对象进行分类分析，可以看出，中等贫困户是客户群中的主体，并且呈近似的钟形分布。在贫困县，由于贫困发生率比较高，贫困家庭人数众多，这种客户分布格局显然具有社会绩效上的缺失。如果考虑到国家扶贫政策中事实上存在一定的信贷补贴政策，那么扶贫政策的瞄准度就需要进一步提升。

（四）贫困县贷款利率较低，但贷款价格调节机制不甚健全

一般认为，小额信贷业务的服务成本较高，从而贷款利率要较高一些。就此来看，贫困县样本观察值中平均贷款利率、最高贷款利率、最低贷款利率、最常见贷款利率指标分析中，平均值、最大值、最小值基本支持小额信贷利率的基本规律。但是，从中位值分析可以看出，贫困县的贷款利率要略低于非贫困县。比较合理的是，从不同农户分层的贷款利率指标（平均贷款利率、最高贷款利率、最低贷款利率、最常见贷款利率）可以看出，贫困户与特困户贷款利率较低。

此外，总体来看，贫困县的小额信贷贷款利率波动幅度较小。在贷款利率全面放开的背景下，依然出现这种贷款利率格局，表明了利率作为资金价格的调节机制没有得到有效发挥。考虑到我国事实上存在一定的扶贫信贷支持政策，贷款利率存在一定的优惠，那么贫困地区小额信贷业务的价格调节机制尚未有效发挥作用，就具有政策干预的影响因素。

（五）贫困县的贫困户以及特困户的单笔贷款额度最小

一般而言，在理论研究中总是假定贫困户的单笔贷款额度要低于富裕户。本文调研支持了这一论断。从单笔贷款平均额度和最常见单笔贷款额度指标来看，贫困县贫困户与特困户的指标均值以及中位值最小，分别为 3 万元和 2 万元。这种判断，为贫困地区发展小额信贷业务提供了经验支撑。

四、贫困县小额信贷机构的盈利状况

进一步，本文分析小额信贷机构的财务绩效，评价贫困县小额信贷机构的盈利能力，探讨追求营利性是否会影响金融扶贫的效果。按照常见的做法，一般选择税后利润率、资产收益率以及股权收益率指标来分析金融机构的盈利状况。我们分别对国家级贫困县以及非国家级贫困县金融机构的盈利状况进行评估与比较。

（一）贫困县小额信贷机构盈利状况表现较差

从 2010—2013 年数据来看，小额信贷机构总体盈利状况较好（见表 3）。从全部样本来看，税后利润率中位值达到 18.00%，资产收益率中位值达到 1.53%，股权收益率中位值达到 6.56%。而将贫困县与非贫困县相比较，可以看出，贫困县小额信贷机构的总体盈利状况较差一些，税后利润率与资产收益率的总体表现均差于非贫困县。尽管就股权收益率的表现来看，贫困县要好一些，但是这与小额信贷机构分红政策等不无关系。

如果将焦点放在财务不可持续的小额信贷机构上，则可以看出，仍然存在部分小额信贷机构未能实现财务经营的可持续。从税后利润率、资产收益率以及股权收益率指标来看，最小值均为负，表明了依然存在财务上不可持续的小额信贷机构。进一步进行数据挖掘，税后利润率为负的小额信贷机构观察值有 11 个，其中，贫困县 5 个，非贫困县 6 个；资产收益率为负的小额信贷机构观察值有 10 个，其中，贫困县 5 个，非贫困县 5 个；股权收益率为负的小额信贷机构观察值有 6 个，其中，贫困县 1 个，非贫困县 5 个。考虑到样本的分布占比，可以得出，贫困县小额信贷机构财务不可持续的概率要大一些。

表 3　小额信贷机构的盈利状况

变量	最小值	中位值	平均值	最大值	标准差
税后利润率（单位：%）					
全部样本（观察值 = 335）	−167.590	18.000	24.859	317.000	34.886
贫困县（观察值 = 172）	−167.590	13.150	16.579	87.560	28.349
非贫困县（观察值 = 163）	−120.460	29.700	33.596	317.000	38.875
资产收益率（单位：%）					
全部样本（观察值 = 295）	−4.040	1.530	5.615	96.380	14.005
贫困县（观察值 = 185）	−4.040	2.000	7.568	96.380	16.772
非贫困县（观察值 = 110）	−0.300	9.150	18.710	182.000	31.832
股权收益率（单位：%）					
全部样本（观察值 = 212）	−7.750	6.555	16.969	182.000	29.344
贫困县（观察值 = 110）	−0.300	9.150	18.710	182.000	31.832
非贫困县（观察值 = 102）	−7.750	5.240	15.091	127.270	26.429

数据来源：调研数据，作者进行了计算。

（二）贫困县小额信贷机构盈利能力差异性较大

由于 33 个样本县均有农村信用社，因此，对农村信用社盈利状况的分析，可以更好地反映不同贫困状况的县域小额信贷机构的盈利能力。

有 31 家农村信用社提供了 2010—2013 年的税后利润率与资产收益率的观察值（见表 4）。从经营状况来看，贫困县农村信用社的税后利润率低于非贫困县，而资产收益率与股权收益率的表现好于非贫困县。此外，还可以看出，贫困县农村信用社的资产收益率与股权收益率的方标准差均大于非贫困县。

表 4　农村信用社的盈利状况

变量	最小值	中位值	平均值	最大值	标准差
税后利润率（单位：%）					
全部样本（观察值 = 124）	−120.460	15.450	21.620	119.870	26.322
贫困县（观察值 = 60）	1.100	13.925	19.858	87.560	19.140
非贫困县（观察值 = 64）	−120.460	19.065	23.272	119.870	31.684
资产收益率（单位：%）					
全部样本（观察值 = 124）	−3.280	1.565	3.993	44.460	7.178
贫困县（观察值 = 60）	0.150	2.015	6.179	44.460	9.650
非贫困县（观察值 = 64）	−3.280	1.255	1.943	8.570	2.138
股权收益率（单位：%）					
全部样本（观察值 = 103）	−7.750	14.480	29.373	182.000	37.462
贫困县（观察值 = 48）	0.500	15.565	34.789	182.000	42.056
非贫困县（观察值 = 55）	−7.750	13.300	24.646	127.270	32.598

数据来源：调研数据，作者进行了计算。

（三）小额信贷机构盈利能力不断改善，但个体差异较大

对 2010—2013 年数据进行分析，样本小额信贷机构的盈利能力有了提高。较之于 2011 年，样本小额信贷机构的税后利润率、资产收益率与股权收益率均有所提高。就指标的平均值和中位值来看，2011 年和 2012 年数据均明显增大，2013 年则有小幅度回落。同时，从标准差可以明显地看出，不同机构之间盈利能力的差距在加大①。

表5　贫困县金融机构盈利状况的年度比较

变量	最小值	中位值	平均值	最大值	标准差
税后利润率（单位：%）					
2010 年（观察值 = 78）	−120.460	13.600	20.815	119.870	29.147
2011 年（观察值 = 84）	−155.450	18.060	20.978	112.530	29.877
2012 年（观察值 = 84）	−9.060	19.000	30.906	317.000	40.635
2013 年（观察值 = 89）	−167.590	24.330	26.357	150.000	37.556
资产收益率（单位：%）					
2010 年（观察值 = 83）	0.000	1.340	4.291	80.000	10.595
2011 年（观察值 = 88）	−3.280	1.495	5.472	80.000	13.276
2012 年（观察值 = 89）	−0.910	1.560	6.074	96.380	16.186
2013 年（观察值 = 95）	−4.040	1.710	6.475	83.330	15.162
股权收益率（单位：%）					
2010 年（观察值 = 49）	−6.310	5.720	12.554	115.970	20.408
2011 年（观察值 = 53）	−1.200	6.500	18.085	127.270	29.346
2012 年（观察值 = 53）	−1.810	7.330	19.245	158.000	32.644
2013 年（观察值 = 57）	−7.750	7.200	17.611	182.000	32.783

数据来源：调研数据，作者进行了计算。

----

① 对于这种年际变化，应该与近年来的政策实施结合起来加以考虑。如果单纯地考虑商业化经营，那么从 2005 年开始事实上我国的农村金融机构就已经总体全面商业化经营了，需要关注的是 2011—2012 年其受到的贷款利率全面放开的影响。结合数据分析，可以得出的初步结论是，贷款利率全面放开后对农村金融机构的影响并不明显。这一结论，可能与时滞因素有关。

五、贫困县小额信贷机构的营利性与覆盖深度权衡

对于目标客户偏移问题的研究而言，由于涉及特定小额信贷机构不同经营年度的变化，适合采用面板数据进行分析。为此，对上文的数据样本进行了进一步的筛选。筛选的标准包括：第一，主要指标（如覆盖深度、资产收益率、税后利润率、资产总额等）不存在缺省值；第二，机构至少存在 3 年以上（包括 3 年）的连续数据。经过筛选，形成了 62 家机构 2010—2013 年 245 个观察值的非平衡面板数据集，其中的贫困地区子样本包括 31 家机构 2010—2013 年 122 个观察值。

计量经济模型如下：

$$DEPTH_{it} = \beta'X_{it}+\delta'Z_i+u_i+\varepsilon_{it}$$

其中，$DEPTH_{it}$ 表示小额信贷服务机构 i 在 t 年的覆盖深度，等于农户单笔贷款平均额度除以所在县人均 GNI；X_{it} 是随小额信贷服务机构和年度变化的 $(1 \times k)$ 向量；β 是 X 的系数 $(k \times 1)$ 向量；Z_i 是 $(1 \times k)$ 向量，仅随小额信贷服务机构个体特征变动，不随时间变动；u_i 表示小额信贷服务机构的个体效应，是不可观察的不随年度变化的随机变量，在不同小额信贷服务机构之间独立分布，方差为 σ_u^2；ε_{it} 是残差项，假定与列向量 $(X，Z，u)$ 不相关，具有以 X_{it} 和 Z_i 条件的不变方差 σ_ε^2。在组合残差项中 $vit = ui+\varepsilon_{it}$，$u_i$ 是不随时间变动的、不可观测的个体效应，ε_{it} 表示其他扰动项。

进一步，X_{it} 向量包括 2 个营利性变量（税后利润率、资产收益率），2 个机构背景变量（资产总额、员工数），2 个竞争程度变量（县域金融机构数、县域分支机构数）。Z_i 包括随小额信贷机构而不同，但是不随时间变化的哑变量：机构类型（包括信用社、邮政储蓄、小额贷款公司，

中国农业银行、村镇银行、村级互助资金社等属于参考项），贫困县以及不同省份（包括陕西、甘肃、宁夏，青海与新疆属于参考项）。考虑到遗漏变量问题，本文选择营利性变量的滞后值作为工具变量。

本文的计量采用 R-3.1.3 的 plm 软件包实现。检验的步骤是：首先通过 Breusch-Pagan Lagrange 乘子检验，在 1% 的显著性水平上个体效应是显著的，从而拒绝混合效应模型，选择非混合效应模型；然后，分别进行面板数据固定效应检验与随机效应检验，通过豪斯曼检验来确定具体的模型形式，最终选择了面板数据固定效应模型。进一步，通过 F 检验与 Lagrange 乘子检验，在 5% 的水平上时间固定效应是显著的。在联合采用了上述面板估计方法后，回归参数在统计上显著，符号类似，增加了结果的可信性。考虑到研究的稳健性，项目还对全部样本以及非贫困县子样本进行了专门分析，并与非贫困县样本子集进行了对比。由于非贫困县子样本不能通过模型的有关检验，本文没有报告该回归结果。

我们首先来分析贫困县子样本回归的结果（见表 6）。从统计分析结果来看，税后收益率与覆盖深度负相关，而资产收益率与覆盖深度正相关，但是二者均在统计上不显著；与其他机构类型相比较，小额贷款公司更倾向于服务富裕客户；与青海和新疆相比较，陕西、宁夏小额信贷服务机构更倾向于服务更低端的客户。更进一步，与预期一致的是，机构规模与覆盖深度指标正相关，竞争程度与覆盖深度指标负相关，而营利性出现混杂的结果，这些结果均在统计上不显著。

表 6　贫困县小额信贷业务覆盖深度回归结果

解释变量	模型 1	模型 2	模型 3	模型 4	模型 5	模型 6
税后利润率	− 0.098	− 0.084	− 0.101			
	[0.067]	[0.066]	[0.067]			

续表

解释变量	模型 1	模型 2	模型 3	模型 4	模型 5	模型 6
资产收益率				0.015	0.014	0.008
				[0.078]	[0.078]	[0.079]
员工数		0.043			0.041	
		[0.042]			[0.042]	
资产总额	0.0002		0.0002	0.0002		0.0002
	[0.0003]		[0.0003]	[0.0003]		[0.0003]
县域金融机构数			−0.042			−0.048
			[0.051]			[0.052]
县域分支机构数	−0.244	−0.268		−0.273	−0.300	
	[0.218]	[0.222]		[0.218]	[0.221]	
信用社	1.926	−1.656	2.004	2.525	−1.087	2.568
	[4.942]	[6.365]	[5.034]	[4.976]	[6.445]	[5.080]
邮政储蓄	4.150	3.789	3.576	4.268	4.046	3.519
	[6.843]	[6.706]	[6.961]	[6.942]	[6.827]	[7.076]
小额贷款公司	42.292***	42.637**=	40.464***	41.361***	42.105***	39.234***
	[7.248]	[7.270]	[7.031]	[7.231]	[7.287]	[7.004]
陕西	−11.932*	−12.151*	−11.389*	−13.185**	−13.272**	−12.632*
	[6.629]	[6.523]	[6.715]	[6.564]	[6.473]	[6.668]
甘肃	−4.906	−5.321	−6.343	−5.125	−5.484	−6.771
	[6.295]	[6.197]	[6.289]	[6.291]	[6.214]	[6.292]
宁夏	−13.698*	−13.745*=	−9.276	−14.563**	−14.505**	−9.539
	[7.011]	[6.902]	[6.490]	[7.048]	[6.957]	[6.584]
观察值（机构数）	122（31）	122（31）	122（31）	122（31）	122（31）	122（31）
F 统计值	4.963	5.082	4.736	4.744	4.893	4.484
P 值	0.000	0.000	0.000	0.000	0.000	0.000
豪斯曼 c2	1.111	1.840	0.562	0.840	1.281	0.543
P 值	0.774	0.606	0.905	0.840	0.734	0.909

进一步，上述分析结果在全部样本分析中，也具有一定的稳健性。从全部样本模型分析结果可以获知（见表 7），与非贫困县相比较，贫

困县更倾向于向更低端的客户服务（在 1% 水平上统计显著）。与国际数据分析以及惯常的逻辑一致的是，机构规模与覆盖深度指标正相关，而竞争程度与覆盖深度指标负相关，但是这些关系在本数据集中均不显著，这可能与样本量较小以及数据质量有待提高有关。但是，营利性与覆盖深度指标的关系则出现混杂的结果，税后利润率与覆盖深度指标负相关，而资产收益率与覆盖深度指标正相关，并且在统计上均不显著。

表7 全部样本覆盖深度面板数据回归结果

解释变量	模型 7	模型 8	模型 9	模型 10	模型 11	模型 12
税后利润率	− 0.017	− 0.017	− 0.018			
	[0.015]	[0.015]	[0.015]			
资产收益率				0.002	0.001	0.002
				[0.048]	[0.048]	[0.048]
资产总额	0.0002		0.0002	0.0002		0.0002
	[0.0003]		[0.0003]	[0.0003]		[0.0003]
员工数		0.024			0.022	
		[0.024]			[0.024]	
县域金融机构数			− 0.020			− 0.021
			[0.044]			[0.044]
县域分支机构数	− 0.050	− 0.039		− 0.070	− 0.059	
	[0.108]	[0.107]		[0.107]	[0.106]	
贫困县	− 9.628***	− 9.687***	− 9.608***	− 9.632***	− 9.685***	− 9.608***
	[3.279]	[3.285]	[3.279]	[3.293]	[3.298]	[3.295]
观察值（机构数）	245（62）	245（62）	245（62）	245（62）	245（62）	245（62）
F 统计值	2.859	2.713	2.855	2.493	2.366	2.443
P 值	0.025	0.032	0.025	0.045	0.055	0.048
豪斯曼 c2	17.624	16.626	17.65	36.488	17.915	20.959
P 值	0.001	0.002	0.001	0.000	0.001	0.000

注：表中方括号内为解释变量的标准误。***、**、* 分别表示在 1%、5%、10% 水平上统计显著。

六、简短的结论

本文通过对西北5省（自治区）33个县展开调查，形成了一个欠发达地区小额信贷机构数据集。数据分析结果表明，欠发达地区的小额信贷服务机构存在较为明显的目标客户偏移问题；与非贫困县比较，贫困县的金融排斥更为严重，甚至部分金融服务机构根本就不办理农户贷款业务；与非贫困县相比较，贫困县小额信贷机构盈利能力较差，并且个体差异较大。

对数据比较完备的贫困县子样本进行分析，小额贷款公司明显地服务于富裕农户，陕西省和宁夏回族自治区服务的农户更贫困一些；此外，机构规模对服务低端市场具有逆向作用，竞争程度对服务低端市场具有正向作用。与国际数据经验研究一致的是（Kar，2013），营利性对覆盖深度的作用方向不确定。从而，由于机构的商业化经营而导致金融服务机构更倾向于高端市场，在中国也无法得到经验支持。

因此，商业化经营并不是小额信贷目标客户上移的必然原因。开展金融创新，发展适宜于低端客户需要的金融产品和服务，应该是下一步小额信贷机构努力的方向，也应该是小额信贷扶贫政策关注的焦点。

参考文献

程恩江、Ahmed，A. D.：《信贷需求：小额信贷机构覆盖率的决定因素之一——来自中国北方四县调查的证据》，《经济学（季刊）》2008年第4期。

李金亚、李秉龙：《贫困村互助资金瞄准贫困户了吗——来自全国互助资金试点的农户抽样调查证据》，《农业技术经济》2013 年第 6 期。

杜晓山等：《江苏小额贷款公司发展中的经验与问题》，《农村金融研究》2010 年第 5 期。

杜晓山、聂强：《小额贷款公司发展中的问题研究》，《农村金融研究》2012 年第 6 期。

Bateman, M., *Why Doesn't Microfinance Work? The Destructive Rise of Local Neoliberalism*, Zed Books，2010.

Mersland，R., Strøm，R. Ø."Microfinance Mission Drift?", *World Development,* 2010, 38（1），pp.28-36.

Kar, A. K.."Mission Drift in Microfinance: Are the Concerns Really Worrying? Recent Cross-Country Results", *International Review of Applied Economics*, 2013, 27（1），pp. 44-60.

Serrano-Cinca, C.& Gutiérrez-Nieto, B.,"Microfinance, the Long Tail and Mission Drift", *International Business Review*, 2014, 23（1），pp.181-194.

Mosley, P.,"Microfinance and Poverty in Bolivia", *Journal of Development Studies*, 2001, 37（4），pp.101-132.

Khandker, S. R., "Microfinance and Poverty: Evidence Using Panel Data from Bangladesh", *The World Bank Economic Review*, 2005, 19（2），pp.263-286.

Coleman, B. E.,"Microfinance in Northeast Thailand: Who Benefit and How Much?", *World Development,* 2006, 34（9），pp.1612-1638.

Park, A. & Ren, C.-Q.,"Microfinance with Chinese Characteristics", *World Development,* 2001, 29（1），pp.39-62.

杨林娟等：《非政府（NGO）小额信贷问题研究——基于甘肃省安

定区的调查》,《西北农林科技大学学报（社会科学版）》2010年第4期。

周孟亮等:《基于普惠金融视角的小额贷款公司发展研究》,《西北农林科技大学学报（社会科学版）》2012年第4期。

Wooldridge, J. M., *Econometric Analysis of Cross Section and Panel Data*, Second Edition, The MIT Press, 2010, pp.281-334.

R Development Core Team, "R: A Language and Environment for Statistical Computing", R Foundation for Statistical Computing, Vienna, Austria, 2008.

Croissant, Y.& Millo, G.,"Panel Data Econometrics in R: The plm Package", *Journal of Statistical Software*, 2008, 27（2）, pp.1-43.

A5 宁夏案例机构绩效指标

A5.1 入社户数与入社率表

表1 宁夏村级互助资金入社户数与入社率

序号	村编号	入社户数（户）	贫困户入社户数（户）	入社率（%）	贫困户入社率（%）
1	J1	50	15	24	7
2	J10	84	20	28	7
3	J11	61	17	22	6
4	J12	122	63	33	17
5	J13	50	18	36	13
6	J14	50	18	38	14
7	J15	87	21	19	7
8	J16	50	11	43	9
9	J17	50	16	15	6
10	J18	85	19	30	7
11	J19	50	16	35	35
12	J2	58	15	36	11

续表

序号	村编号	入社户数（户）	贫困户入社户数（户）	入社率（%）	贫困户入社率（%）
13	J20	50	18	15	6
14	J21	86	24	36	10
15	J22	61	20	18	6
16	J23	58	20	9	5
17	J24	67	17	32	8
18	J25	65	23	28	10
19	J26	57	17	29	9
20	J27	66	19	24	7
21	J28	101	18	44	8
22	J29	98	25	69	18
23	J3	100	28	29	8
24	J30	83	32	23	10
25	J31	167	50	31	10
26	J32	66	23	28	9
27	J33	50	13	32	15
28	J34	64	19	39	11
29	J35	53	16	16	5
30	J36	81	23	32	9
31	J37	59	19	23	6
32	J38	76	33	32	15
33	J39	162	44	43	4
34	J4	65	26	22	9
35	J40	64	28	28	11
36	J41	139	33	62	75
37	J42	71	31	37	8
38	J43	112	33	53	16
39	J44	95	22	58	13

序号	村编号	入社户数（户）	贫困户入社户数（户）	入社率（%）	贫困户入社率（%）
40	J45	116	45	34	13
41	J46	101	45	28	13
42	J47	148	34	39	9
43	J48	86	32	30	11
44	J49	170	39	51	12
45	J5	63	15	24	6
46	J50	122	42	33	11
47	J51	79	32	23	9
48	J52	101	23	58	13
49	J53	82	28	37	13
50	J54	111	28	45	11
51	J55	114	40	34	12
52	J56	100	33	49	16
53	J57	131	49	54	20
54	J58	87	23	36	7
55	J59	70	31	30	13
56	J6	72	22	23	7
57	J60	136	37	57	16
58	J61	151	49	34	11
59	J62	91	33	44	16
60	J63	84	21	34	9
61	J64	68	26	63	24
62	J65	146	46	35	11
63	J66	111	38	61	21
64	J67	99	27	59	16
65	J68	86	24	79	22
66	J69	124	38	41	13

序号	村编号	入社户数（户）	贫困户入社户数（户）	入社率（%）	贫困户入社率（%）
67	J7	99	35	23	8
68	J70	64	25	27	11
69	J8	81	29	14	4
70	J9	69	16	33	7
71	L1	60	60	23	100
72	L10	63	30	21	48
73	L11	45	22	21	29
74	L12	60	43	60	100
75	L13	43	12	34	26
76	L14	50	29	21	58
77	L15	8	—	—	—
78	L16	114	46	53	52
79	L17	23	10	12	6
80	L18	13	9	—	—
81	L19	20	14	4	3
82	L2	30	16	12	6
83	L20	53	16	26	100
84	L21	56	19	29	27
85	L22	27	12	5	21
86	L23	48	48	64	25
87	L24	54	2	16	—
88	L25	50	35	10	7
89	L26	29	8	11	13
90	L27	69	—	—	—
91	L28	42	42	23	—
92	L29	138	80	27	28
93	L3	51	23	12	19

序号	村编号	入社户数（户）	贫困户入社户数（户）	入社率（%）	贫困户入社率（%）
94	L30	70	40	19	35
95	L31	63	34	60	100
96	L32	41	14	20	25
97	L33	79	33	27	38
98	L34	54	55	24	23
99	L35	25	6	10	2
100	L36	12	6	6	7
101	L37	80	80	25	43
102	L38	71	71	—	
103	L39	90	78	41	60
104	L4	6	6	1	4
105	L40	70	29	22	9
106	L41	51	29	12	20
107	L42	3	3	2	5
108	L43	13	12	—	—
109	L44	20	16	—	
110	L45	73	—	22	—
111	L46	32	21	7	11
112	L47	76	53	20	16
113	L48	28	8	5	—
114	L49	173	116	—	86
115	L5	33	21	9	21
116	L50	167	112	41	60
117	L51	107	45	23	20
118	L52	31	6	—	
119	L53	90	44	44	58
120	L6	67	30	20	9

序号	村编号	入社户数（户）	贫困户入社户数（户）	入社率（%）	贫困户入社率（%）
121	L7	36	17	31	22
122	L8	56	—	48	9
123	L9	—	—	—	—
124	P1	125	98	20	35
125	P10	34	23	10	31
126	P100	25	15	8	21
127	P101	62	38	15	34
128	P102	131	33	22	11
129	P103	35	20	12	23
130	P104	84	40	22	33
131	P11	25	10	12	17
132	P12	13	3	5	2
133	P13	95	10	23	7
134	P14	30	16	14	21
135	P15	43	40	18	21
136	P16	42	15	17	23
137	P17	73	36	35	56
138	P18	15	4	4	3
139	P19	14	3	5	2
140	P2	125	86	33	61
141	P20	27	9	10	12
142	P21	75	0	28	0
143	P22	50	0	6	0
144	P23	50	0	14	0
145	P24	63	0	17	0
146	P25	25	0	3	0
147	P26	84	0	9	0

续表

序号	村编号	入社户数（户）	贫困户入社户数（户）	入社率（%）	贫困户入社率（%）
148	P27	58	0	14	0
149	P28	25	0	6	0
150	P29	76	76	34	100
151	P3	150	80	56	54
152	P30	111	111	38	100
153	P31	25	25	12	100
154	P32	53	23	19	29
155	P33	23	10	16	20
156	P34	38	6	17	10
157	P35	72	18	29	30
158	P36	229	86	54	77
159	P37	111	56	22	24
160	P38	55	0	13	0
161	P39	168	62	27	22
162	P4	150	85	22	57
163	P40	50	48	13	28
164	P41	125	40	41	48
165	P42	97	13	15	8
166	P43	25	12	4	8
167	P44	40	26	18	22
168	P45	103	25	32	38
169	P46	147	68	26	23
170	P47	410	130	90	62
171	P48	290	101	64	52
172	P49	230	75	76	77
173	P5	80	54	22	53
174	P50	400	180	33	12

续表

序号	村编号	入社户数（户）	贫困户入社户数（户）	入社率（%）	贫困户入社率（%）
175	P51	256	144	84	67
176	P52	265	112	69	68
177	P53	260	87	76	59
178	P54	80	55	54	71
179	P55	310	148	56	81
180	P56	61	43	45	71
181	P57	57	30	33	33
182	P58	67	43	29	65
183	P59	57	30	15	33
184	P6	210	85	41	100
185	P60	58	35	16	40
186	P61	50	50	100	100
187	P62	40	40	16	100
188	P63	23	23	6	100
189	P64	75	75	26	100
190	P65	40	0	8	0
191	P66	20	0	11	0
192	P67	20	0	5	0
193	P68	25	0	4	0
194	P69	22	0	7	0
195	P7	100	76	18	54
196	P70	18	0	10	0
197	P71	38	0	6	0
198	P72	30	0	9	0
199	P73	25	0	5	0
200	P74	32	0	8	0
201	P75	98	27	51	63

续表

序号	村编号	入社户数（户）	贫困户入社户数（户）	入社率（%）	贫困户入社率（%）
202	P76	84	29	44	52
203	P77	28	20	10	14
204	P78	108	41	29	65
205	P79	109	58	35	53
206	P8	100	76	21	51
207	P80	108	62	30	52
208	P81	148	46	45	67
209	P82	135	46	42	57
210	P83	56	20	25	26
211	P84	92	42	33	52
212	P85	45	13	19	20
213	P86	45	13	17	13
214	P87	45	13	17	20
215	P88	49	25	20	22
216	P89	57	30	20	27
217	P9	68	40	28	57
218	P90	45	13	18	20
219	P91	37	20	11	21
220	P92	60	45	10	30
221	P93	75	30	15	21
222	P94	87	40	14	25
223	P95	106	50	37	50
224	P96	38	30	8	25
225	P97	83	6	21	20
226	P98	75	70	20	76
227	P99	240	60	51	71

A5.2 贷款与还款率

表2　宁夏村级互助资金贷款数与还款率

序号	村编号	贷款户数（户）	贫困户贷款户数（户）	贷款笔数	贫困户贷款笔数	贷款额（元）	贫困户贷款额（元）	还款率（%）
1	J1	50	15	50	15	290000	45000	100
2	J10	84	20	84	20	412500	35000	100
3	J11	61	17	61	17	293333	52000	100
4	J12	122	63	122	63	369857	191429	100
5	J13	50	18	50	18	250000	54000	100
6	J14	50	18	50	18	250000	54000	100
7	J15	87	21	87	21	438333	63000	100
8	J16	50	11	50	11	250000	34000	100
9	J17	50	16	50	16	250000	90000	100
10	J18	85	19	85	19	380500	57000	100
11	J19	50	16	50	16	250000	48000	100
12	J2	58	15	58	15	250000	45000	100
13	J20	50	18	50	18	250000	54000	100
14	J21	86	24	86	24	365000	96000	100
15	J22	61	20	61	20	208750	60000	100
16	J23	58	20	58	20	250000	82750	100
17	J24	67	17	67	17	250000	59750	100
18	J25	65	23	65	23	273050	63000	100
19	J26	57	17	57	17	290000	64167	100
20	J27	66	19	66	19	317500	60000	100
21	J28	101	18	101	18	342400	54000	100
22	J29	98	25	98	25	314000	75000	100
23	J3	100	28	100	28	414100	84750	100
24	J30	83	32	83	32	249867	97000	100

续表

序号	村编号	贷款户数（户）	贫困户贷款户数（户）	贷款笔数	贫困户贷款笔数	贷款额（元）	贫困户贷款额（元）	还款率（%）
25	J31	167	50	167	50	500000	150000	100
26	J32	66	23	66	23	274200	69000	100
27	J33	50	10	50	13	212000	42800	100
28	J34	19	64	19	0	293440	57000	100
29	J35	53	16	53	16	189000	37800	100
30	J36	81	23	81	23	291600	71167	100
31	J37	59	19	59	19	224167	56500	100
32	J38	76	38	76	38	291640	113400	100
33	J39	162	44	162	44	544000	159800	100
34	J4	65	26	65	26	270000	78000	100
35	J40	64	28	64	28	305000	105000	100
36	J41	28	33	139	33	420000	99000	100
37	J42	71	31	71	31	300000	128400	100
38	J43	112	33	112	33	458033	98500	100
39	J44	95	22	95	22	323333	70667	100
40	J45	116	45	116	45	374167	133500	100
41	J46	101	45	101	45	358333	152500	100
42	J47	148	34	148	34	486000	103200	100
43	J48	86	32	86	32	310500	94500	100
44	J49	170	39	170	39	561100	116500	100
45	J5	63	15	63	15	334667	45000	100
46	J50	122	42	122	42	456667	126000	100
47	J51	79	32	79	32	318040	95400	100
48	J52	101	23	101	23	277733	69000	100
49	J53	82	28	82	28	288567	84500	100
50	J54	111	28	111	28	330000	85000	100

续表

序号	村编号	贷款户数（户）	贫困户贷款户数（户）	贷款笔数	贫困户贷款笔数	贷款额（元）	贫困户贷款额（元）	还款率（%）
51	J55	114	40	114	40	332667	119000	100
52	J56	100	33	100	33	332133	98000	100
53	J57	131	49	131	49	390000	147500	100
54	J58	87	23	87	23	284450	70000	100
55	J59	70	31	70	31	271143	93429	100
56	J6	72	22	72	22	1116250	65250	100
57	J60	136	37	136	37	482714	111429	100
58	J61	151	49	151	49	461429	145714	100
59	J62	91	33	91	33	364429	98143	100
60	J63	84	21	84	21	250000	63000	100
61	J64	68	26	68	26	213857	77143	100
62	J65	146	46	146	46	561600	136714	100
63	J66	111	38	111	38	332667	112500	100
64	J67	99	27	99	27	370533	81000	100
65	J68	86	24	86	24	282429	72857	100
66	J69	124	38	124	38	529000	114000	100
67	J7	99	35	99	35	415000	103500	100
68	J70	64	25	64	25	240857	75000	100
69	J8	81	29	81	29	375000	85500	100
70	J9	69	16	69	16	276667	90333	100
71	L1	60	60	60	60	284000	284000	100
72	L10	63	30	63	3	250000	15000	60
73	L11	5	26	45	26	240000	130000	100
74	L12	3	1	3	3	9000	9000	
75	L13	43	12	43		146000		100
76	L14	50	29	50	29	238000	145000	33.3

序号	村编号	贷款户数（户）	贫困户贷款户数（户）	贷款笔数	贫困户贷款笔数	贷款额（元）	贫困户贷款额（元）	还款率（%）
77	L15	12	8	12	8	60000	37500	100
78	L16	79	24	79	24	96667	31667	100
79	L17	23	10	23	10	196000	13900	100
80	L18	36	3	36	3	54000	9000	100
81	L19	21	6	21	6	75500	46250	100
82	L2	30	16	30	16	150000	35000	96.145
83	L20	42	16	42	16	142500	15000	100
84	L21	56	15	56	15	272000	73000	94
85	L22	27	12	27	12	135000	60000	98
86	L23	48	48	48	48	240000	240000	—
87	L24	54	—	54	—	186000	—	89.75
88	L25	50	35	50	35	250000	175000	100
89	L26	29	8	19	8	98333	29667	86.66667
90	L27	69	69	18	18	345000	345000	84
91	L28	42	42	42	42	207250	207250	100
92	L29	138	80	138	80	454600	254800	100
93	L3	51	23	58	23	253333	115000	100
94	L30	70	17	70	17	350000	85000	100
95	L31	42	12	42	12	210000	60000	100
96	L32	41	16	18	15	160750	62750	100
97	L33	17	3	17	3	83333	16667	54.33333
98	L34	32	26	5	5	116143	115000	100
99	L35	25	6	25	6	150000	36000	100
100	L36	12	6	12	6	72500	36000	100
101	L37	—	—	—	—	—	—	—
102	L38	69	69	69	69	256000	256000	100

续表

序号	村编号	贷款户数（户）	贫困户贷款户数（户）	贷款笔数	贫困户贷款笔数	贷款额（元）	贫困户贷款额（元）	还款率（%）
103	L39	65	60	65	60	314000	289000	75
104	L4	6	6	6	6	30000	30000	100
105	L40	79	29	79	29	73500	—	95
106	L41	23	9	23	9	115000	45000	100
107	L42	3	3	3	3	15000	15000	100
108	L43	12	12	12	12	41750	39500	100
109	L44	21	0	21	0	432000	0	100
110	L45	73	0	73	0	234000	0	100
111	L46	30	21	32	21	141750	95000	100
112	L47	76	13	76	13	250000	250000	100
113	L48	28	8	28	8	117667	40000	100
114	L49	147	97	147	97	510750	348500	100
115	L5	33	9	33	9	122500	25500	25.33333
116	L50	126	95	126	95	359617	344333	100
117	L51	85	—	85		331000	—	100
118	L52	31	6	31	6	155000	30000	—
119	L53	20	5	20	5	53333	—	100
120	L6	67	30	67	30	239590	90000	100
121	L7	36	—	36	—	231667	—	100
122	L8	56	2	56	2	191833	—	93.66667
123	L9	9	—	9	—	211000	—	—
124	P1	43	20	43	20	430000	200000	—
125	P10	34	23	34	23	520000	230000	—
126	P100	25	15	25	15	250000	150000	—
127	P101	62	38	62	38	250000	191667	77.5
128	P102	131	33	131	33	213333	132000	57.5

序号	村编号	贷款户数（户）	贫困户贷款户数（户）	贷款笔数	贫困户贷款笔数	贷款额（元）	贫困户贷款额（元）	还款率（%）
129	P103	35	20	35	20	125200	100000	—
130	P104	84	60	84	40	375000	200000	—
131	P11	25	10	25	10	300000	100000	—
132	P12	25	3	76	76	376000	376000	100
133	P13	25	3	76	76	376000	376000	100
134	P14	30	16	30	16	360000	160000	—
135	P15	43	40	43	40	480000	400000	—
136	P16	42	15	42	15	375000	150000	—
137	P17	32	14	32	14	250000	140000	—
138	P18	25	3	76	76	376000	376000	100
139	P19	25	3	76	76	376000	376000	100
140	P2	125	86	125	86	625000	258000	55.6
141	P20	27	9	27	9	254000	90000	—
142	P21	75	0	75	30	—	—	100
143	P22	50	0	50	0	500000	0	100
144	P23	50	0	50	0	100000	0	100
145	P24	15	0	15	0	350000	0	100
146	P25	25	0	25	0	200000	0	100
147	P26	84	0	84	0	300000	0	100
148	P27	25	0	25	0	450000	0	100
149	P28	25	0	25	0	200000	0	100
150	P29	76	76	76	76	376000	376000	100
151	P3	20	15	20	15	250000	100000	100
152	P30	111	111	111	111	297600	297600	100
153	P31	25	25	25	25	250000	250000	100
154	P32	53	23	53	23	252500	115000	100

续表

序号	村编号	贷款户数（户）	贫困户贷款户数（户）	贷款笔数	贫困户贷款笔数	贷款额（元）	贫困户贷款额（元）	还款率（%）
155	P33	23	10	23	10	244000	120000	—
156	P34	83	16	50	—	—	—	—
157	P35	72	18	50	18	250000	90000	—
158	P36	50	16	50	16	250000	80000	—
159	P37	111	56	111	56	333000	168000	—
160	P38	55	0	55	0	—	—	—
161	P39	168	62	168	62	1201600	384400	—
162	P4	45	20	45	20	250000	130000	100
163	P40	50	48	50	48	250000	240000	—
164	P41	80	30	80	30	200000	75000	—
165	P42	97	13	97	13	174600	23400	—
166	P43	25	12	25	12	250000	120000	—
167	P44	40	26	40	13	246000	78000	100
168	P45	103	25	103	25	—	—	100
169	P46	392	147	392	147	2350000	200000	100
170	P47	410	130	30	17	300000	170000	100
171	P48	290	101	290	101	375000	255000	—
172	P49	230	75	230	75	—	—	—
173	P5	25	20	25	20	250000	200000	100
174	P50	400	180	400	180	375000	200000	100
175	P51	256	144	37	21	180000	70000	100
176	P52	265	112	165	112	375000	195000	—
177	P53	260	87	260	87	375000	195000	—
178	P54	80	65	72	36	625000	410000	100
179	P55	310	148	310	148	250000	130000	100
180	P56	37	28	37	28	200000	113333	100

序号	村编号	贷款户数（户）	贫困户贷款户数（户）	贷款笔数	贫困户贷款笔数	贷款额（元）	贫困户贷款额（元）	还款率（%）
181	P57	37	28	37	28	200000	113333	100
182	P58	37	28	37	28	200000	113333	100
183	P59	37	28	37	28	200000	113333	100
184	P6	45	20	45	20	625000	250000	100
185	P60	46	28	37	28	200000	113333	100
186	P61	36	36	36	36	500000	500000	100
187	P62	40	40	40	40	400000	400000	100
188	P63	27	27	23	23	225000	225000	100
189	P64	75	75	75	75	300000	300000	100
190	P65	40	0	40	0	525000	0	100
191	P66	20	0	20	0	125200	0	100
192	P67	20	0	20	0	250000	0	100
193	P68	25	0	25	0	250000	0	100
194	P69	22	0	22	0	165000	0	100
195	P7	40	30	40	30	375000	250000	100
196	P70	18	0	18	0	105000	0	100
197	P71	38	0	38	0	375000	0	100
198	P72	30	0	30	0	300000	0	25
199	P73	25	0	25	0	250000	0	25
200	P74	32	0	32	0	375000	0	25
201	P75	76	20	147	21	300000	105000	25
202	P76	59	20	150	20	300000	112500	25
203	P77	19	13	24	18	200000	115000	—
204	P78	131	41	132	41	282700	116000	25
205	P79	219	81	219	81	376667	197333	—
206	P8	40	30	40	30	375000	250000	—

续表

序号	村编号	贷款户数（户）	贫困户贷款户数（户）	贷款笔数	贫困户贷款笔数	贷款额（元）	贫困户贷款额（元）	还款率（%）
207	P80	99	42	100	44	159067	91333	—
208	P81	107	34	107	34	250000	105000	100
209	P82	105	32	105	32	250000	105000	—
210	P83	100	49	100	49	200000	97000	—
211	P84	100	27	100	18	200000	66500	—
212	P85	47	16	37	28	200000	64000	—
213	P86	36	28	37	28	200000	113333	—
214	P87	47	16	37	28	200000	64000	—
215	P88	36	28	37	28	200000	113333	—
216	P89	37	28	37	28	200000	113333	—
217	P9	68	40	68	40	250000	150000	—
218	P90	47	16	37	28	200000	64000	—
219	P91	37	20	37	20	372000	200000	—
220	P92	60	45	60	45	400000	320000	—
221	P93	75	30	75	30	375000	150000	—
222	P94	81	40	81	40	625000	400000	—
223	P95	106	50	106	50	625000	290000	—
224	P96	38	30	38	30	375000	150000	—
225	P97	83	6	77	—	—	—	—
226	P98	75	70	75	70	375000	350000	—
227	P99	240	60	240	60	1000000	300000	—

参考文献

《国家乡村振兴战略规划（2018—2022 年)》，2018 年 9 月。

财政部农业司扶贫处：《巩固成果　强化管理　稳步推进互助资金试点工作》，《农村财政与财务》2012 年第 9 期。

曹洪民：《扶贫互助社：农村扶贫的重要制度创新——四川省仪陇县"搞好扶贫开发，构建社会主义和谐社会"试点案例分析》，《中国农村经济》2007 年第 9 期。

陈立辉等：《村级发展互助资金组织治理：问题类型、制度特点及其有效性——基于 5 省 160 个样本村调查的实证分析》，《管理世界》2015 年第 11 期。

陈清华等：《村级互助资金扶贫效果分析——基于宁夏地区的调查数据》，《农业技术经济》2017 年第 2 期。

程恩江：《金融扶贫的新途径？中国贫困农村社区村级互助资金的发展探索》，《金融发展评论》2010 年第 2 期。

丁昭等：《贫困村互助资金社瞄准贫困户了吗？——来自四川的经验》，《农村经济》2014 年第 9 期。

董晓林等：《中国农村资金互助社的社员利益倾向：判断、影响与解释》，《中国农村经济》2012年第10期。

董晓林等：《农户参与农民资金互助社行为的影响因素分析——基于江苏省3市4县（区）825户农户的调查数据》，《中国农村观察》2013年第3期。

董晓林等：《农民资金互助社对农户正规信贷配给的影响机制分析——基于合作金融"共跻监督"的视角》，《中国农村观察》2016年第1期。

杜晓山、孙同全：《村级资金互助组织可持续发展面临挑战》，《农村经营管理》2010年第8期。

杜晓山、孙同全：《供给驱动下农民互助资金发展中的几个问题》，《金融与经济》2010年第8期。

杜晓山：《国外村基金项目的经验教训是什么》，《农村金融研究》2009年第8期。

高杨、薛兴利：《扶贫互助资金合作社试点运行状况分析——以山东省为例》，《农业经济问题》2013年第6期。

郭晓鸣：《农村金融创新：村级资金互助社的探索与发展——基于四川省的实证分析》，《农村经济》2009年第4期。

国家统计局略阳调查队：《略阳农村扶贫开发监测调查2015年度报告》，2016年3月。

国家统计局住户调查办公室：《中国农村贫困监测报告2017》，中国统计出版社2017年版。

国务院扶贫办、财政部：《关于2007年贫困村村级发展互助资金试点工作的通知》（国开办发〔2007〕9号）。

国务院扶贫办、财政部：《关于开展建立"贫困村村级发展互助资金"试点工作的通知》(国开办发〔2006〕35 号)。

国务院扶贫办、财政部:《关于做好 2008 年贫困村互助资金试点工作的通知》(国开办发〔2008〕37 号)。

国务院扶贫办规划财务组、财政部农业司:《贫困村互助资金试点指导手册(试行)》,2008 年。

胡联等:《贫困村互助资金存在精英俘获吗——基于 5 省 30 个贫困村互助资金试点村的经验证据》,《经济学家》2015 年第 9 期。

黄承伟等:《贫困村村级发展互助资金的研究进展》,《农业经济问题》2009 年第 7 期。

黄承伟、陆汉文:《贫困村互助资金的安全性与风险控制——7 省18 个互助资金试点的调查与思考》,《华中师范大学学报(人文社会科学版)》2010 年第 5 期。

黄倩、龙超:《贫困村互助资金目标瞄准、产权塑造与治理改善——来自云南 3 个样本县的经验》,《学术探索》2017 年第 12 期。

金鹏辉:《中国农村金融三十年改革发展的内在逻辑——以农村信用社改革为例》,《金融研究》2008 年第 10 期。

金融扶贫组:《关于我县互助协会运作及建立情况的调研报告》,略阳扶贫办,2017 年 4 月。

李金亚、李秉龙:《贫困村互助资金瞄准贫困户了吗——来自全国互助资金试点的农户抽样调查证据》,《农业技术经济》2013 年第 6 期。

林万龙、杨丛丛:《贫困农户能有效利用扶贫型小额信贷服务吗?——对四川省仪陇县贫困村互助资金试点的案例分析》,《中国农村经济》2012 年第 2 期。

刘娟、曾国平:《财政扶贫组织的新探索——重庆市开县"村级发展互助资金"案例的启示》,《贵州社会科学》2009 年第 12 期。

刘西川等:《村级发展互助资金:目标、治理要点及政府支持》,《农业经济问题》2015 年第 10 期。

刘西川等:《中国贫困村互助资金研究述评》,《湖南农业大学学报(社会科学版)》2013 年第 4 期。

刘西川、陈立辉:《村级发展互助资金:基本经验与主要挑战——基于运行机制的初步分析》,《农业部管理干部学院学报》2013 年第 1 期。

刘西川等:《村级发展互助资金运行机制及实施效果分析——基于贵州、四川两省机构的调查数据》,《农业部管理干部学院学报》2014 年第 2 期。

刘西川:《村级发展互助资金的目标瞄准、还款机制及供给成本——以四川省小金县四个样本村为例》,《农业经济问题》2012 年第 8 期。

刘西川等:《小额信贷的目标上移:现象描述与理论解释——基于三省(区)小额信贷项目区的农户调查》,《中国农村经济》2007 年第 8 期。

陆汉文、钟玲:《组织创新与贫困地区"村级发展互助资金"的运行——河南、安徽试点案例研究》,《农村经济》2008 年第 10 期。

略阳县扶贫办:《坚持编印简报促进协会管理——陕西省扶贫互助协会信息统计工作交流汇报》,2014 年 7 月。

略阳县扶贫办:《略阳县扶贫互助协会工作情况汇报》,2015 年 9 月。

宁夏、何家伟:《扶贫互助资金"仪陇模式"异地复制的效果——基于比较的分析》,《中国农村观察》2010 年第 4 期。

宁夏:《贫困村互助资金:操作模式、绩效差异及两者间相关性》,硕士学位论文,华中师范大学,2011 年。

屈志敏:《陕西商南县全国首批贫困村互助资金试点调查》,《西部金融》2011 年第 10 期。

茹玉、林万龙:《正规金融对农户利用互助资金贷款的影响——基于6省12县24个贫困村的调查》,《中国农业大学学报》2015年第2期。

宋扬、赵君:《中国的贫困现状与特征:基于等值规模调整后的再分析》,《管理世界》2015年第10期。

汪三贵等:《村级互助金的贫困瞄准机制研究》,《贵州社会科学》2011年第9期。

王威等:《村干部参与村级互助资金的运行特征及风险防范——以河南省光山县为例》,《金融发展研究》2013年第6期。

王杨:《新型农村合作金融组织社员权的法律保障——以农村资金互助社为研究视角》,《中国农村观察》2019年第1期。

温涛等:《口国农贷的"精英俘获"机制:贫困县与非贫困县的分层比较》,《经济研究》2016年第2期。

武翔宇、高凌云:《印度的小额信贷:自助小组—银行联结》,《农业经济问题》2009年第1期。

肖诗顺、张林:《贫困村互助资金的扶贫模式与效果分析——基于四川省的调研》,《西南金融》2013年第1期。

谢平:《中国农村信用合作社体制改革的争论》,《金融研究》2001年第1期。

杨龙、张伟宾:《基于准实验研究的互助资金益贫效果分析——来自5省1349户面板数据的证据》,《中国农村经济》2015年第7期。

杨勇、张明广:《四川旺苍农村扶贫互助资金社发展探索》,《中国农民合作社》2009年第2期。

殷浩栋等:《贫困村互助资金与农户正规金融、非正规金融:替代还是互补?》,《金融研究》2018年第5期。

岳要鹏、陆汉文:《"能扶贫"与"可持续"的双重变奏——十年来贫困村互助资金研究进展》,《社会科学动态》2017年第5期。

张敬石等:《贫困村村级发展互助资金运行机制及绩效分析——基于安徽省 5 县 109 个机构数据》,《新疆农垦经济》2013 年第 3 期。

张世春:《小额信贷目标偏离解构:粤赣两省证据》,《改革》2010 年第 9 期。

周振等:《中国农村资金净流出的机理、规模与趋势: 1978—2012 年》,《管理世界》2015 年第 1 期。

Armendáriz, B. & Morduch, J., *The Economics of Microfinance*, Second Edition, Cambridge, Massachusetts; London, England: The MIT Press, 2010.

Baker, C. & Phongpaichit, P., *A History of Thailand*, Third Edition, Singapore: Cambridge University Press, 2014.

Ballem, A. & Kumar, T. R.,"Savings Mobilisation in SHGs: Opportunities and Challenges", MicroSave India Focus Note 44, 2010.

Bansal, H.,"SHG-Bank Linkage Program in India: An Overview", *Journal of Microfinance*, 2003, 5 (1), pp.21-50.

Bassem, B. S.,"Social and Financial Performance of Microfinance Institutions: Is There a Trade-Off?", *Journal of Economics and International Finance*, 2012, 4 (4), pp.92-100.

Bateman, M., *Why Doesn't Microfinance Work? The Destructive Rise of Local Neoliberalism*, London and New York: Zed Books, 2010.

Boonperm, J., et al., "Does the Village Fund Matter in Thailand? Evaluating the Impact on Incomes and Spending", *Journal of Asian Economics*, 2013, 25 (1), pp.3-16.

Boonperm, J., et al., "Appraising the Thailand Village Fund", Washington D.C.: The World Bank, Development Research Group, Agriculture and Rural Development Team, Policy Research Working Paper 5998, 2012.

Burgess, R. & Pande, R., "Do Rural Banks Matter? Evidence from the Indian Social Banking Experiment", *American Economic Review*, 2005, 95(3), pp.780-795.

Caserta, M. & Reito, F., "Outreach and Mission Drift in Microfinance: An Interpretation of the New Trend", *Economics Bulletin*, 2013, 33 (1), pp.167-178.

Chandoevwit, W. & Ashakul, B., "The Impact of the Village Fund on Rural Households", *TDRI Quarterly Review*, 2008, 23 (2), pp.9-16.

Coleman, B. E., "Microfinance in Northeast Thailand: Who Benefit and How Much?", *World Development*, 2006, 34 (9), pp.1612-1638.

Counts, A., *Small Loans, Big Dreams: How Nobel Prize Winner Muhammad Yunus and Microfinance are Changing the World*, Hoboken, New Jersey: John Wiley & Sons, Inc., 2008.

Cull, R., et al., "Financial Performance and Outreach: A Global Analysis of Leading Microbanks", *The Economic Journal*, 2007, 117 (517), pp.F107–F133.

Datta, U., "Socio-Economic Impacts of JEEVIKA: A Large-Scale Self-Help Group Project in Bihar, India", *World Development*, 2015, 68 (1), pp.118.

de la Huerta, A., "Microfinance in Rural and Urban Thailand: Policies, Social Ties and Successful Performance", University of Chicago, December 2010.

Deininger, K. & Liu, Y., "Economic and Social Impacts of an Innovative Self-Help Group Model in India", *World Development*, 2013, 43 (1), pp.149-63.

Fernandez, A. P., "History and Spread of the Self-Help Affinity Group Movement in India: The Role Played by IFAD", Washington D.C.: the International Fund for Agricultural Development (IFAD), 2006.

Greaney, B., et al., "Can Self-Help Groups Really Be Self-Help?", Working Paper 2013-2014a., St. Louis, USA: Research Division, Federal Reserve Bank of St. Louis, 2013.

Greaney, B., et al., "Can Self-Help Groups Really Be Self-Help?", Working Paper, St. Louis, USA: Research Division, Federal Reserve Bank of St. Louis, 2015.

Harper, M., et al., *The New Middlewomen-Profitable Banking through On-Lending Groups,* New Delhi: Oxford & IBH Publishing Co. Pvt Ltd, 1998.

Haughton, J., et al., "Microcredit on a Large Scale: Appraising the Thailand Village Fund", *Asian Economic Journal*, 2014, 28 (4), pp. 363-388.

He, G., et al., "China Microfinance Industry Assessment Report", Beijing: China Association of Microfinance, Feb. 17, 2009.

Hlavac, M., "Stargazer: Well-Formatted Regression and Summary Statistics Tables", https://CRAN.R-project.org/ package=stargazer, 2018.

Howlader, A., "Short-run and Long-run Impact from 'the Million Baht Program' in Thai Villages", Master Dissertation of Simon Fraser University, 2012.

Husain, Z., et al., "Self Help Groups and Empowerment of Women: Self-Selection or Actual Benefits?", MPRA Paper No. 20765, 2010.

Jones, G, A. & Dallimore, A., "Wither Participatory Banking? Experiences with Village Banks in South Africa", *European Journal of Development Research*, 2009, 21 (3), pp.344-361.

Kaboski, J. P.& Townsend, R. M.,"A Structural Evaluation of a Large-Scale Quasi-Experimental Microfinance Initiative", *Econometrica*, 2011, 79 (5), pp.1357-1406.

Kaboski, J. P., & Townsend, R. M.,"Policies and Impact: An Analysis of Village-level Microfinance Institutions", *Journal of the European Economic Association*, 2005, 3 (1), pp. 1-50.

Kaboski, J. P. & Townsend, R. M.,"The Impact of Credit on Village Economies", American Economic Journal: *Applied Economics*, 2012, 4 (2), pp. 98-133.

Kar, A. K.,"Mission Drift In Microfinance: Are the Concerns Really Worrying? Recent Cross-Country Results", *International Review of Applied Economics*, 2013, 27 (1), pp.44-60.

Karmakar, G. (ed.), *Microfinance in India*, New Delhi: SAGE Publications India Pvt Ltd., 2008.

Kislat, C. & Menkhoff, L.,"The Village Fund Loan: Who Gets It, Keeps It and Loses It?", Department of Economics, Leibniz Universität Hannover, September, 2011.

Kumar, S. N.,"Spread of Self Help Group (SHG) Movement in Haryana (an Indian State): Review of Developments and Way Forward", Chandigarh Regional Office, Department of Economic and Policy Research (DEPR), Reserve Bank of India, 2016.

Kunasri, K. & Singkharat, S., "Efficiency and Technology Gap Ratio of Lending Performance of Micro-Credit Institutions in Thailand:The Meta-Frontier Analysis", 18th International Academic Conference, London, 2015.

LADLE,"Household Responses to Access to Finance through AFP-

Village Banks in Laos", Laos-Australia Development Learning Facility (LADLF), 2016.

Ledgerwood, J., Microfinance Handbook: An Institutional and Financial Perspective, Washington D. C.: The World Bank, 1998.

Mader, P., *The Political Economy of Microfinance: Financializing Poverty,* Basingstoke, Hampshire, England: Palgrave Macmillan, 2015.

Menkhoff, L. & Rungruxsirivorn, O.,"The Impact of Credit on Village Economies", *American Economic Journal: Applied Economics*, 2012, 4 (2), pp.98-133.

Menkhoff, L. & Rungruxsirivorn, O.,"Do Village Funds Improve Access to Finance? Evidence from Thailand", *World Development,* 2011, 39 (1), pp.110-122.

Mersland, R.& Strøm, R. Ø.,"Microfinance Mission Drift?", *World Development,* 2010, 38 (1), pp.28-36.

Misra, R.,"Primary Agricultural Credit Society Linkage, India: The Best Remote Rural Self-Help Groups Can Do?", Nova Scotia, Canada: Coady International Institute, 2008.

Murray, J. & Rosenberg, R.,"Community-Managed Loan Funds: Which Ones Work?", Focus Note 36. Washington, D.C.: CGAP, 2006.

NABARD,"SHG2: Revisiting the SHG Bank Linkage Programme", Circular No: 65 (A) / MCID-04 / 2011-12, 27 March 2012.

NABARD, "Annual Report 2015-2016", Mumbai, India: National Bank for Agriculture and Rural Development, 2016b, p.83.

NABARD, "Status of Microfinance in India 2012-2013", Mumbai, India: National Bank for Agriculture and Rural Development, 2013, p.15.

NABARD,"Status of Microfinance in India 2015-2016", Mumbai, India: National Bank for Agriculture and Rural Development, 2016a, p.8.

Nelson, C.,"Community-based Providers", in *The New Microfinance Handbook: A Financial Market System Perspective*, Ledgerwood, J., et al. (eds.), Washington D.C.: International Bank for Reconstruction and Development / The World Bank, 2013, pp.149-170.

Park, A. & Ren, C.,"Microfinance with Chinese Characteristics", *World Development*, 2001, 29 (1), pp.39-62.

Perez, F., et al., "Village Banking Development Model: Finca Costa Rica", *Journal of Business Research*, 2011, 64 (3), pp.316-324.

Plan Vietnam,"Poverty Measurement Report: Village Savings and Loan Programme (VSLP)", Plan International, Inc., 2010.

Ravallion, M., *The Economics of Poverty: History, Measurement, and Policy*, New York: Oxford University Press, 2016.

Sanyal, P., *Credit to Capabilities: A Sociological Study of Microcredit Groups in India*, Cambridge and New York: Cambridge University Press, 2014.

Schaaf, R.,"Financial Efficiency or Relational Harmony? Microfinance through Community Groups in Northeast Thailand", *Progress in Development Studies,* 2010, 10 (2), pp.115-129.

Seibel, H, D.,"SHG Banking in India: The Evolution of a Rural Financial Innovation", University of Cologne, Development Research Center, Working Paper, No. 2005, p. 9.

Seibel, H. D.,"From Informal Microfinance to Linkage Banking: Putting Theory into Practice, and Practice into Theory", University of Cologne,

Development Research Center, Working Paper, No. 2007, 1a.

Sherratt, L., *Can Microfinance Work? How to Improve Its Ethical Balance and Effectiveness,* New York: Oxford University Press, 2016.

Sivachithappa, K.,"Impact of Micro Finance on Income Generation and Livelihood of Members of Self-Help Groups-a Case Study of Mandya District, India", *Procedia-Social and Behavioral Sciences*, 2013, 91 (2), pp.228-240.

Smith, S. C.,"Village Banking and Maternal and Child Health: Evidence from Ecuador and Honduras", *World Development,* 2002, 30 (4), pp.707-723.

Srinivasan, G. & Tankha, A.,"SHG Federations: Development Costs and Sustainability", New Delhi: ACCESS Development Services, 2010.

Sundaresan, S., *Microfinance: Emerging Trends and Challenges,* Cheltenham, UK; Northampton, MA, USA: Edward Elgar, 2008.

Suprabha, K. R.,"Empowerment of Self Help Groups (SHGs) : Towards Microenterprise Development", *Procedia Economics and Finance*, 2014, 11 (2), pp. 410-422.

Swain, R. B. &Varghese, A.,"Does Self Help Group Participation Lead to Asset Creation?", *World Development,* 2009, 37 (10), pp.1674-1682.

Tankha, A., *Banking on Self-Help Groups: Twenty Years On*, New Delhi: Sage Publications India Pvt Ltd., 2012.

Townsend, R. M.,"Financial Systems in Northern Thai Villages", *The Quarterly Journal of Economics*, 1995, 110 (4), pp.1011-1046.

Yunus, M.& Weber, K., *Creating a World without Poverty: Social Business and the Future of Capitalism*, New York: Public Affairs, 2007.

Yunus, M., *Banker to the Poor: Micro-Lending and the Battle against World Poverty*, New York: Public Affairs, 2003.

责任编辑：曹　春

图书在版编目（CIP）数据

贫困村资金互助社运行绩效评价与政策优化研究 / 张颖慧 著 . —北京：
　人民出版社，2022.4
ISBN 978 - 7 - 01 - 024097 - 8

I.①贫…　II.①张…　III.①不发达地区 - 农村资金 - 资金管理 - 研究 - 中国
　IV.① F323.9

中国版本图书馆 CIP 数据核字（2021）第 263529 号

贫困村资金互助社运行绩效评价与政策优化研究
PINKUNCUN ZIJIN HUZHUSHE YUNXING JIXIAO PINGJIA YU ZHENGCE YOUHUA YANJIU

张颖慧　著

人 民 出 版 社 出版发行
（100706　北京市东城区隆福寺街 99 号）

北京九州迅驰传媒文化有限公司印刷　新华书店经销

2022 年 4 月第 1 版　2022 年 4 月北京第 1 次印刷
开本：710 毫米 ×1000 毫米 1/16　印张：19.75
字数：255 千字

ISBN 978 - 7 - 01 - 024097 - 8　定价：128.00 元

邮购地址 100706　北京市东城区隆福寺街 99 号
人民东方图书销售中心　电话（010）65250042　65289539